中传学者文库编委会

主　任： 廖祥忠　张树庭

副主任： 蔺海波　李　众　刘守训　李新军　王　晖
　　　　　杨　懿　柴剑平

成　员（按姓氏笔画排序）：

　　　　王廷信　王栋晗　王晓红　王　雷　文春英
　　　　龙小农　付　龙　叶　龙　刘东建　刘剑波
　　　　任孟山　李怀亮　李　舒　张绍华　张　晶
　　　　张根兴　张毓强　林卫国　郑　月　金　炜
　　　　金雪涛　周建新　庞　亮　赵新利　徐红梅
　　　　贾秀清　高晓虹　隋　岩　喻　梅　熊澄宇

中传学者文库

主编／柴剑平
执行主编／龙小农
副主编／张毓强　周建新

音韵学如是论

张民权自选集

张民权　著

中国传媒大学出版社
·北京·

图书在版编目（CIP）数据

音韵学如是论：张民权自选集 / 张民权著 . -- 北京：中国传媒大学出版社，2024.8.

（中传学者文库 / 柴剑平主编）.

ISBN 978-7-5657-3702-2

Ⅰ. H11-53

中国国家版本馆 CIP 数据核字第 2024GZ6366 号

音韵学如是论：张民权自选集
YINYUNXUE RUSHILUN: ZHANG MINQUAN ZIXUANJI

著　者	张民权
责任编辑	于水莲
特约编辑	张斯琪
封面设计	锋尚设计
责任印制	李志鹏
出版发行	中国传媒大学出版社
社　址	北京市朝阳区定福庄东街1号　　邮　编　100024
电　话	86-10-65450528　65450532　　传　真　65779405
网　址	http://cucp.cuc.edu.cn
经　销	全国新华书店
印　刷	北京中科印刷有限公司
开　本	710mm×1000mm　1/16
印　张	19.5
字　数	290千字
版　次	2024年8月第1版
印　次	2024年8月第1次印刷
书　号	ISBN 978-7-5657-3702-2/H · 3702　　定　价　99.00元

本社法律顾问：北京嘉润律师事务所　郭建平

总　序

　　媒介是人类社会交流和传播的基本工具。从口语时代到印刷时代，再经电子时代至今天的数智时代，媒介形态加速演变、融合程度深入发展，媒介已然成为现代社会运行的基础设施和操作系统。今天，人类已经迈入媒介社会，万物皆媒、人人皆媒、无媒介不社会、无传播不治理。今天，无论我们怎么用力于信息传播的研究、怎么重视信息传播人才的培养都不为过。

　　中国传媒大学（其前身为北京广播学院）作为新中国第一所信息传播类院校，自1954年创建伊始，即与媒介形态演变合律同拍、与国家发展同频共振，努力探索中国特色信息传播人才培养模式、构建中国信息传播类学科自主知识体系，执信息传播人才培养之牛耳、发信息传播研究之先声，被誉为"中国广播电视及传媒人才摇篮""信息传播领域知名学府"。

　　追溯中传肇始发轫之起源、瞩望中传砥砺跨越之未来，可谓创业维艰而其命维新。昔日中传因广播而起，因电视而兴，因网络而盛，今天和未来必乘风破浪、蓄势而上，因人工智能而强。在这期间，每一种媒介兴起，中传均吸引一批志于学、问于道、勤于术的

学者汇聚于此,切磋学术、传道授业,立时代之潮头,回应社会需求,成为学界翘楚、行业中坚,遂有今日中传学术研究之森然气象,已历七秩而弦歌不断,将传百世亦风华正茂。

自新时代以来,中传坚守为党育人、为国育才初心,励精图治、勠力前行,秉承"系统治理、创新图强、交叉融合、特色发展"的办学理念,牢牢把握高等教育发展大势、传媒业态发展趋势,瞄准"智能传媒"和"国际一流"两大主攻方向,以世界为坐标、以未来为向度,完成了全面布局和系统升级,正在蹄疾步稳、高质量推动学校从传统高等教育向未来高等教育跨越、从传统传媒教育向智能传媒教育跨越、从国内一流向世界一流跨越,全力建设中国特色、世界一流传媒大学。

中国特色、世界一流,在于有大先生扎根中国大地,汇聚古今、融通中外;在于有大先生执教黉门,学高为师、身正为范;在于有大先生躬耕杏坛,敦品积学、启智润心。习近平总书记更强调,高校教师要立志成为大先生,在教书育人和科研创新上不断创造新业绩。中传广大教师素来以做大先生为毕生职志,努力成为新时代"经师"与"人师"的统一者,做真学问、立高品行,践履"立德树人"使命。

2024岁在甲辰,欣逢中传建校70华诞,学校特邀约部分学者钩玄勒要、增删批阅,遴选已公开刊发的论文汇编成集,出版"中传学者文库",意在呈现学校在学科建设、科学研究、服务行业实践等方面的最新成果,赓续中传文脉,谱写时代新声。

文库汇聚老中青三代学者,资深学者渊渟岳峙、阐幽抉微;中年学者沉潜蓄势、厚积薄发;青年学者踌躇满志、未来可期。文库与五十周年校庆所出版的"北广学者文库"相承接,大致可勾勒中传知识生产薪火相传、三代辉映之概貌，反映中传在构建中国特色新闻传播类、传媒艺术类、传媒技术类学科体系、学术体系和话语体系方面的耕耘与收获，窥见中国特色信息传播类学科知识体系构建的发展脉络与轨迹。

这一构建过程，虽筚路蓝缕，却步履铿锵；虽垦荒拓野，亦四方辐辏。一批肇始于中传，交叉融合、具有中国特色的学科，如播音主持艺术学、广播电视艺术学、传媒艺术学、数字媒体艺术学、政治传播学等，从涓涓细流汇入滔滔江河，从中传走向全国，展现了中传学者构建中国自主知识体系的学术想象力和创新力。文库展示的虽然是历史，实则是呈现今天；看似是总结过去，实则是召唤未来。与其说这套文库的出版，是对既有学术成果的展示，毋宁说是对未来学术创新的邀约。

回首过往，七秩芳华。我们深知，唯有将马克思主义基本原理与中华优秀传统文化相结合，才能推动中华学术创造性转化和创新性发展，推动中国自主知识体系的构建。我们深知，唯有准确把握媒介形态演变的脉动、深刻认知媒介形态变革所产生的影响，才能推动中国信息传播类学科自主知识体系的构建与时俱进。

展望未来，星辰大海。我们深知，以人工智能为代表的产业和科技革命正迅疾而来，媒介生态正在加速重构，教育形态正在全面重塑，大学之使命与价值正在被重新定义；我们深知，唯有"胸怀国之大者"、面向世界科技前沿、面向经济主战场、面向国家重大需求，才能确保中传始终屹立于中国乃至世界传媒教育发展之潮头。

如何应对人工智能带来的深刻变革，对中传而言是一场要么"冲顶"、要么"灭顶"的"兴亡之战"。我们坚信，不管前方是雄关漫道，还是荆棘满途，唯有勇敢直面"教育强国，中传何为？"这一核

心命题,奋力书写"智能传媒教育,中传师生有为!"的精彩答卷,才能化危为机,奋力开创人工智能时代中传智能传媒教育新纪元。

功不唐捐,芳华七秩;风帆正举,赓续创新。

是为序。

第十四届全国政协委员,中国传媒大学党委书记、教授、博士生导师

序　言

　　本书主要为音韵学研究，内容包括宋代《礼部韵略》及相关历史问题研究，《元朝秘史》与《蒙古字韵》研究，汉语古音学研究方法与汉藏语同源问题，以及唐宋韵书版本与编撰研究等。重点在韵书文献考证。入选的文章凡十六篇，研究时间跨度较大。最早的为笔者攻读硕士学位时（1993）的研究，即关于《切韵》性质讨论的文章，迄今三十年了，选入此集，是为了深切缅怀我敬爱的导师廖振佑先生，此文虽有点幼稚，但是代表了笔者走上音韵学研究的开始。其他文章基本上代表了笔者的一些重要学术观点。择要叙述如下。

　　第一章关于宋代《礼部韵略》性质的讨论，本人认为，所谓"景德韵略"与"景祐韵略"，实际上是历史上的同一本韵书的前后修订而已，后者只是并合了"十三处窄韵"，并就韵序作了相应的调整，而不存在前后两本韵书的编撰。更不是什么景祐《韵略》是《集韵》的简缩摘录，相反，《集韵》是按照《礼部韵略》的框架编写的，包括小韵顺序（按声类性质排列）以及反切等。研究与人多有不合，非求异于凡响，乃真理所在。

　　第二章研究，《元朝秘史》（亦言《蒙古秘史》）是蒙古族的史诗性作品，记叙了成吉思汗的英雄成长及其家族起源与发展的故事。原书用畏吾儿体文字记录，后为汉字音写流传至今。其汉译时代一直是学术界研究的难题，一般的看法是在明初时，因为有王国维和

I

陈垣的历史研究，已为学术界"秘史学"研究者普遍接受。然而本人却发现里面问题甚多，无论是王国维还是陈垣的观点和结论都难以成立。其实他们都忽略了元初忽必烈建立政权之初的有所作为，其中一点就是文化建设和治国方略，其中如发明八思巴蒙古文字，建立国子监太学，编辑历史课本和《蒙古字韵》等进行教学。而《元朝秘史》的汉译正在此时，编辑人员为亡金礼部文化官员。之所以讨论音译本时代问题，是因为这些音译汉字使用可折射出当时金元时期汉语语音史问题，它主要反映的是早期北方官话语音特点。这是我们最坚实的依据。而《秘史》的音韵研究，学界人迹罕至矣。

《蒙古字韵》的性质实际上是当时国子监太学生的识字课本，是沟通蒙古语和汉语音读的桥梁，也是我国第一部完整的蒙汉对音著作。其韵字取材于当时金朝《礼部韵略》修订本《新刊韵略》，但没有采用"平水韵"的 106 部，而是根据当时金元时期的汉语语音（主要是北方官话），以平上去入四声一贯的形式编为十五个大的韵类。既没有小韵反切，也没有详尽的音义注释，最可贵的是每一组韵字的同音组合和语音框架体系，直接影响了《韵会》和《中原音韵》的编写。《韵会》卷首所附《礼部韵略七音三十六字母通考》一卷，就是参考《蒙古字韵》制作的。我和学生一起对《蒙古字韵》一书进行了详细的文献校勘，校勘成果曰《新校蒙古字韵》，发表于《文献语言学》2016 年第 2 辑。文集中《〈蒙古字韵〉编撰与校勘情况》一文，就是对《蒙古字韵》的历史编纂及其校勘情况做了一些必要的研究。

历史上所谓刘渊"平水韵"也是需要加以认真研究的，清代钱大昕和民国王国维等都有重大发现和历史辩证。清人钱大昕、张金吾及今人宁继福先生等经过研究，认为所谓刘渊平水韵就是金人王文郁《新刊韵略》的再版。在此基础上，我们进一步研究，认为"刘渊"其实是熊忠用来称代"夷族"亡金政权，因为《新刊韵略》

也是金朝《礼部韵略》的修订稿。读者有兴趣可以详看集中文章：《韵会》引述刘渊《壬子新刊礼部韵略》性质考。如是，则可颠覆史观矣！

第三章古音研究方法，论文集的文章主要是以万光泰和顾炎武的古音研究为主，详细讨论上古音研究方法问题，诸如《诗经》韵谱归纳法，谐声归纳法以及谐声归纳与《诗经》用韵互证排比归纳法等。从中探讨古音学的发展历程。本人坚持认为，在学术研究上一定要始终坚持观念更新和科学的方法论相结合的思想。纵观唐宋以来古音学的发展无不如此。大凡学术进步，其要旨有二：一是观念更新，二是研究方法改进。第四章讨论汉藏语同源与否研究，其实也是观念与研究方法问题。

第四章汉藏语同源问题，这是音韵学学界最为争议的问题。牵涉的历史与学术的问题很多，首先是汉语上古音构拟问题，汉藏语同源的历史时间及其范围问题，汉藏诸民族迁徙与融合问题等。学术研究可以提出假说，没有假说就不会去探索去研究。但问题是不能把假说当成研究结论，然后又用这种所谓的结论去验证假说，循环论证。在汉语上古音音系构拟还没有一个定论的情况下，就匆忙地拿着自己不成熟甚或有偏见的音系构拟去寻找一些所谓的"同源词"，那比较出来的同源关系是靠不住的。为此，本人有感而发，写了三篇研究文章，一是研究观念和研究方法问题，二是历史上羌藏同源问题，三是同源词的比较问题，从不同方面辩证汉藏语同源与否问题。愚以为汉藏语同源假说是个很有意义的研究课题，值得研究，但现在有关方面研究还不够成熟，特别是汉语上古音音系构拟尚未完全成熟下，完成汉藏语同源假说的证明还显得有些捉襟见肘。需要说明的是，本书质疑汉藏语同源说，并非是谩骂式攻击，而是基于历史事实与学术的学理分析。

第五章是《切韵》性质和唐代写本韵书的研究，重点研究唐代写本韵书的装帧、版本以及韵字和分韵特点等。历史上唐代仙女吴彩鸾抄写唐韵尽管是一个仙道传说，但历史传奇中一定有现实生活的影子。故论文集从历史文献入手，分析"吴彩鸾"抄写唐韵的版本装帧等问题，并与出土文献研究结合起来，窥探唐代抄本韵书的特点。这一章还研究了宋代韵书《广韵》《集韵》《礼部韵略》之中的俗字编排，从中可以看到韵书对待俗字编排上的不同特点，给研究历史俗字的学界朋友提供学术参考。

自随夫子廖振佑先生问学至今三十余年，本人在音韵学原野里勤苦垦殖，以我覃耜，俶载南亩，时或偶逢年成薄有收获，但我至多是个在田野里拾稻穗的小孩，大田多稼，在地头边捡到几芳稻穗而已。遗秉滞穗，聊充岁饥。近二十年来，除了研究吴棫《诗补音》和万光泰音韵学外，几项重要的研究还包括对唐宋以来科举韵书《礼部韵略》及其在海外传播的梳理，对元代的《元朝秘史》《蒙古字韵》之音韵史的研究笔者也用力甚多，包括《古今韵会举要》等。因为这段时期的音韵学史有太多复杂而又令人迷惑不解的东西。另外一项研究是清代以来《广韵》校勘史研究，遵章黄旧辙而已矣。此文集出版后，如岁月眷顾，假我余年，将会继续有著述刊出，计划中有《唐宋以来科举韵书〈礼部韵略〉研究》《吴棫〈韵补〉与宋代语音史研究》《清代以来〈广韵〉校勘史研究》《〈新刊韵略〉在朝鲜日本的传播》等。有些研究或先鸣于人，不同凡响，故与侪辈时有不侔，然无所顾恤，一如既往，只为探寻真理，何惜孤独跋涉，自信五十年后必有知我者。惜乎怅平生，吾老矣！慰我者，喜有黍苗在成长，盖云归哉。我见青山多妩媚，料青山见我应如是。知我者，二三子！

呜呼！斯人仙逝，鹤鸣于九皋，谨以一瓣心香敬献扶我走上学术之路的夫子廖振佑先生！

张民权

目 录

宋代科舉韻書專題研究

宋代韻書史及相關歷史問題考論 …………………………………… 003
真福寺本《禮部韻略》名諱字研究 …………………………………… 027
宋佚名《魁本足注釋疑韻寶》及相關歷史考述 …………………… 049

《元朝秘史》與《蒙古字韻》研究

《元秘史》漢譯本時代與元代語言問題 …………………………… 069
萬光泰《蒙古字括》與《元朝秘史》音韻研究 …………………… 083
《蒙古字韻》編撰與校勘情況 …………………………………………… 105
《韻會》引述劉淵《壬子新刊禮部韻略》性質考 ………………… 117

古音研究方法論

論韻譜歸納法在古韻部研究中的意義和作用 …………………… 137

論傳統古音學的歷史推進及其相關問題 ………………………………… 152
觀念更新與科學的方法論
　　——傳統古音學的回顧和現代古音學的展望 ……………………… 169

漢藏語同源問題

漢藏同源假說與古音研究中的若干問題
　　——漢藏同源的譜系關係及其研究方法討論 ……………………… 183
從羌藏歷史看漢藏語同源假說與古音研究問題 ……………………… 199
論漢藏同源詞的歷史比較與漢語古音構擬問題 ……………………… 222

唐宋韻書研究

唐吳彩鸞寫本唐韻版本形態叢考 ……………………………………… 243
試論《切韻》一書的性質
　　——讀《切韻序》和《顏氏家訓·音辭》……………………… 267
宋代韻書中的俗字標識與文字觀念研究 ……………………………… 281

宋代科舉韻書專題研究

宋代韻書史及相關歷史問題考論*

引論

  從公元 960 年趙宋王朝建立至 1279 年覆滅，三百餘年間，宋人從長治久安和國家強盛計慮，在文化上實施了一系列的政策措施，諸如包括科舉制度在內的人才選拔考試、編纂前朝史書、刊修歷代典籍等。宋人建國之初，就開始施行這些政策，許多重要的歷史典籍都在宋初刊修完成，如大型歷史文化典籍《冊府元龜》《文苑英華》《太平廣記》的編撰，文字音韻學著作《說文》《玉篇》《切韻》的刊修等，爲宋代三百年文化教育的繁榮與發展奠定了堅實的基礎。在搶救歷史古籍和保護文化遺產方面，宋人做了大量的工作。可以說，在中國文化史上，宋代曾有過輝煌燦爛的一頁。而韻書編撰是其中一項重要文化事業，事關科舉人才選拔和千家萬戶的利益，從《廣韻》《集韻》編撰到《禮部韻略》的多次修訂，均由政府組織進行。另外，伴隨著等韻學和漢語語音的歷史發展，解釋等韻門法、闡釋韻書反切原理和描寫漢語音節特點的等韻學著作，在民間也迭現不衰，形成了宋代音韻學的一個重要特色，共同推進了宋代文化教育事業的繁榮。

  由於韻書與科舉事業密不可分，無論是政府還是民間，人們對韻書都非

---

* 本文原載於《中國語言學報》2012 年第 15 期，收入本書時，略有刪改。

常重視。尤其是《禮部韻略》的編撰和修訂，每個韻字的增列與否及其語音的確定，都必須經過禮部官員的集體討論，上報皇上批准，然後方可施行，這些史實可以在《附釋文互注禮部韻略》所附貢舉條例中得到全面的反映。宋人通過科舉考試，培養和選拔了一大批優秀人才，爲國家的社會、政治、經濟和文化的可持續發展，注入了生機和活力。因此，要研究宋代三百年歷史尤其是文化教育史，不能不研究宋代韻書史及其與社會政治的關係。然而，在宋代韻書編撰史方面，今天仍有許多問題我們沒有弄明白，學術界還存在著許多是非爭議，影響我們的深入研究。隨著新的文獻材料的不斷發掘，有些我們不曾知道的歷史問題有所顯現，因此，對以往研究成果加以總結，對前人研究結論重新審視，就顯得很有必要。例如宋代《禮部韻略》編撰的歷史由來及其與《廣韻》《集韻》的關係，金人《禮部韻略》的修訂與宋韻的關係，《切韻指掌圖》的作者及其時代問題，等等，至今我們都未能完全弄明白，甚至存在一些錯誤的認識和理解。本文從宋代文化史和韻書史的研究出發，試圖對這些問題作出一些新的解釋，並就其中幾個重大的歷史問題進行辨正，澄清是非，以期推動漢語音韻學的深入研究，並爲宋代科舉史和文化教育史的研究提供必要的學術參考。

一、《廣韻》與景德《韻略》的編撰背景及其著述關係

宋代最早的韻書應當是句中正等人詳定的《雍熙廣韻》一百卷和吳鉉《重定切韻》五卷，二書著于太宗太平興國和雍熙年間（976—987），但問世不久就被宋人棄之。其間利弊得失對促進後來《廣韻》和《韻略》的編撰有著非常直接的關係。

據《宋史》本傳，句中正（928—1002），字坦然，益州華陽人，由後蜀入宋。中正精於字學，古文、篆隸、行草無不工。太平興國年間，嘗與徐鉉校定《說文》，又受詔與著作佐郎吳鉉、大理寺丞楊文舉同撰定《雍熙廣韻》。書成，凡一百卷，並於端拱二年（989）上進，詔付史館。此書編撰方式，一

是以"門類"編纂；二是韻字上，"考古今之同異，究篆隸之根源"。①蓋書中每個韻字的形體古文、篆隸、行草無不賅備，乃至經籍又音備載其中。韻書如此繁重（一百卷），使用起來必不方便。且字形音義蕪雜，一般人不易把握，以至於大路多歧而亡羊。今《集韻》編撰乃其餘流。

先是，太平興國八年（983）吳鉉上修訂的《切韻》一部，但不爲朝廷所用。據李燾《續資治通鑒長編》，是年六月，"杭州進士吳鉉，嘗重定《切韻》。及上親試，因捧以獻。既中第，授大理評事、史館勘書。鉉所定《切韻》多吳音，增俗字數千，鄙陋尤甚。尋禮部試貢，舉人爲鉉韻所誤，有司以聞，詔盡索而焚之。"②此事《玉海》亦有記載（卷四十五）。

想見宋初科舉，尚未有一部固定的韻書作爲取韻標準。而唐五代以來，流傳韻書甚多，且分韻立部各有異同，有鑑於此，才會有句中正、吳鉉等人編寫韻書的必要。但此二部韻書皆爲急就之章，或淹沒於蕪雜，或歧路於方音，皆難成典則。看來，修撰一部比較權威的考試韻書的條件當時尚未成熟，還缺乏必要的學術環境和文化環境。

《廣韻》編撰于真宗景德（1004—1007）年間，此時距太祖受禪建國（960）已有四十餘年，天下一統，社會相對安定，宋王朝在政治、經濟和文化等方面都出現復蘇乃至繁榮的局面，一大批學術新人通過科舉考試進入政府各個部門，具備了編撰韻書的物質基礎和文化條件。而宋太宗獎勵文化與學術的政策，爲《廣韻》的編撰奠定了良好的社會基礎。

史載太宗即位之初，便大啟科舉之門，廣納人才。"上初即位，以疆宇至遠，吏員益眾，思廣振淹滯以資其闕，顧謂侍臣曰：朕欲博求俊乂於科場中，非敢望拔十得五，止得一二，亦可爲致治之具矣。"③指導思想如此，乃至每場科舉及第者都在百千名額，如淳化三年（992）貢舉，及第人數竟有千人

---

① 參看宋太宗：《行雍熙廣韻詔》，《宋朝大詔令集》卷1《政事三》，《續修四庫全書》史部第456冊第509頁。
② 參看李燾《續資治通鑒長編》卷24太宗太平興國八年條。《文淵閣四庫全書》影印本，下同。
③ 參看李燾《續資治通鑒長編》卷18太宗太平興國二年條。

之多。真宗繼位，科舉取士更有甚于太宗，如咸平三年（1000）春親試舉人，"所擢凡千八百餘人"，以致史家歎曰："推恩之廣，近代所未有也。"①

舉業之盛必伴隨相關問題產生，一是考試人數眾多，水準參差難免泥沙俱下而有濫考之弊。當時不少考生，懷僥倖心理，不敢實學，"惟鈔略古今文賦，懷挾入試"，如景德二年（1005）御試《天道猶張弓賦》，很多考生就是如此。②如此這般且內容不說，其"古今文賦"用韻就非常參差，缺乏一個統一規範的用韻標準。二是參加進士考試的人，來自南北各地，方言各異，所習韻書版本體系很多，在詩賦用韻上難免師出各門，影響考官的評判錄取。此時，編撰一部統一規範的官韻書乃是當務之急。

前面說過，句中正編撰的《雍熙廣韻》篇幅太大，於實用不宜，而吳鉉編撰的《重定切韻》屢雜俗音成分太多，於科舉考試難成典則。作爲大一統的宋王朝，必須有自己的經典韻書，以呈現王朝氣象。景德四年（1007），《廣韻》終於編成，《玉海》卷四十五："景德四年十一月戊寅，崇文院上《校定切韻》五卷，依九經例頒行。祥符元年六月五日，改爲《大宋重修廣韻》。"③這本韻書雖然是對前代韻書的修訂，但在懸科取士上起到了規範標準的作用。故真宗皇帝敕牒有言：

> 朕聿遵先志，導揚素風，設教崇文，懸科取士，考核程準，茲實用焉；而舊本既訛，學者多誤，必豕魚之盡革，乃朱紫以洞分。爰擇儒臣，叶宣精力，校讎增損，質正刊修，綜其綱條，灼然敘列。俾之摹刻，垂於將來。④

這裏談到了一個很重要的問題："舊本既訛，學者多誤"。我們知道，自中晚唐以來，隨著《切韻》的不斷修訂，流傳下來的各種系列的韻書很多，在

---

① 參看李燾《續資治通鑑長編》卷46真宗咸平三年條。又見《宋史·選舉志一》記載。
② 參看洪邁.容齋隨筆·卷3·進士試題[M].標點本.上海：上海古籍出版社，1996：31.
③ 參看王應麟《玉海》卷四十五《藝文·小學》，《文淵閣四庫全書》本。
④ 參看陳彭年.宋本廣韻[M].影印清張士俊校刻澤存堂本.北京：中國書店，1982：前附錄.

歐陽修和黃庭堅的文集裏，就提到了很多所謂"吳彩鸞"寫本韻書，① 特別是唐末五代以後隨著雕版印刷技術的推廣普及，各種刊修本韻書也不斷湧現。編撰者師心自用，各有乖互，韻目參差不齊，周祖謨先生《唐五代韻書集存》爲我們提供了很多實物證據。這些韻書在部目次序和切音上均不統一，如有些殘卷音系上除了真韻分出諄韻（舉平賅上去入）、寒韻分出桓韻、歌韻分出戈韻外，有的齊韻還別出移韻，仙韻別出宣韻（上去二聲也當如此，夏竦《古文四聲韻》上聲有選韻），薛韻別出雪韻，術韻別出聿韻等，音系分歧顯然不符合"懸科取士，考核程准"的要求。又如在部目次序上，項跛本《刊謬補缺切韻》佳韻不與皆韻相次，卻雜廁于歌麻之間，蒸韻不與登韻在一起，卻退次於侵韻之後，如此這般，必影響舉子考試用韻，因爲鄰韻相押是詩歌押韻的一般要求。

《廣韻》最大的貢獻恐怕是在分韻立部的審定上，以及韻部次序的有效序列編排上，例如舊本唐韻閉口韻侵覃以下九韻都不是一個連貫的序列，蒸登二韻雜廁其中，而《廣韻》一一將其梳理，井然有序。其次，《廣韻》編撰按照實際語音情況並兼顧傳統韻書分韻立部的特點，規定了鄰韻之間同用與獨用的關係，以便考校舉人詩賦用韻，使之有個客觀的評價標準。② 至於韻字的音切和訓釋，也經過一番"校讎增損，質正刊修"的過程。應該說，《廣韻》經過陳彭年、丘雍等人的精心編撰，較之前代韻書，是一部比較經典的音韻學著作。

既然如此，爲什麼當時還要編寫一本《韻略》呢？它與《廣韻》的關係如何？這是我們需要認真加以探討的問題。

《玉海》："景德四年十一月戊寅，詔頒行《新定韻略》，送胄監鏤板。先

---

① 參看歐陽修《歸田錄》"葉子格"條和黃庭堅《山谷別集》卷十一《跋張持義所藏吳彩鸞唐韻》等。
② 自顧炎武以來，學者一般認爲，《廣韻》同用獨用之限乃唐人功令。這個說法值得商榷，因爲唐初用陸法言《切韻》，自唐天寶年間孫愐《唐韻》之後，韻書蜂出，既然各家韻書韻部次序不一樣，就很難有一個統一客觀的規定標準。因此，實際上在諸多"唐韻"中並沒有一本指定的官方韻書。

以舉人用韻多異，詔殿中丞丘雍重定《切韻》。陳彭年言省試未有條格，命晁迥、崔遵度等評定，刻於《韻略》之末。"（卷四十五）又曰："《書目》：《韻略》五卷，景德四年龍圖待制戚綸等承詔詳定，考試聲韻。綸等以殿中丞丘雍所〔定〕《切韻》同用獨用例及新定條例參定。案《崇文目》：雍撰《韻略》五卷，略取《切韻》要字備禮部科試。"以上爲景德《韻略》的基本信息。

按照《玉海》的引述，是先有丘雍撰《韻略》五卷，略取《切韻》要字以備禮部科試，然後是戚綸等又編修了一本《韻略》，它是以丘雍所定《切韻》同用獨用例及新定條例參定，因此，丘雍《韻略》與戚綸《韻略》是兩本韻書。今人或據《崇文目》所言丘雍修《韻略》事，以此推定景德《韻略》是《廣韻》的節本，然而忽視了其前後修訂的過程，且與下列事實不侔。據宋釋文瑩《玉壺野史》卷五陳彭年傳記：

> 陳彭年字永年，生撫州。十三歲著《皇綱論》萬餘言，爲江左名輩所重。除正言，待制于龍圖閣，與晁少保迥、戚密學綸條貢舉事，盡革舊式，防閑主司，嚴設糊名謄錄。取《字林》《韻集》《韻略》《字統》及《三蒼》《爾雅》，定其字式爲《禮部韻》，及廟國之避，凡科場儀範，遂爲著格。①

如果當時採用了丘雍所定《韻略》，陳彭年等人何必還要取《字林》《韻集》《韻略》《字統》等，定其字式爲《禮部韻》呢？又張淏《雲谷雜紀》卷二所記相同："本朝真宗時，陳彭年與晁迥、戚綸條貢舉事，取《字林》《韻集》《韻略》《字統》及《三蒼》《爾雅》爲《禮部韻》，凡科場儀範，悉著爲格。"② 合理的解釋是，丘雍當年編撰的《韻略》只是一個臨時過渡性的韻書，陳彭年他們並沒有採用，而是另外編寫了一本，故言《新定韻略》。他們在編寫上廣采眾多韻書和字書，斟酌其音切，而不是一個簡單的《切韻》摘錄本。

---

① 參看文瑩.玉壺野史·卷5［M］.標點本.北京：中華書局，1984:50.
② 張淏.雲谷雜紀·卷2［M］.標點本.北京：中華書局，1984:108.原本脫"韻略"之"韻"字。

"定其字式"這四字值得玩味。從《玉壺野史》和《雲谷雜紀》的記載看，景德《韻略》不可能是《廣韻》的簡縮本，它是陳彭年與晁迥、戚綸等重新編寫的一部《韻略》！

又據李燾《續通鑒》記載，真宗景德二年（1005）七月，禮部貢院上言："近年進士多務澆浮，不敦實學，惟抄略古今文賦懷挾入試。昨者廷試以正經命題，多憒所出。舊敕止許以篇韻入試，今請除官《韻略》外，不得懷挾書策。"（卷六十）此事章如愚《群書考索後集》卷三十六和王栐《燕翼詒謀錄》卷二都有記載。這段文字告訴我們：作為貢院考試聲韻的"韻略"，當時已在貢舉中試用。

"篇韻"指《玉篇》和《切韻》，從中可知，當時參加科舉的考生不僅可以攜帶此二書，而且禮部還提供"官韻略"參考，以後則成為制度，[①] 其作用應當是便於考生場屋查檢，以及文字音韻使用上的規範性。"切韻"是泛言舊時韻書，即《廣韻》問世前考生自己攜帶的各種舊本韻書，它們在音切及其韻部次序上很不統一，所以才有必要做一個大致的規範，這就是"丘雍重定《切韻》"的來由。不僅如此，丘雍還定下了韻部之間同用獨用的範圍。其同用獨用的規定則成為《廣韻》的編寫基礎。並且，筆者在此大膽推測，丘雍重定的《切韻》僅僅是一個框架，在場屋權當"韻略"使用，為備急須，"略取《切韻》要字備禮部科試"。丘雍當時可能選擇了某個較好的唐韻作為底本，在斟酌眾多韻書基礎上重定了其部目次序，然後《廣韻》在此框架下編撰成書（唐韻—重定《切韻》—《廣韻》）。

按理，這個《切韻》框架仍可作為"韻略"繼續使用，但從當時宋人的

[①] 如《宋會要輯稿・選舉三》：真宗大中祥符四年五月，翰林學士晁迥言："試詩賦日，止許將入《切韻》、押韻《韻略》，餘書悉禁。"又《選舉八》，仁宗天聖五年（1027）三月十八日詔："崇政殿引試，舉人不得將帶文字書冊入殿門，《韻略》官中至日給散。"這個規定一直沿用到南渡之後，如李心傳《建炎以來繫年要錄》載詔興二十六年（1156）三月，執政奏："銓試院獲到懷挾者三人，高宗言曰：'自來士人許帶《韻略》，多緣此雜以他書。'乃詔今後《韻略》及刑統律文等並從官給"（卷一七二）。此後金元科舉考試沿用之，如《新刊韻略》許古序："取一日之長，而韻得入場屋。"元《通制條格》卷五載皇慶二年（1313）科舉令："鄉會等試，許將《禮部韻略》外，餘並不許懷挾文字。"此事又載《元史・選舉志》。

政治心態看，《廣韻》修成只是前代人的韻書，而作爲大宋王朝並沒有一本屬於自己的韻書。因爲丘雍《韻略》仍是舊韻體系，尤其是在編纂體例與反切注音上，所以，以陳彭年、晁迥、戚綸等人爲代表的禮部大臣，決意重新編寫一部新的《韻略》，以顯示本朝的學術水平。這種心理從大中祥符六年（1013）陳彭年與丘雍、吳銳等重修《玉篇》事可以看出來。此前宋人科舉用的都是舊"篇韻"，而《廣韻》編成以後，再將舊《玉篇》加以修訂，就可以形成新的"篇韻"體系，從而與新修《韻略》一起形成三位一體的"篇韻"關係。

概括起來，《廣韻》與《韻略》的關係及其功用在於：一在考古，一在科場便用，二者相得益彰。《廣韻》是述，《韻略》則是作，儘管它使用的還是舊韻的框架（206韻），但它在內部小韻編排及其音切上與之迥然不同，這是宋人革新精神的表現。

二、景祐《韻略》與《集韻》的編撰關係

仁宗景祐年間，宋人對景德《韻略》進行了修訂，據李燾《續通鑒》，仁宗景祐元年（1034）四月丁巳，"詔直史館宋祁、鄭戩、國子監直講王洙同刊修《廣韻》《韻略》，仍命知制誥丁度、李淑詳定。時祁等言《廣韻》《韻略》多疑混字，舉人程試，間或誤用，有司論難，互執異同，乃致上煩親決，故請加撰定。"（卷一一四）

景祐四年（1037）六月，《韻略》修成，《續通鑒》於是年記載曰：

又詔國子監，以翰林學士丁度所修《禮部韻略》頒行。初，崇政殿說書賈昌朝言：舊《韻略》多無訓釋，又疑混聲與重迭出字不顯義理，致舉人詩賦或誤用之，遂詔度等以唐諸家韻本刊定。其韻窄者凡十三處，許令附近通用。疑混聲及重迭出字，皆于本字下解注之。（卷一二零）

以上材料詳細記敘了景祐《韻略》刊修原因及其參編人員。現在許多學者都認爲，這部新修的《韻略》不是舊本景德《韻略》的修訂本，而是《集韻》（或言未定稿）的簡縮本，它與景德《韻略》沒有關係。筆者認爲，這種觀點是值得商榷的，爲此，本人曾撰寫《〈禮部韻略〉與〈集韻〉關係辯證》一文（載《漢語史集刊》第十一輯，2008年），從分析當時社會文化背景出發，分別就《禮部韻略》與《集韻》的內部差異等進行了比較，筆者認爲，景祐《韻略》應當是景德《韻略》的延伸，所以要修改，主要是"疑混聲"的審定和"韻窄者十三處"同用獨用的釐正上。此外，一個基本事實是，《集韻》是在景祐四年《韻略》編成以後編撰的，《韻略》先《集韻》而成，不可能是《集韻》的簡略本，且兩者在內容上多有相異之處，例如在一些韻攝的小韻開合移並上，差異甚多。①

　　或辯曰，《韻略》是《集韻》的編寫大綱，後者對前者有所修改，容或有所異同。此話是是非非，必須加以辨正。

　　《集韻》卷首《韻例》言曰：

　　　　景祐四年，太常博士直史館宋祁、太常丞直史館鄭戩建言：彭年、雍所定，多用舊文，繁略失當。因詔祁、戩與國子監直講賈昌朝、王洙同加修定，刑部郎中知制誥丁度、禮部員外郎知制誥李淑爲之典領。

　　是爲《集韻》修撰時間和部分參編人員。據《玉海》記載，寶元二年（1039）九月書成，慶曆三年（1043）八月十七日雕印成冊。在前後不到三年的時間裏就編撰成書，且篇幅在十卷之多，而刻寫成書卻用了將近五年的時間！就編撰時間而言，筆者推測，《集韻》編撰可能參考了句中正的《雍熙廣

---

① 如《韻略》開合混置只有真諄一對韻部，而《集韻》則含有臻攝、山攝、果攝共10對韻部。另外一個明顯的差異是一些切語用字的調整上，如上聲各韻部中，《集韻》將《韻略》非上聲的切語字改作上聲字等，例如養韻：兩，《韻略》良獎切，《集韻》里養切；想，息兩切，《集韻》寫兩切等。

韻》。當時句氏韻書編成以後曾受到太宗嘉獎，一定存放於史館或內府書閣，作爲朝廷重臣丁度等人在編寫《集韻》時，完全有機會閱覽此書。等到《集韻》編成以後，《雍熙廣韻》便廢而不存，這是一個令人疑惑的事情。存疑于此，留待高明。

依筆者所見，《集韻》確實是按照新修《韻略》的語音框架編寫的，一是在韻部同用獨用的關係上，二是在韻部內部小韻按聲類關係編排的原則上，其中還包括許多音切的沿襲。主張景祐《韻略》與《集韻》是繁簡兩部韻書的學者，也正是從這一認識出發。實際上，如果脫離時代和內容實質的分析，僅僅從韻次和音切相似上比較，很難說明兩者孰先孰後的主次關係。例如，按聲類關係類聚小韻的做法，不應當是景祐年間丁度等人修訂《韻略》而發明的，它應當是景德年間陳彭年等人的舊作。這不是推論，而是有著歷史事實的邏輯證明。按照聲類關係安排小韻的編撰方法，其實早在唐五代韻書中就已經出現，並非要等到丁度等人才知道這樣做。如敦煌韻書殘卷"伯二〇一四"、"伯二〇一五"、"伯五五三一"等五代刻本韻書的編寫即如此。如"伯二〇一五"殘卷平聲佳韻（括號裏爲反切）：

【十三佳】① 佳（古膎），崖（五佳），娃（於佳），膎（戶佳），䶥（火佳），② ǁ 釵（初柴），崴（山佳），柴（士街），③ 牌（步街），𤿐（莫佳），④ ǁ 扠（丑佳），⑤ 咼（口騧），媧（姑咼），⑥ 𡛷（奴扠），⑤ ǁ 䖒（火咼），蛙（烏緺），䰲（戶咼）。

上面佳韻六組小韻：①組牙喉音開口呼，②組正齒音二等韻，③組唇音，④組舌上音，⑤組牙喉音合口呼中插入，⑥𡛷（奴扠）小韻，序列上稍有紊亂，此小韻當列於第四組小韻系列，《韻鏡》列位即如此（《廣韻》妳佳切，娘母）。

現在再把話題轉到景德《韻略》上。

既然陳彭年、晁迥、戚綸等人沒有採用丘雍的《韻略》，想必另有考慮。我們知道，之所以要編寫《韻略》，主要是便於當時場屋查檢使用。"便用"有兩個原則，一是韻字和釋義精賅，一目了然；二是有一個好的檢索方式。而《廣韻》編排仍是舊韻框架，聲類關係錯亂，解釋文字繁多，查檢起來極不方便。而按照聲類關係編排，臨時查找就便捷多了。這應當是陳彭年他們所要考慮的問題，如《韻略》佳韻小韻編排：

①佳（居鞋），膎（戶佳），厓（宜佳），娃（於佳），②媧（公蛙），咼（空蝸），蛙（烏蝸），③簰（蒲皆），④釵（初佳），柴（鉏佳）。

以上爲真福寺本和附釋文本《韻略》的小韻順序。①雖然小韻數目減少了很多，但在聲類排列上更趨於合理。儘管景德《韻略》原本不存，但我們堅信，元祐刊本和附釋文本《韻略》等就是它們的傳承本。亦如陳振孫所言："《禮部韻略》五卷，條式一卷。雍熙殿中丞丘雍、景德龍圖閣待制戚綸所定，景祐知制誥丁度重修，元祐太學博士增補。"②"所定""重修""增補"，其傳承序列關係，當如陳氏所言。

又《玉海》卷四十五："《淳熙禮部韻略》五卷。元年，國子監言：前後有增改刪削及多差舛，詔校正刊行。"雖然淳熙監本不見，但有一點可以肯定，附釋文本《韻略》等即以此爲藍本而"釋文互注"。既然淳熙刊本不會改變元祐增補本的框架，同樣，景祐《韻略》不會輕易改變舊《韻略》的語音模式，除了根據新的同用獨用例調整少數韻部次序外，其他只是音義注釋上的補充和修正而已。

如此看來，景祐《韻略》不是《集韻》的簡略本，恰好相反，《集韻》卻是新舊《韻略》語音框架下的擴展修訂本，本末不可倒置。或以金人王文郁《新刊韻略》來逆推景德、景祐《韻略》分別與《廣韻》《集韻》的關係，實際上是不能成立的，詳見後論。

三、王文郁《新刊韻略》與金元《禮部韻略》的關係

金代《禮部韻略》原本不存，所存者爲後來私家增修本，王文郁《新刊韻略》和元刊本《文場備用排字禮部韻略》《魁本排字通並禮部韻注》（二者

---

① 北宋南城本《禮部韻略》同。按 2012 年南城本被發現，但其照片內容尚未流入民間，故本文未能引用說明。
② 參看陳振孫《直齋書錄解題》卷 3《小學類》，《文淵閣四庫全書》本。

實爲同一傳本）等均爲其傳承本。這三種韻書今存於海內外圖書館，它們在內容編排上基本一致，所不同者只是在韻字的增損或注釋上略有不同而已，此外，張天錫《草書韻會》、上世紀初在內蒙古黑水城出土的《韻略》殘卷和近年在敦煌發現的排字本《韻略》殘卷，均屬此類韻書。元代陰時夫《韻府群玉》也屬於金韻的改編本。值得一提的是黑水城《韻略》殘卷，[①] 此殘卷在揭示金代《禮部韻略》的性質上有著極其重要的文獻學意義，許多懸談將得以廓清。

綜合現存韻書看，金人《禮部韻略》與宋人《禮部韻略》體系不一樣，金人禮部韻大體遵循《廣韻》編排體例，摘錄其中韻字，頗有"節縮本"的性質，但在一些小韻的編排以及一些韻字的音義上有所不同。其最大的特色是在《廣韻》同用獨用的基礎上，並參考《集韻》和景祐《韻略》刪並"十三窄韻"的做法，將原來的206韻合併爲106韻。可以說，106韻是金韻體系。

從黑水城《韻略》殘卷看，金人官韻原本"簡而嚴"，韻字少且注釋簡略，很多小韻連反切注音都省略了，如十灰韻前面幾個小韻字（括號內文字爲原本注釋）：

〇恢（大也）詼（諧也）魁（斗｜）盔（盂器）〇隈（烏恢切）煨（煻｜火）偎（愛也）捱（掎也）椳（戶樞）〇回（邪也）洄（逆流）廻（還也）槐（木名）徊（徘徊）茴（｜香）

與宋人官韻比較，兩者在收字範圍上互有出入，但金韻的韻字數量總體上比宋韻少，其"簡而嚴"的音義注釋如同北宋本《禮部韻略》（日本真福寺本）。從內容上看，此殘卷比較接近金人官韻的原本。殘卷"十灰"、"十一真"標目，已顯露"合併"信息。

《新刊韻略》是金人官韻的補注本，收字和注釋等都比原本繁富。如果對照殘卷，我們就會發現，它的改動非常大，一是將原小韻編排順序按照《廣

---

① 殘卷圖版發表於上海古籍出版社1996年出版的《俄藏黑水城文獻》第一冊，其後聶鴻音、孫伯君所著《黑水城出土音韻學文獻研究》又轉錄影印，文物出版社2006年。

韻》重新做了調整，二是幾乎在每個小韻內部都增加了韻字，並且在每個大韻末還有"新添""重添"等字樣，從中可見金人官韻發展到《新刊韻略》時已經做了多次修改。此外是在韻字的音義注釋上，所有缺省音義的小韻和韻字都補注了反切音和注釋文字，其音義注釋與《廣韻》基本一致，並增加了很多辭藻。下面仍以灰韻爲對照，省略其中一些韻字，舉例如下：

○恢（大也苦回切恢｜四｜重｜廣｜）詃（詃調）魁（魁師一曰北斗星渠｜斗｜河｜）悝（病也憂也一曰悲也大也亦音里）盔（盔器孟也）○隈（水曲也烏恢切崴｜山｜城｜）……○回（違也轉也邪也戶恢切姦｜天｜昭｜顏｜杓｜參｜）……瑰（玫｜火齊珠也又吉回切）

比照之下，可以看出，以上"恢"小韻增加了切音苦回切，並增添韻字"悝"；"隈"字原只有注音而無釋義，新刊本補充了"水曲也"等內容；"回"小韻增出戶恢切，並增加"瑰"字。"回"字原只有"邪也"一個義項，而新刊本卻增加了"違也""轉也"兩個詞義，並添收姦回、天回、昭回、顏回等辭藻（｜表示原韻字）。這些語彙的添加，爲舉人賦詩作文提供了極大的方便，也許這正是它爲元人看重的生命力所在。

甯忌浮先生在《古今韻會舉要及相關韻書》等著述中，從比較《新刊韻略》與《廣韻》編撰體例及音義內容出發，堅稱金韻是景德《韻略》的傳承本，理由是景德《韻略》是《廣韻》的簡縮本。並推論說："大金國的《韻略》，顯然是拿早被宋人廢棄了的景德《韻略》作藍本，稍加修訂而成。修訂的最主要內容是將 206 韻並爲 106 部。"①

這個說法今天看來是不正確的，至少從黑水城《韻略》殘卷內容中可以得到說明。設如金人禮部韻是景德《韻略》的改編，景德《韻略》是《廣韻》的簡縮本，理應在小韻編排以及韻字的音義注釋上與《廣韻》保持一致，而

---

① 參看甯忌浮.古今韻會舉要及相關韻書·第二章·禮部韻略考[M].北京：中華書局，1997:131.

殘卷卻與《廣韻》出入甚多，有些韻字甚至連《廣韻》上都沒有，有的整個韻部的小韻次序與《廣韻》迥別（如支韻竟然與宋韻一致）。由此可以斷定：金人《禮部韻略》不是宋人景德《韻略》的修訂本。以後來修改的《新刊韻略》來逆推景德《韻略》與《廣韻》的關係，邏輯上是難以成立的。黑水城《韻略》殘卷國內最初發表於 1996 年 12 月，甯先生當時大概沒有看到此殘卷，故有如此推定。

我們還可以從下列文獻事實中說明金人編寫了自己的《禮部韻略》，現存元刊本《韻略》序跋和題記文字透露了這一事實。如《新刊韻略》許古序引王氏言論曰：

> 稔聞先禮部韻或譏其嚴而簡，今私韻歲久，又無善本。文郁累年留意，隨方見學士大夫，精加校讎，又少添數語，既詳且當。①

這段文字不難理解，在王氏以前，就有"禮部韻"的存在。也就是說，當時金代既有官修《禮部韻略》，又有私家注釋本（私韻），如同宋毛晃《增韻》和無名氏《附釋文互注禮部韻略》，而王文郁韻本也是私家注本。那麼，這個官修本《韻略》何時何人編排的呢？今元刊本《文場備用排字禮部韻略》告訴了我們一個重要信息，其卷首後牌記文字云：

> 聖朝科試，舉子所將一《禮韻》耳，然唯張禮部敬夫定本最善。今復以諸韻參校，每一韻為增數字，凡增三千餘字。釋焉而詳，擇焉而精，敬用梓行，為文場寸晷之助云。②

這段文字不知是元人覆刻金人禮部韻所作的說明文字還是原本如此。推

---

① 參看王文郁《新刊韻略》，今有臺北圖書館以及上海圖書館和北京圖書館藏本，文字略有不同。
② 本引文取自北京圖書館藏本，其他兩種刻本（分藏於日本和我國臺灣）牌記文字後分別留有不同刻書年代及書坊名稱。其中信息最能考察金刻本與元刻本的關係，見文中討論。

測原本序跋文字中一定存有"張禮部敬夫"者校訂《韻略》事，而刊修者把它刪掉了。或金人原刻本存有這段文字，而後元人刊刻時保留下來以增加韻書的"賣點"。張禮部敬夫者為誰？應當是金代張行簡，①《金史》有傳，字敬甫，山東莒州日照人，世宗大定十九年（1179）進士第一，任翰林修撰，累遷禮部郎中，與父親張暐世為禮官，主持朝廷科舉考試，"典貢舉三十年，門生遍天下"。②元代科舉沒有編寫類似宋人的《禮部韻略》，所言《禮韻》者實際上為金人舊韻，牌記所言"唯張禮部敬夫定本最善"，隱含金代《韻略》私家注本很多，後經張行簡改定，金元後又有在此基礎上的增修本。以此見金人科舉一定編有韻書。

又據謝啟昆《小學考》引《山西通志》，金代毛麾編有《平水韻》。毛麾《金史》無傳，《世宗本紀》中略見提及，曰："校書郎毛麾，朕屢問以事，善於應對，真該博老儒，可除太常職事，以備討論。"③時在大定二十年（1180）。《山西通志》："毛麾，字牧達，平陽人。大定十六年舉學行，特賜進士出身，授校書郎，入教宮掖，歷太常博士，終於同知沁州軍事，有《平水集》行世。"④以"老儒"二字言之，毛麾至少在大定二十年前後著有《平水韻》。這條材料還可以進一步辨正音韻史上一個著名的話題：即"平水韻"的著作權問題。自錢大昕發現了王文郁《新刊韻略》（1229）後，知"平水韻"不始於劉淵，後來王國維又發現張天錫《草書韻會》（1231）也是106韻，僅比王韻晚兩年，從而推論出"蓋金人舊韻如是，王、張皆用其部目耳"的結論。⑤而毛麾《平水韻》又在王韻之前，⑥"從而可以進一步證明，無論是王文郁還是劉淵

---

① 日本學者櫻井智美先有此說，文見《〈禮部韻略〉與元代科舉》，載《元史論叢》2004年第九輯。
② 參看元好問《中州集》卷9"張太保行簡"詩注。四庫全書本。
③ 參看金史·世宗本紀（中）[M].標點本.北京：中華書局，1975:175-176.
④ 參看雍正《山西通志》卷136《人物志》。按毛氏《平水韻》目載該書卷175《經籍志》。
⑤ 參看王國維.書金王文郁新刊韻略張天錫草書韻會後[M]//王國維.觀堂集林·卷八.北京：中華書局，1959:392.
⑥ 此說先由張世祿提出，見《廣韻研究》第250頁，上海商務印書館1933年版。後來虞萬里先生再伸此說，見影印本謝啟昆《小學考》前言，漢語大詞典出版社1997年版。特記於此。

韻本，其所源者皆有所本，或爲毛麾《平水韻》，或爲張行簡"定本"。而毛氏韻本有可能是在官韻的基礎上修定的，故以"平水"稱名。

今黑水城出土的《韻略》殘卷，其韻字編排既與宋《禮部韻略》迥異，其體例又大致與《新刊韻略》等韻本相同，可以認定是金人的《禮部韻略》，從其"嚴而簡"的編排特點看，它比王氏韻本要早得多，至於是否是張行簡定本抑或毛麾《平水韻》原本以及相互關係如何，現在還不好說。值得注意的是殘卷灰韻"縗"字注云："正本作衰也。"表明它還不是初印本。①

考金朝科舉之設，始于金太宗天會元年（1123），是時北遼新亡，三年後宋都汴京陷落，宋室南渡。五年（1127），下詔在原遼宋地區實行"南北選"，北選詞賦，南選經義，這是照顧佔領區的宋人長期以來所習經義科目而爲。②《金史·選舉志》言曰："五年，以河北河東初降，職員多闕，以遼、宋之制不同，詔南北各因其素所習之業取士，號爲南北選。"③是時金人建國之初，尚未建立完備的科舉制度，北選詩賦考試或沿用遼制（遼人是否編有官韻書尚不清楚），可以想像，此時還不會編寫韻書。《金史·選舉志》言："金設科皆因遼宋制，有詞賦、經義、策試、律科、經童之制。"這只是後來的事情。海陵庶人天德二年（1150）下詔，並南北選爲一，罷經義、策試兩科，專以詞賦取士。又貞元元年（1153），詔定貢舉程試條理格法等。此時，詞賦取士的音韻標準才會提到議事日程來，在此形勢下，金人要麼編撰新的韻書，要麼借用宋人《禮部韻略》。④

至世宗之後，金朝發展到鼎盛時期，學校教育發達，科舉制度日益完善，編撰韻書有了一定的文化基礎，當時山西平陽地區刻書業的發達可以說明問

---

① 此注釋也可以句讀爲："正。本作衰也。"即縗爲正字，別本作衰。《廣韻》《集韻》等此音切下注有"亦作衰"字樣。又殘卷俗字頗多，刻工不精，疑爲坊間書賈射利所刊。
② 神宗熙寧四年（1071），王安石主政，更革貢舉條制，取消聲律科目而專試經義，至哲宗四年（1089）才恢復詞賦科目，然而不久詔聖元年（1094）又下詔罷之，直到北宋滅亡。
③ 參看金史·選舉志［M］.標點本．北京：中華書局，1975：1134.
④ 今殘卷支韻小韻次序及反切與宋人韻本相同，說明金人在編撰《禮部韻略》時參考了宋人韻本。

題。故大定年間,張行簡修訂《韻略》、毛麾編寫《平水韻》,都是情理中的事情。自此之後,王文郁和"劉淵"等據之加以修訂,采諸家之長,可能非常精善,優於其他私家注本,故在當時流傳甚廣,乃至使後人不知有金代《禮部韻略》。

按劉淵本末不詳,其韻書"壬子"年一般認爲是宋理宗淳祐十二年,也就是元憲宗二年,即公元1252年,此時金已亡於蒙古,但蒙古人仍沿襲金人科舉之制,史載太宗九年(1237)八月命試諸路儒士,明年正式舉行,"中選者除本貫議事官,得四千三十人",① 此元人科舉取士之始。

因此,元代文獻中提到的《禮部韻略》,實際上都是金人韻本,如《元史·選舉志》:"鄉試會試,許將《禮部韻略》外,餘並不許懷挾文字。"一個很簡單的歷史事實是,元人在統一中國南北地區之前就實行了科舉考試,此時南宋政權未亡,元人只能沿用金人科舉制度,包括指導詩賦考試的韻本。

今存元刊本《新刊韻略》和排字本《文場備用禮部韻略》等,都載有元人科舉功令方面的條文,如《聖朝頒降貢舉三試程式》即是,其御名則爲"今上皇帝碩德八剌"即英宗皇帝,公元1321—1323年在位。元人沿用金人《禮部韻略》,但增加了一些韻字,此從《文場韻略》中可以看出來。② 此可見金元兩代《禮部韻略》的傳承關係。

看來,元人沿襲金人《禮部韻略》至少有兩個理由,一是歷史文化的沿革,二是韻書內容上金人《韻略》增加了大量辭藻而有利於科舉考試,再就是它按照《廣韻》小韻順序編排及採用它的音切,因此,音義上的存古性和語彙內容的現實性,使金人韻略在元代科舉考試中得到繼續使用。不僅如此,高麗朝鮮時代科舉韻書也與此有關。

---

① 參看元史·太宗本紀[M].標點本.北京:中華書局,1975:35. 又《選舉志》言:"遼、金居北方,俗尚弓馬。遼景宗、道宗亦行貢試,金太宗、世宗屢辟科場,亦粗稱得士。元初,太宗始得中原,輒用耶律楚材言,以科舉選士。"第2015頁。
② 根據我們的初步統計,《新刊韻略》9311字,《文場韻略》10,549字,增加1238字。

四、《切韻指掌圖》的作者及其成書年代問題

《切韻指掌圖》是宋代一部重要的等韻學著作，相傳司馬光所作，宋元以來文獻均如是說，如嚴粲《詩緝》、王應麟《玉海》和《宋史·藝文志》等均有載記。自清代以後，人們始疑此書爲後人偽作。如《四庫全書提要》："第光《傳家集》中，下至投壺新格之類，無不具載，惟不載此書。"已存疑問之詞。而明確提出韻圖非司馬光所作者乃清末人鄒特夫，鄒氏懷疑爲宋代楊中修的《切韻類例》。此說一出，後人翕然從之，前輩學者紛紛撰述，以證助鄒氏之說。音韻學大家如趙蔭棠、董同龢等都有考證文章，如趙蔭棠先生認爲，韻圖確非司馬光所作，其成書年代在南宋淳熙三年（1176）以後與嘉泰三年（1203）以前。①

趙氏依據的是張麟之《韻鏡序》中提到的淳熙年間楊倓所作《韻譜》以及張序與董南一作序的時間點，在這個時間點上，按照趙氏說法，朱熹、鄭樵和張麟之等都沒有提及《指掌圖》，這種推理正如董同龢所指出的，朱熹等人沒有看到的書不等於世上不存在這部書。董同龢則認爲韻圖應當是在"孫覿《切韻類例序》之後，孫奕作《示兒篇》之前。"② 考孫序作于南宋之初（序有"慨自靖康之亂"之語），孫氏卒于孝宗乾道五年（1169），③ 假如孫序作于紹興末或乾道年間，以此修正趙氏之說，董氏此番考證實在沒有多大的意義。

董氏幾乎否認了趙氏的全部理由，只剩下一點關於自序文字與《切韻類例序》有雷同的嫌疑，指出自序文字漏抄了"類篇"二字。但這並不是"疑

---

① 參看趙蔭棠.切韻指掌圖撰述年代考[M]//趙蔭棠.等韻源流.北京：商務印書館，1957:94-107.
② 參看董同龢.切韻指掌圖中的幾個問題[M]//史語所集刊第17本.影印本.北京：中華書局，1987:195-212.
③ 據陳振孫《直齋書錄解題》："孫覿'生元豐辛酉，卒乾道己丑，蓋年八十有九，可謂者宿矣'（卷十八《鴻慶集》解題）。又孫覿《內簡尺牘》卷三《與致政楊尚書中修》："序引納上，衰老廢學，技止此耳。"按，"序引"者指《切韻類例序》。"衰老"一句表明孫氏作此書序的時間。

偽"的理由，因爲古人行文往往有"雷同"的時候，如《玉海》卷四十五關於《集韻》的文字：

> 詔名曰《集韻》(自許慎而降凡數家，總爲《類篇》《集韻》)，昌朝又請修《禮部韻略》，其窄韻凡十有三，聽學者通用之(或云治平四年司馬光繼纂其職)。

括號中文字爲王應麟自注，巧合的是，"自許慎"以下注釋與孫氏《切韻類例序》完全相同，又"或云"一句，與孫序亦有相似之處。① 按情理，王應麟爲一代通儒，學識淵博，不應有"或云"之說。以此推論，當時必有傳言司馬光繼纂《集韻》者。如章如愚《群書考索續集》卷十八《翰墨門》言曰：

> 以《指微韻鏡》而別脣齒舌喉牙之音，以熙寧《集韻》而究僻俗用假借之字，又安有伏獵雌霓之失！

按"熙寧"爲神宗年號（1068—1077），正好在英宗治平四年（1067）司馬光"繼纂其職"之後。又如《韻會》："惟司馬文正公諸儒所作《集韻》，重定音切，最爲簡明。"（卷一"公"字注釋）或許古人總是把《集韻》《類篇》視爲同一類型之書，故《指掌圖》自序中有"予得旨繼纂其職"之言。其實，其中還有很多我們不知道的信息。

趙董文章是關於《指掌圖》成書年代考證最力的二家，幾成定論。然而，事情並沒有這樣簡單，要辯證其成書年代抑或作者真偽問題，除了要比較韻圖音系特點與北宋中葉司馬光時代語音異同外，還必須從當時等韻學發展趨勢以及司馬光本人學術修養等方面加以研究，而趙董等人恰恰在這方面忽視了。

---

① 孫序原文："昔仁宗朝詔翰林學士丁公度、李公淑增崇韻學，自許慎而降凡數十家，總爲《類篇》《集韻》。而以賈魏公、王公洙爲之屬。治平四年，司馬溫公繼纂其職。"

根據本人的研究，《切韻指掌圖》應當是北宋中葉時期的作品。理由如下：

首先，從等韻學發展情況看，北宋仁宗朝前後產生了很多等韻學著作，有名有姓的就有僧宗彥、王宗道、柳曜等數家，清《欽定續通志》記載的僧宗彥《四聲等第圖》，橫有三十六母，縱有四等，其編排結構與《指掌圖》類似。又《四聲等子序》提到了"智公"著有《指玄論》，其韻圖格式也與《等子》和《指掌圖》類似，曰："其指玄之論，以三十六字母約三百八十四聲，別爲二十圖。"這位智公所處時代不會晚于司馬光。也就是說，橫列三十六母，縱有四等，別爲二十音圖的等韻圖在司馬光以前就已經產生。《切韻指掌圖》是北宋中葉時期的作品不足爲奇。

其二，吳棫《韻補》內部編排是按照聲類關係三十六字母編排的，始見終日，按照牙舌脣齒喉半舌半齒七音順序排列，其次序與《指掌圖》一致，尤其是喉音"影曉匣喻"與韻圖一致（《四聲等子》曉匣影喻）。吳棫生活于兩宋之間，《韻補》著作於韶興年間，也就是說，吳棫在當時一定見過《指掌圖》之類的韻書，其作必有所本。

第三，蒼天眷顧，幸好給我們留下了一本南宋本《指掌圖》，韻圖中留下了避諱韻字，其時代特徵可以從避諱字的情況看出來。以前學者們在討論《指掌圖》的性質時，對避諱問題往往關注不夠。根據《四部叢刊》宋刊本避諱情況，聖祖玄朗二字闕筆，宣祖弘殷之弘字、太祖匡胤之匡字闕筆，仁宗禎之嫌名字"貞"闕筆，自英宗以下及南宋君主名諱字均無避諱現象，從避諱字看，《指掌圖》大概是仁宗時期的作品。如果按照趙董二人所說韻圖爲南宋淳熙年間所爲，那麼，作爲當朝君主孝宗名諱"慎"字，一定要避諱闕筆，而韻圖照收不諱。這是最有力的證據。

關於作者，我們現在還拿不出強有力的證據。不過，從司馬光學養看，完全可以相信他有能力著述這部作品。從語言文字學修養看，司馬光注釋了揚雄《法言》和《太玄》，晚年著述《玄虛》一書，造《玄虛》行圖變圖等，其繇辭完全以韻行文，這些都能夠反映司馬光的語言學功底，其詩文用韻也多與《指掌圖》音系一致。《四庫提要》認爲司馬光《傳家集》中不載《切韻指掌圖》，理由不足，韻圖是一部韻書，怎麽會被編入文集之中呢？況且《潛虛》一書也不載見於文集之中。

依筆者看，《指掌圖》可能還不是司馬光原作，但司馬光可能在舊本基礎上進行過加工潤色，或是與原作者或傳抄者有過交流切磋，① 如此，別人在尊重司馬光的名義下，托他或替他寫了篇自序什麽的；或原作者名微不利於著作流布，不得已而爲之。這種情形自古至今都是如此，不必大驚小怪。

確定《指掌圖》的成書時代非常重要，因爲就其語音性質而言，它反映的實際上是北宋時期早期官話語音的特點，並且可以得到北宋時期許多語音史材料的互證。例如，曾攝與梗攝合流，北宋仁宗皇帝名諱字就是如此；魚虞同用，見於英宗名諱字。② 止攝精組字置於韻圖一等位置，標誌著資思韻的產生，這點又與歐陽修《州名急就章》和吳棫《韻補》記錄的語音一致。③ 其中關節對於宋代語音史研究至關重要。

據前輩學者研究，類似《韻鏡》之類的分析漢語音節的韻圖，至遲在晚唐時代就應產生。如《日本國見在書目錄》著錄有晚唐時《切韻圖》一卷，《目錄》著作於日本宇多天皇寬平年間（889—898），假如《切韻圖》爲聲韻配合關係等第圖，那麽，此書著作時間當在唐昭宗光化元年即公元898年之前。④ 因此，就時代和學術積累看，《指掌圖》在北宋中葉產生不足爲奇，要知道，那是一個富於改革和創新的年代，如果聯繫《禮部韻略》和《集韻》編撰背景的話，《指掌圖》的作者對舊韻圖進行簡化，充分體現實際語音的特徵，又有何疑呢？從大處著眼，無須糾纏司馬光自序以及董南一序言的真僞

---

① 至少那些門法内容是據舊本添加或改造。例如關於廣通内容，所舉例子爲餘支切移，按照廣通門"移"字應在四等，而韻圖仍在三等，《韻鏡》和《四聲等子》在四等。但《等子》所舉例子爲餘支切頤，《等子》無"頤"字，而《指掌圖》四等位置又是"頤"字。按"頤"爲之韻"飴"小韻中字，《等子》支之混淆，《指掌圖》位置錯列，儘管其中問題很多，但有一點可以肯定，它們都是轉述舊本韻圖門法内容。
② 参看拙文《禮部韻略名諱字與宋代語音史問題》，《民俗典籍文字研究》第五輯，2008年。
③ 歐陽修《州名急就章》以韻行文，在州名韻字排列上，資思韻爲一列，不與齊微韻相雜，如"淄資思師"獨立，"眉黎齊池蘄，施伊西夷溪"同組。
④ 参看羅常培《通志七音略研究》，收於《羅常培語言學論文集》（商務印書館，2004年），不過趙蔭棠《等韻源流》對此提出異議，見該書第58-60頁的引述。

問題，其成書時代在北宋中葉應該是可以接受的。

五、餘論

宋代等韻學發達，促進了宋代韻書在編撰體例上的革新。宋人在編撰韻書時充分吸收了等韻學成果，反切的改進、小韻的移並以及按聲類編排的方式，處處透露著宋人在韻書編撰上的革新精神，與當時實際語音的發展也不無關係。時音與等韻學的碰撞，催生了《禮部韻略》和《集韻》等韻書的問世，而《切韻指掌圖》和《四聲等子》則以音圖的形式，對當時"碰撞"的結果及時做了音理上的概括。吳棫《韻補》、韓道昭《五音集韻》乃至宋末元初的《古今韻會舉要》等都是這種革新觀念的作品。宋人的革新精神不僅表現在韻書的編撰方式上，而且表現在對實際語音的描寫上，《切韻指掌圖》和《四聲等子》將傳統韻圖如《韻鏡》四十三音圖簡化爲二十音圖，更能直接反映宋代實際語音情況。

另一方面，宋代韻書的編撰與科舉考試有著直接的關係，實用主義原則貫穿其中。真宗朝陳彭年等人在修撰《廣韻》的時候，就規定了206韻之間的同用與獨用關係，以利於"懸科取士，考核程準"。但《廣韻》保留的還是《切韻》音系，有些反切注音與當時實際語音不相符，聲韻之間洪細開合類隔情況甚多，因此，有必要編撰一部既能指導科舉考試又能規範當時語音文字的韻書，這部韻書在卷帙上還必須有簡略賅要的特點，以便場屋舉子備用，這就是後來我們見到的《禮部韻略》，與《廣韻》同時成書于真宗景德年間。應該說，這部《韻略》在當時科舉考試中起到了重要的作用。但令宋人遺憾的是，宋人沒有自己的"篇韻"，篇韻者，《玉篇》和《切韻》，此舉世公認的兩部語言文字學經典著作，在隋唐以來的科舉考試中發揮著不可替代的作用。仁宗皇帝繼位並正式掌朝之後，年輕氣盛，似乎要在文治武功上做一番前輩未竟的事業，在宋祁、賈昌朝、鄭戩等學者的建言下，決意重新編寫一部韻書，以區別於《廣韻》，並對前朝《韻略》進行修改，就其"窄韻十三處"進行韻部合併，於是有了景祐年間《集韻》和《禮部韻略》的編撰。此二書編成以後，接著進行《類篇》的修訂，爾後終於完成了新的三位一體"篇韻"體系，所謂《集韻》—《類篇》—《禮部韻略》系列。

但是，由於自身內容及編撰體例上的缺陷，加上人們的崇古心理，《集韻》和《類篇》自問世之後並不爲世人看重，人們推崇的還是《說文》《玉篇》和《廣韻》的典雅。由於《禮部韻略》與自己功名息息相關，因此，人們更多的熱情是在《韻略》的學習上，只有熟練地掌握其韻字的音義，才能在科舉考試中立於不敗之地，否則，就會被黜落。文化與科舉的需要促進了《韻略》的修訂與進一步完善。南渡以後，相繼出現了許多私家補注本，或補充古音古義，或圈發又音，或解釋押韻疑混現象，終宋之時這種韻書很多，據說達五十多種。① 毛晃《增韻》、無名氏《附釋文互注禮部韻略》、歐陽德隆《押韻釋疑》等都是流傳至今的作品，而《韻會》的問世，則標誌著宋代《禮部韻略》的最後終結。隨著大宋王朝的滅亡，使用了 270 多年的《禮部韻略》也就壽終正寢了。取而代之的是金人《禮部韻略》，所謂 106 部 "平水詩韻"。

遼人和金人也進行科舉考試，但他們並沒有採用宋人編撰的《禮部韻略》。遼起唐季，頗用唐進士法取人，他們是否編有"韻略"，史無明證。考歷史文獻，遼太宗會同年間即實行科舉考試，時在五代之末宋代之前（938—946），使用的可能還是《切韻》類韻書。史載："金承遼後，凡事欲軼遼世，故進士科目兼采唐宋之法而增損之。"（《金史·選舉志》）一部韻書或字書，往往是一個朝代的文化標誌，故金人亦不肯用宋韻，而是另起灶爐，在充分尊重古本韻書的基礎上編寫了《韻略》，20 世紀初在黑水城出土的《韻略》殘卷以及後來的王文郁《新刊韻略》和陰時夫《韻府群玉》等，都能反映金人科舉韻書的特點。它與宋韻屬於同一語音框架下的兩種不同編撰體例的韻書，或曰都屬於《切韻》系韻書，宋韻雅中有俗，而金韻古雅是依。宋韻改良《廣韻》反切，更能體現時音與反切拼讀的關係，而金韻在後來不斷的修

---

① 熊忠《古今韻會舉要序》："宋省監申明，儒紳論卞，《韻略》集注，殆且五十餘家。率皆承舛襲訛，以苟決科之便。"可見當時補注《韻略》之書很多。

訂中，反切釋義以《廣韻》爲本，又體現它的保守性。然而，就詩詞押韻而言，在韻部"同用"的大格局下，無論是宋韻的206韻（合則108部）還是金韻106部體系，都不影響詩文用韻的大局，反切與釋義的差異也很難左右詩人詩詞用韻的方向。因此，從這一意義上說，兩者在詩韻上又是統一的。自元以後，宋代《禮部韻略》雖退出歷史舞臺，但元朝仍然沿用金朝官韻106韻的框架，使得"平水詩韻"一直沿襲至清朝科舉制度結束。清朝科舉韻書曰《佩文詩韻》，沿襲《韻府群玉》106韻格局。這是中國傳統文化的延續，它們在科舉、文化、教育史上所產生的影響和作用，遠非我們現代人所能理解。①

---

① 大膽一點說，在"中華民族"融合和最終形成上，韻書也發揮了重要的影響和作用。因爲自隋唐以來實行科舉考試，都要使用《切韻》《唐韻》類韻書或本朝編訂的《禮部韻略》，通過科舉考試和文化教育，使得不同種群族落的人民有一個共同的文化認同感。無論是契丹族、女真族還是蒙古族政權，都實行科舉考試，接受漢文化，所謂一個民族的核心價值，就是有著共同的文化認同感。而韻書的作用是語言文字規範化，促使中國傳統文化的源遠流長。

真福寺本《禮部韻略》名諱字研究[*]

《禮部韻略》在研究宋代語音史上的文獻價值，迄今爲止似乎未能引起人們的充分重視，研究者寡，尤其是其中一些君主名諱字的音韻問題，還未見專門研究文章發表。本文擬以最新發現的日本真福寺藏北宋刊本《禮部韻略》所載名諱字爲主，從音韻入手，探討宋人避諱制度下名諱字與《禮部韻略》修撰之間的關係，以及名諱字在禮部考試中的"嫌名"同音問題，以揭示隱藏在名諱字之後的語音史問題，並進而探討名諱字的文獻依據和語音依據。草茝之作，愧獻知音。

一、《禮部韻略》修撰及其後續刊本問題

《禮部韻略》是宋代科舉考試專用的文字音韻規範用書，始修於宋真宗景德四年（1007），由陳彭年、戚綸、晁迥等人奉詔編撰，初名《韻略》，景祐四年（1037）丁度等人奉詔修訂，始名《禮部韻略》。宋張淏《雲谷雜紀》卷二："本朝真宗時陳彭年與晁迥、戚綸條貢舉事，取《字林》《韻集》《韻略》《字統》及《三蒼》《爾雅》爲《禮部韻》，凡科場儀範悉著爲格。又景祐四年，詔國子監以翰林學士丁度修《禮部韻略》頒行。"又宋王應麟《玉海》卷四十五："《景祐禮部韻略》五卷，丁度等承詔重修。"然而，由於後來不斷修訂等原因，陳彭年和丁度的《韻略》原刊本均未流傳下來，而流傳至今者則

---

[*] 本文原載於《中國語言學報》2010 年第 14 期，收入本書時，略有刪改。

爲修訂或各種補注本。分爲兩種，一種爲宋景祐年修訂本，如十幾年前發現的日本真福寺藏北宋刊本（下簡稱真福寺本）及後來在撫州南城發現的北宋治平年間刻本；另外是南宋時期私家對監本的注釋補充，如無名氏《附釋文互注禮部韻略》（下簡稱附釋文本），此外便是南宋初毛晃《增修互注禮部韻略》及後來的歐陽德隆、郭守正《增修校正押韻釋疑》兩種增修本。另外，宋高宗趙構《草書禮部韻》則無音義注釋內容。這些均爲研究宋代《禮部韻略》的重要文獻。

真福寺本《禮部韻略》21 世紀初由日本學者水谷誠教授介紹並復印惠贈與中國學者，其功甚偉，國內學者始知東海扶桑有此秘籍（見圖 1）。① 此秘籍之發現，立即引起了國內學者極大的關注，並開始就其中音韻問題進行研究。而筆者首先關注到的是貢舉條式中宋代君主的名諱字問題，它與今存附釋文本《韻略》所載名諱字頗有出入（詳見後論），而其中最能見語音史問題及文化史問題。

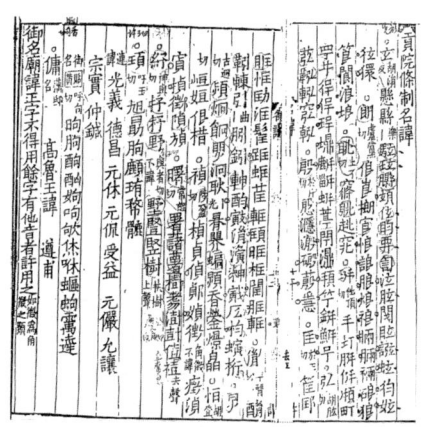

圖 1　真福寺《禮部韻略》所載《貢院條制名諱》十一代君主廟諱（翼祖敬闕）②

真福寺本卷末附載《元祐庚午禮部續降韻略條制》，其中有太學博士孫諤元祐五年（1090）奏請禮部添收韻字的折子及景祐四年六月《韻略》修成之

---

① 本人所得真福寺本《禮部韻略》復印本由張渭毅先生贈送，值此謹表謝忱。
② 注意廟諱正字及嫌名字皆闕點畫，但英宗趙曙神宗趙頊嫌名不闕點畫，如"紓抒杼野"等。

後丁度奏疏等內容，其《貢院條制名諱》中御名爲哲宗趙煦，由此可定爲北宋哲宗年代刊本。史載哲宗元祐三年（1088）恢復詩賦考試，而於紹聖元年（1094）詔罷之。又徽宗於建中靖國元年（1101）正式繼位，此書收載了孫諤奏添的十個韻字，因此可以推斷此刻本爲元祐五年之後至徽宗即位之前的刊本。此書注釋簡略，很多韻字都沒有注釋，比較接近原本。可惜去聲部分缺卷，入聲部分和後面所附禮部條制部分也有漫漶缺損。

附釋文本爲南宋孝宗之後私人增注本。南渡之後，《韻略》大致又經過兩次刊修，紹興四年（1134）和淳熙元年（1174）。① 如《玉海》："《淳熙禮部韻略》五卷，元年國子監言，前後有增改刪削，及多差舛，詔校正刊行。"（卷四十五）附釋文本大致以新刊監本爲據，"增注而釋之"（陳振孫語）。② 其後刊本甚多，李子君先生有專門研究文章，在此不敘。③ 於今常見者主要有《四部叢刊》影宋刻本、清《四庫全書》影鈔宋本和光緒二年姚覲元重刊楝亭本（不載《貢舉條式》）。與真福寺本比較，附釋文本是在監韻基礎上增加了大量的注釋，凡又音字注明又見於某部，增注部分以"釋"字加圈別之（文中多音圈發亦如此）。此所謂"釋文""互注"。如平聲東韻東小韻三字（爲方便閱讀略加標點）：

(1)《真》：東（德紅切）凍（暴雨，又水名。一曰瀧凍沾漬。）蝀（螮蝀，虹也。）

---

① 附釋文本《貢舉條式》載紹興四年禮部奏疏曰："勘會舊本《韻略》，前後所載舉人通知、考校格式並廟諱之類，緣自復行詩賦，後來續有申請刪改，若止據舊本雕印，竊慮別致抵捂。欲乞從本監參照見行條式改正，雕印施行。伏候指揮。"然而，《玉海》未載紹興《韻略》事。抑或後來未雕印乎？疑疑於此。
② 其著述年代還可以從增字中看出來，紹興十三年（1143）黃啟宗奏添的245字均有添入，而淳熙二年（1175）張貴謨奏添的134字一般沒有收入。是年國子監新刊《韻略》開雕，未能收入張氏奏添之字。據《押韻釋疑》，國子監看詳申明曰："緣本監見行《韻略》校對開雕，難以遽添。今欲依黃啟宗所類字，於《禮部韻》後別項刊具，使士人通知。旨依。"又據趙彥衛《雲麓漫抄》，黃啟宗奏之字，"宋淳熙重刊《韻略》則分入於逐韻之末"（卷五）。今附釋文本於此體例略有修改，後人刊刻時據新制又補加了很多字。
③ 參見李子君《附釋文互注禮部韻略》對其版本的考述，《文獻》2005年第4期。

（2）《附》：東（德紅切。釋云：春方也。按《說文》動也，又姓。）涷（暴雨，又水名。一曰瀧涷沾漬。釋按《爾雅》暴雨謂之涷，郭璞云：今江東呼夏月暴雨爲涷雨。引《楚辭》使涷雨兮灑塵。《說文》水出發鳩山，入於河。又多貢切，見送字韻。）蝀（《爾雅》螮蝀，虹也。又多動、多貢二切，見董送二韻。）

——《四部叢刊》本

以上可見兩種本子詳略之一斑。真福寺本注釋簡略，屬於監本原注，多音字只是作了簡單的圈發，而附釋文本多音字不僅有圈發，還指明了又音及其所在韻部。

真福寺本和附釋文本《韻略》都附載有貢舉條例和廟諱御名避諱字樣。真福寺本廟諱上至聖祖玄朗、僖祖、順祖、翼祖（闕）、宣祖、太祖，下及太宗以下及當朝時君，甚至有王室宗親功勳卓著者之名諱。附釋文本不載僖祖、順祖、翼祖、宣祖四廟諱，蓋南渡之後，四祖已祧不在回避之列。但附釋文本御名不一，四庫全書本《貢舉條式》爲寧宗趙擴，但韻中理宗名諱昀字所屬小韻刪汰，四部叢刊本及楝亭本爲理宗趙昀，此可見韻書注本的著述年代及刊刻版本問題。①

二、宋代避諱制度與《禮部韻略》編撰之間的關係

宋代避諱制度甚嚴，不僅廟諱御名本字要避諱，其同音字也在避諱之內，所謂"嫌名"。宋程大昌《演繁露》卷五"諱"條言曰："本朝著令則分名諱爲二：正對時君之名則命爲御名，若先朝帝名即改名爲諱，是爲廟諱也。"避

---

① 根據四庫本貢舉條制內容，筆者認爲，附釋文本著述於孝宗淳熙之後，成書在寧宗開禧年間，其中有補作或刪改成分。四庫本條制中無嘉定十三年及理宗寶慶元年禮部奏疏文字，可以作爲該書著述時代的參考。至於韻書前所附《淳熙重修文書式》內御名爲趙昀，書內十八諄韻中並刪去俞倫切小韻"匀昀"二字，此顯屬後來修改如此。按，四部叢刊本刊刻於理宗紹定三年（1230）。四庫全書本與之略有異同。

諱制度自古以來，雖歷有差異，但實質內容基本一致，差異是在所謂"嫌名"上。《禮記·曲禮上》"禮不諱嫌名，二名不偏諱。"鄭玄注："嫌名謂音聲相近，若禹與雨，丘與區也。① 偏謂二名不一一諱也。孔子之母名徵在，言在不稱徵，言徵不稱在。"案"偏"爲"徧"之假借，今作"遍"。② 謂人名二字相連時應當避諱，而單用某字時不作避諱。《釋文》補釋"嫌名"曰："案漢和帝名肇不改京兆郡，魏武帝名操，陳思王詩云'修阪造雲日'，是不諱嫌名。"是可知自漢魏以來，"嫌名"有不避諱者。宋人則不同，若英宗名曙，其切音常恕切下"署抒睹藷藷薯潴嬬"等同音字均在避諱之列，是爲"嫌名"；"二名偏諱"者則有聖祖玄朗、宣祖弘殷和太祖匡胤等。

此外，一些君主舊名、初名甚或小名等也在避諱之列，如真宗趙恒初名德昌、元休、元侃，凡此二字相連均須避諱，是爲"連諱"。真福寺本所載"連諱"字有：

光義、德昌、元休、元侃、受益、元儼、允讓、宗實、仲鍼、遵甫。

這些名字在《禮部韻略》所附條制中一般被稱爲"舊諱"。但南渡之前，宋人對待舊諱連名的使用並不一致，如元祐《貢院條制名諱》中就沒有具体說明"連諱"的使用規定，直到南渡之後，《詔熙重修文書令》"諸犯"條例則解釋曰："舊諱內二字者連用爲犯，若文雖連而意不相屬者非。"蓋往昔舊諱甚嚴或表述不明確，加之古文書寫無標點，行文中難免有其中二字相連屬者，有礙舉子作文，故後來禮部作如此規定。一般來說，連名中的後一個字必須避諱，如太宗舊諱光義，太平興國元年（976）十月詔曰：官階及州縣名有與朕名下一字同者宜改，與上一字同者仍舊。乃以諫議大夫爲正諫大夫，正議

---

① 禹與雨並在《廣韻》上聲麌韻羽小韻王矩切，丘，《廣韻》尤韻去鳩切，區，《廣韻》虞韻豈俱切，後漢時，區字在詩賦中多與侯部字通押，如揚雄《司空箴》："茫茫九州，都鄙盈區。綱以群牧，綴以方侯。""州區侯"相韻，張衡《東京賦》"偷愉區"相韻，《廣韻》又音侯韻烏侯切，鄭玄以丘區爲嫌名同音，蓋當時語音如此。孔穎達認爲："今謂禹與雨音同而義異，丘與區音異而義同，此二者各有嫌疑不諱。"此言不完全正確。顏師古《匡謬正俗》卷三"禹宇丘區"條辨曰："禹宇二字，其音不別；丘之與區，今讀則異，然尋按古語，其聲亦同。"顏說是。

② 參見毛居正《六經正誤》卷四《禮記正誤》考辨。

大夫爲正奉大夫等。但有時未能條貫一致，如真宗大中祥符八年（1015）六月十五日，詔改含光殿名曰會慶，以光字乃太宗舊名之上字故，然而哲宗神御殿名重光，卻又不避舊名。

據岳珂《愧郯錄》考證，宋人舊諱，在各個時代實際上並不一致，皆出於人們敬諱的程度。嚴者二字相連及音同者併令回避，寬者相連爲犯，單用不避。岳氏考曰："太宗舊諱，自大中祥符二年六月二十四日，詔中外文字有與二字相連及音同者並令回避；至寶元元年四月四日，翰林侍讀學士李淑奏請毋得連用真宗舊名，治平元年十一月三日，翰林學士賈黯奏請毋得連用仁宗舊名，自後遂著之文書令，以爲不刊之典。"[①] 此爲後代沿用，如欽宗趙桓初名亶、烜，孝宗初名伯琮、瑗、瑋，這些名諱，均見於今附釋文本所載詔熙文書式中。後來理宗舊名與莒、貴誠，也明載於文書中。

下面再解釋一下真福寺本"連諱"中的名字。

光義，太宗名，《宋史》本紀載太宗諱炅，初名匡義，太祖改賜光義。德昌、元休、元侃皆真宗趙恒初名。受益，仁宗初名。元儼，太宗子，真宗弟，封爲周王，有德行，仁宗執政，頗受尊崇，慶曆四年（1044）卒，諡恭肅。允讓，英宗父，英宗非仁宗之子，即帝位後尊崇其父，故令天下避諱之。宗實，英宗初名。仲鍼，神宗初名。遵甫，英宗高皇后父親名，封爲高魯王。高皇后爲神宗母，元豐八年（1085）神宗寢疾之時，力薦神宗第六子趙傭爲皇太子，神宗崩，皇太子繼位，是爲哲宗。哲宗即位後，尊高皇后爲太皇太后，令中外避太皇太后父遵甫名（參見《哲宗本紀》）。哲宗元祐三年（1088），恢復詩賦考試制度，故哲宗藩邸及高皇后父親遵甫名字均在避諱之列。可見宋時不僅要避帝王名諱，即使一些皇親宗室也在避諱之列。

宋代避諱制度對《禮部韻略》編撰的影響主要是名諱字的存錄與否。

由於官韻性質，它必須體現中央的文化政策，而名諱字的使用與否就直接體現在禮部考試和韻書中。凡條式規定的列祖廟諱和御名字，韻書不能收

[①] 岳珂《愧郯錄》卷二"舊諱訓名"條，四庫全書本。

錄，但舊名連諱字在韻字方面照常收錄，這些字只是在實際使用中避諱而已。也許是爲了避免由於避諱而帶來的韻書音系上的過分"破碎"才作如此規定。但即使如此，在避諱制度下，一部《禮部韻略》在語音系統上也會變得殘缺不全。

就《韻略》修撰而言，當時編撰者難以預知今後君主是誰，而後來即位的君主名諱又必然反映在前朝所修韻書之中，這樣一來，後來刊修韻書者就必須刪汰舊韻上的同音小韻字。例如，真福寺本《韻略》收錄了後來徽宗名諱佶（質韻極乞切）和欽宗名諱桓（桓韻胡官切）等後來南宋君主的廟諱字，南渡以後，宋人重修《韻略》時，就必須將這些小韻刪除，今附釋文本即如此。所以，宋代《禮部韻略》沒有一個"的本"，在語音系統上永遠是一部肢體殘缺的韻書，且一代不如一代，此封建時代避諱制度之禍烈。

而宋祚三百年（960—1279），從太祖趙匡胤至南宋末度宗爲止，歷朝十五位君主，再加上四位高祖和始祖，則有二十位帝王廟諱需要避諱，如果當時修撰《韻略》的話，即使除去祧廟君主，也至少要刪掉二十組小韻（其中有雙名如玄朗匡胤及舊諱名等）。即以真福寺本而言，所載哲宗趙煦十一代君主廟諱御名，涉及十四組小韻，如果再將"異韻同音"現象考慮在內，如仁宗名諱字佔據兩個小韻：清韻陟盈切和蒸韻陟陵切；英宗名諱字佔據四個韻部五個小韻（見下），如此，則有十六組小韻字不能收錄。① 雖然四位高祖南渡後祧廟不諱，但《禮部韻略》在相當一段時間內沒有補收其韻字。根據《貢舉條式》，順祖珽與翼祖敬直到紹興三十二年（1162）禮部才明確規定已祧不諱而收入韻書之中，開禧元年（1205）則規定："朓字系僖祖祧廟，於上聲篠字韻收入；弘殷系宣祖祧廟，於平聲登欣字韻收入。"② 這些可以在高宗《草書禮部韻》和附釋文本中得到證明，如《草書禮部韻》在相關韻部中不載僖祖和宣祖廟諱小韻字。附釋文本缺載僖祖名諱"朓"字，雖然其中有"弘""殷"二韻字，可能是後來刊刻時補加，而僖祖名諱字則遺而未補，留

---

① 從理論上說，應該刪除十九組小韻，但英宗名諱字涉及上聲的三個小韻在韻書中仍保留著。
② 以上參見附釋文本《韻略》所附貢舉條式，紹興三十二年和開禧元年奏疏。

此"缺陷"。又據《押韻釋疑》，宣祖廟諱於寧宗慶元元年（1195）規定可以在相關韻部中收押，① 當時附釋文本著述過程可能經歷慶元之後，故韻書中有十五位帝王名諱十九組小韻被删去。研究宋人避諱制度和韻書史，這些情況不可不知。

而實際情況遠非如此，就社會用字而言，即使是那些與韻書小韻不同的"異韻同音"字也在避諱之列。詳見後論。

三、宋人諱例與科舉考試中的"嫌名"同音問題

元祐條制規定："御名廟諱正字不得用，餘字有他音者許用之（原注：如徵爲角徵之類）。"所謂"餘字"，指貢舉條式中規定的"嫌名"字。由於御名廟諱正字不得使用，故真福寺本於哲宗御名以上廟諱字及其小韻字均未收錄。如仁宗名禎，《廣韻》平聲清韻陟盈切，禮部規定"楨貞偵䙡嫃徵癥湞寊損鄭䩄"這些"嫌名"字均不能使用，但"徵"後注明"角徵不諱"。按徵字徵召義《廣韻》在蒸韻陟陵切，五音之義在上聲止韻陟里切，此所謂"餘字有他音者許用之"。今真福寺本於清韻陟盈切和蒸韻陟陵切二小韻均已删除，上聲止韻展里切小韻角徵之"徵"字仍保留著。②

按照常理，禮部官員制定君主的名諱字時，只要依據當時某韻書如《唐韻》《廣韻》中的一組小韻同音字摘抄即可，但它又採用了另外一個標準：實際語音情況。如仁宗名禎，只收《廣韻》平聲清韻陟盈切一組小韻字就夠了，然而它又將蒸韻陟陵切的"徵癥䩄"一組小韻字也收入其中。而英宗名曙，其名諱字實際上包含了四個韻部五個小韻的字。照錄如下，括號中文字爲原注。

---

① 《押韻釋疑》於"弘""殷"二字均有如此注釋。如"殷"字注曰："慶元元年，國子監申請，殷字系宣祖祧廟諱，於平聲欣韻收押。"但"肱"字沒有祧廟注釋。
② 但士人出於敬諱心理仍不敢使用。如毛晃《增韻》卷三上聲"徵"注曰："又陟盈切，系廟諱嫌名，合當回避。其上聲不當回避，今士子多以祉字代之。"《押韻釋疑》則提倡用"祉"字，曰："徵，展里切。……又蒸韻犯諱不收，凡用角徵字以祉字代之，可用不可押。"

英宗曙（常恕切）署藷薯樹荮澍尌偅袒（去聲）○紓（神與切）抒杼野（與者切不諱）墅豎豎樹（扶樹上聲）

以上名諱字覈之《廣韻》，其韻部歸屬如下：

（1）去聲御韻常恕切：曙署藷薯；
（2）遇韻常句切：樹荮澍尌偅袒；
（3）上聲語韻神與切：紓抒杼；
（4）語韻承與切：野墅；
（5）麌韻臣庾切：豎豎樹。

按情理，遇韻常句切之韻字和上聲語麌二韻的字，在韻書文獻中不與去聲御韻常恕切同音，且神與切與常恕切異母。唯一的解釋就是，這些韻字在當時已經發生音變，所謂"韻異音同"，透露了《切韻》音系中魚虞合併、濁上變去、船禪合流等重要語音信息。

禮部官員如此而爲，卻給參加科舉的考生和社會用字帶來極大的混亂，人們在行文或說話中既必須考慮官韻書的限制，又必須考慮這些文字在實際語音中是否嫌名同音的問題。這種混亂也體現在《禮部韻略》的編撰上。按規定，凡是名諱字不能載入韻書之中，然而英宗名諱字下的上聲三個小韻在真福寺本和附釋文本中仍然保留著。蓋當時禮部官員中，文獻語音派和實際語音派意見難以調和，權且留待子孫用"智慧"解決。然而，我們今天應該感謝實際語音派，正是他們給我們後人留下了許多漢語語音史的信息，如"禎""徵"同在避諱之列，說明在北宋仁宗時代，即公元1023年（此年仁宗即位）前後，《廣韻》清蒸二韻已經合併，《切韻指掌圖》將清蒸二韻字混列在一起是有語音依據的，而丁度等人編撰《集韻》不過是承襲舊韻框架而已。

既然避諱原則是同音避諱，依照避諱制度和社會臣民的敬畏心理，凡古今人名、地名、官名及物名觸犯者必須諱改。如仁宗名禎，犯此名諱或"同音"嫌名者，都在諱改之列：唐代魏徵改作魏證，所有謚"文貞"者一律改爲"文正"（去聲）；正月之正因平聲（清韻諸盈切）要改叫始月，蒸餅要說炊餅，等等。朱熹編《二程遺書》卷十九載程頤言曰："嘗觀仁宗時宮嬪謂正月爲始月，蒸餅爲炊餅，皆此類。請自後只諱正名不諱嫌名。"可惜這些宮嬪役民只曉得同音避諱，① 哪知道條式規定的"嫌名"問題。

至於文書方面，凡遇避諱字或空闕點畫，或因義訓而易以他字，以示敬諱。如《四部叢刊》三編宋版《張狀元孟子傳》，據張元濟跋語，宋諱"殷匡筐恒貞徵勗桓完慎敦譈"等字均闕末筆。一般來說，經傳內廟諱及御名本字俱不改易，只空闕點畫而已，唯御名覆以黃紙，若文字援引則易以他字。韶興初，胡安國奉敕纂《春秋傳》，所論名諱奏折曰："臣所纂修繕寫進本援引他經子史之類，欲乞應犯聖朝廟諱不可遷避者，依太常博士王王晢所奏《春秋解例》，並依監本空闕點畫，於淵聖御名亦不改易本字（權按欽宗名諱桓字），覆以黃紙，庶幾名實不亂，上遵《春秋》之法，亦以消臣子諂諛之端，向孟軻氏欽王之義。"詔如所請。② 按以上"欽王之義"之欽實爲"敬"字，避翼祖廟諱而改易。

清人何琇《樵香小記》卷下論宋諱曰：

> 宋人避諱至嚴，然核其遺文，似有二例。一曰闕筆，一曰代字。大抵尋常文句則僅闕筆，若人姓名則必代字，如殷浩作商浩，桓玄作亘靈寶，魏徵作魏證，慎夫人作謹夫人，匡衡作康衡。蓋臨文不諱，故僅作字不成，若人之姓名則不可使同於祖考，此其別也。③

按，弘殷爲宣祖廟諱，桓爲欽宗廟諱，徵爲仁宗廟諱嫌名，慎爲孝宗廟諱，匡爲太祖廟諱，皆有文獻可徵。闕筆者，今傳宋本《廣韻》皆可考見，如巾箱本《廣韻》自仁宗以上廟諱一般闕筆，自英宗以下廟諱不闕筆。④ 然而，我們正

---

① 《水滸傳》武大郎做生意，叫賣"炊餅"，皆此類。
② 見李心傳《建炎以來系年要錄》卷九十五"韶興五年"條，四庫全書本。
③ 何琇《樵香小記》卷下"宋諱"條，四庫全書本。
④ 但本書於僖祖朓、順祖珽、真宗恒等廟諱不避，不知何由。

可由此考定巾箱本《廣韻》底本爲北宋仁宗年間刻本，彌足珍貴。

名諱字的"嫌名"同音問題給科舉考試帶來麻煩甚多。

對於科舉考試而言，諳熟避諱字至關重要，事關仕途前程。一旦犯諱或稍涉疑似，就會被黜落或降等錄取。然而，令人頭痛的是，由於歷史文獻傳承等原因，漢字多音現象特別嚴重，雖然音義與名諱字有異，但士子也弄不清楚是否屬於"嫌名"之列。如英宗諱曙，韻書去聲御韻常恕切，但禮部規定上聲語韻神與切"紓抒杼"等也屬於"嫌名"字，而舉人遇見《詩經·小雅·大東》句"杼柚其空"之杼（機杼）也不敢使用，儘管《釋文》注音直呂切，與神與切之杼（橡樹）並不同音（一澄紐，一船紐），但當時情況是："舉人不敢用，有司不敢取。"① 此嫌名字的多音問題。

令舉人頭痛的還有因實際語音變化而產生的"異韻同音"問題。《切韻》音系到了宋代的時候，已經發生了很多質的變化，表現爲原來不同韻的字變得同音了，不同聲紐的字也變得同一聲母了，儘管《廣韻》和《韻略》均有"同用""獨用"之限，但實際語音的變化已經超越了這個規定範圍。例如神宗諱頊，在韻書入聲三燭韻，《廣韻》許玉切，禮部規定"旭勖朐珛稢"等字均屬名諱字。然而舉人於《周易》中《大畜》《小畜》字也不敢使用，儘管"畜"字本在屋韻許竹切，不在禮部規定的名諱字中，但當時語音與燭韻"頊旭勖"等字相同相近，所以舉人不敢使用，否則，便被視爲"犯諱"。據史料記載，神宗熙寧初年，劉攽與王介考試開封府，進士程文有用《小畜》字者，王介謂犯神宗嫌名不可取，劉攽以爲此六畜之畜，不在嫌名內。"因紛爭，御史劾之，遂出通判泰州。"② 最後結果是舉人被黜，主考官也被免職。於此可見封建時代避諱制度之煩苛和舉業之艱辛。也由此可知，在"同音避諱"的原則下，宋人名諱字與韻書音系和實際語音之間，存在著難以調和的聲韻衝突。

由於避諱原則是同音相犯爲忌，這就爲我們語音史研究留下了一定的線索和文獻資料。例如"杼柚其空"之"杼"字舉人之所以不敢使用，概因當

---

① 參見真福寺本所載條制中元祐五年（1090）太學博士孫諤奏議。
② 參見王偁《東都事略》卷七十六《劉攽傳》，又元祐五年孫諤奏議中也提及"畜"字避諱事。

時在某個方言地域澄紐直呂切與船紐神與切同音，澄紐與船紐字相混，《切韻指掌圖》船紐位置往往有澄紐字就是證明。又如"項旭"與"畜蓄"同音，說明屋韻三等字與燭韻相混，而《四聲等子》和《切韻指掌圖》於流遇二攝曉母三等位置"旭""蓄"二字錯列正是如此。由於名諱字的制定都是當時禮部官員所爲，因此在語音的時代及其性質的認定上就有一定的可信度和史證性。

四、名諱字的確立年代與語音史的關係

根據本人對相關文獻研究，無論是"廟諱"還是御名及其嫌名字，其實都是君主生前所定。先主駕崩，新君即位，即須定下御名及其嫌名同音字，以利於科舉考試回避。當新君故去之後，其御名則成爲廟諱，所謂"生爲名，死爲諱"。孫奕《示兒編》於此論曰："生爲名，死爲諱，從古而然。《禮》曰卒哭乃諱是也。嘗以《韻略》推之，其曰御名舊御名，蓋自生存以前言之；其曰廟諱，蓋自祔廟之後言之。條於韻首，井井不紊。"① 以此推論，所有廟諱御名字皆確定於繼位之初。自《韻略》編撰之後，則成爲條式載在韻本中。下面僅以真福寺本貢舉條式所載哲宗以上各朝代君主廟諱爲考察對象，敘之如下。

太祖及四位高祖廟諱定於建隆元年（960）。據《宋史》，是年春，太祖趙匡胤受禪即天子位，當年二月開科取士，"三月乙巳，改天下郡縣之犯御名廟諱者"。（太祖本紀）

太宗廟諱則定於即位後的第二年，即太平興國二年（977），太宗本名匡義，太祖即位犯諱，改賜光義。太平興國二年二月詔改爲炅，所謂"貴難知而易避"，又詔告天下，"自臨御以來，除已改州縣散官職事官名號及人名外，其舊名二字，今後不須回避"。② 御名連字，必給天下人事帶來諸多不便，此

---

① 孫奕《示兒編》卷十一《正誤》"名諱"條，四庫全書本。
② 參見李攸《宋朝事實》卷一《祖宗世次》。徐乾學《資治通鑑後編》卷八亦有記載。

太宗英明之處。其後真宗冊封爲皇太子承繼王位時，即效此法，以連字改爲單字，仁宗、英宗等依此故事。岳珂考曰："御名不聯字。仁皇在升邸，英祖濮藩名亦二字，及正承祧之名，則皆改焉。"①

真宗廟諱定於咸平元年（998），此年開科取士，必定下御名。②

仁宗廟諱定於天聖元年或二年（1024），二年開科取士，得進士二百人，諸科三百五十四人，宋祁、鄭戩並在其中（二人於景祐年間曾參與《韻略》和《集韻》修撰）。

英宗廟諱定於即位之初的治平元年或二年（1065），二年貢舉，必定御名。

神宗於熙寧元年（1068）正式即位，三年貢舉，御名必定於此間。③

哲宗即位於元祐元年（1086），三年科舉，恢復詩賦考試，御名定於此時之前後。

最後要談一下聖祖玄朗廟諱問題。據《宋史·真宗本紀》等宋史文獻，大中祥符五年（1012）十月，真宗夢一神人下凡，授予天書，告知爲人皇九人中一人，是趙之始祖，名玄朗，再降乃軒轅黃帝。於是，"詔天下避聖祖諱，改玄爲元，改朗爲明，凡載籍偏犯者各闕其點畫。尋以玄元聲相近，改玄爲真，玄武爲真武。己未，大赦。閏十月己巳，上聖祖尊號曰聖祖"④。本爲荒唐之事，卻偏要弄出一個子虛烏有的人物爲"聖祖"，給天下人平添許多避諱上的麻煩，且終宋世不祧，甚至黃帝"軒轅"連名也在避諱中。以此推論，聖祖廟諱定於大中祥符五年（1012）之後。

名諱字的年代確定，與漢語語音史有著密切的關係。如僖祖名諱字"朓篠朓朓越窕"六字清濁混列，這就反映了五代末漢語濁音清化問題。又如太宗名炅古迥切，其嫌名字有"熲炯駉熒泂潁耿罺蛔頰吞㷓肩憬皛"，這些字大多來自《廣韻》梗攝上聲不同的韻部（餘字或平聲或去聲或生僻字不錄）：

---

① 岳珂《愧郯錄》卷二"御名不聯字"條，四庫全書本。
② 史載真宗於至道元年（995）八月立爲皇太子改今諱，但確立名諱字則在繼位之後。
③ 史載神宗於嘉祐八年（1062）九月"受經於東宮"，冊封爲太子而改今諱。
④ 參見明馮琦《宋史紀事本末》卷四《天書封祀》。

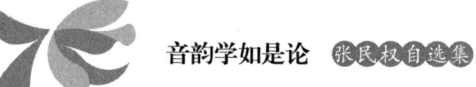

迥韻古迥切：熲炅烱泂餰潁臩蝙；梗韻俱永切：憬猰；耿韻古幸切：耿。

既然太宗即位於太平興國二年（977），並於是年定下御名，而名諱字中梗攝內部二等韻與三等四等韻混同，說明宋初時期，牙喉音二等韻或有可能處於齶化音變之中，少數韻字產生 i- 介音，開始由洪音變爲細音，加上詞義的演變和引申發展，一些韻字便與同攝內三四等合流。《韻略》和《集韻》作者將《廣韻》二等開口牙喉音字改用細音切上字，於此可以得到歷史互證，也由此可見名諱字與宋代語音史的關係。

五、名諱字確立的文獻依據及語音依據

洪邁談及宋代避諱制度之煩苛曰："本朝尚文之習大盛，故禮官討論，每欲其多，廟諱遂有五十字者。舉場試卷，小涉疑似，士人輒不敢用，一或犯之，往往暗行黜落。方州科舉尤甚，此風殆不可革。"[①] 此言道出了兩個重要問題，一是名諱字之多給舉人考試帶來的尷尬，二是禮官從哪里找來這麼多的避諱字？這是一個令我們非常感興趣的話題。

如果對這些名諱字加以詳細考察，誠如洪邁所言，一是小韻字的數量之多，大大逸出《廣韻》同一小韻的範圍；二是生僻字很多，除見於《集韻》收載外，在今日傳世的韻書字書諸如《說文》《玉篇》《龍龕手鏡》等都難一一俱全。以聖祖玄朗名諱字爲例，宋本《玉篇》就不載"閟諡炫狘""脄峎衴"等字。既然如此，這些名諱字確立的語音依據及其文獻依據又是什麼呢？下面以名諱字與《廣韻》《集韻》之關係爲切入口加以討論。

（一）名諱字小韻系列與《廣韻》《集韻》的關係

上面考察了真福寺本宋代君主名諱字確立的年代問題，從中知道很多名諱字的確立在《廣韻》《集韻》成書之前，所以這些名諱字不可能完全依據《廣韻》《集韻》而確立。《廣韻》編撰於真宗景德年間，《集韻》編撰於仁宗

---

① 洪邁《容齋三筆》卷十一《帝王諱名》，四庫全書本。

景祐年間，君主廟諱或御名字是君主當政時確立的，而不是後來追補的。如真宗即位於咸平元年（998），《廣韻》於景德四年（1007）修成，咸平元年、二年、三年、五年及景德二年進行了五次貢舉，貢舉就必須確立廟諱御名問題，所以《廣韻》在後，不可能作爲真宗名諱字的依據。且真宗廟諱共有五字：恒（胡登切）峘姮佷楦，而《廣韻》恒小韻胡登切下只有峘字，其餘三字均無。又如仁宗即位於天聖元年（1023），第二年即舉行貢舉，《集韻》成書於寶元二年（1039），中間經歷了五次貢舉，且仁宗名諱字大大逸出《集韻》該小韻範圍。可見仁宗名諱字與《集韻》無涉。

與《廣韻》比較，《集韻》收字繁富，且多收生僻字和異體字。經比照，《廣韻》以外的小韻名諱字，多見於《集韻》之中。但能不能確定這些名諱字是依據《集韻》而後來追補的呢？不能！筆者比勘對照，只有神宗和哲宗名諱字與《集韻》小韻一致，而自英宗以上與《集韻》多有出入。如宣祖名諱弘（胡肱切）嫌名有五："竑鈜䡔宖䩑。"而《集韻》該小韻有三："鈜竑閎。""閎"字不在避諱之列；又聖祖名諱"玄"胡涓切，《集韻》有"儇"，僖祖廟諱朓土了切小韻下《集韻》有"窕䂛䂿"三字，亦不在名諱字之列。若先朝名諱字爲後人據《集韻》追加，就必須將"閎"、"儇"、"窕䂛䂿"諸字補入。因此，筆者完全有理由認爲，自神宗以下名諱字才有可能是根據《集韻》確立的。

這是因爲自神宗以後，隨著《集韻》編撰刻印完畢，尤其是與之相副施行的《類編》編寫完畢（治平四年，1067），禮部在制定君主名諱字時，才採用了《集韻》同一聲韻的小韻字（也有個別出入）。這些可以從附釋文本徽宗以下名諱字中反映出來。

既然真福寺本的名諱字不是據《廣韻》《集韻》收載，那是根據什麼文獻收載的呢？

筆者認爲，這些名諱字的確立不是據某一本韻書或字書，而是廣泛地參考了當時的字書韻書乃至音義書等，並斟酌當時實際語音而收載的。

（二）前朝小學音義類文獻是宋人制定名諱字的重要參考

據王應麟《玉海》卷四十五《唐六十九家小學》條記載：《崇文目》

五十七部，五百一十九卷；《中興目》一百十八家，八百二十二卷；《續目》二十家，二百二十四卷；景德二年龍圖閣書小學四百四十二卷。可見書籍之多。

又如《新唐書·藝文志》所載字書就有：

許慎《說文解字》十五卷、呂忱《字林》七卷、楊承慶《字統》二十卷、馮幹《括字苑》十三卷、賈魴《字屬篇》一卷、葛洪《要用字苑》一卷、戴規《辨字》一卷、僧寶誌《文字釋訓》三十卷、周成《解文字》七卷、王延《雜文字音》七卷、王氏《文字要說》一卷、阮孝緒《文字集略》一卷、彭立《文字辨嫌》一卷、王愔《文字志》三卷、顧野王《玉篇》三十卷等。

歐陽修編撰《新唐書》時，這些書籍按情理應當絕大部分存在，不可能全抄自《舊唐書·經籍志》書目（經比勘，二者互有出入）。

又宋初之時，流傳下來的韻書很多，《新唐書·藝文志》載有李登《聲類》十卷、呂靜《韻集》五卷、陽休之《韻略》一卷、又《辨嫌音》二卷、夏侯詠《四聲韻略》十三卷、張諒《四聲部》三十卷、趙氏《韻篇》十二卷、陸慈《切韻》五卷等。這些韻書想必當時還存有者。如徐鉉校訂《說文》取孫愐《唐韻》音切，徐鍇《說文篆韻譜》取李舟《切韻》，夏竦《古文四聲譜》取《唐切韻》，都可以說明這些韻書在當時的存廢情況。至於那些類似敦煌出土的唐五代無名氏之類的韻書，在當時也一定很多。這些字書韻書足以讓當時禮部官員制定名諱字時參考。

此外，那些前代人的音義注釋著作，也是當時制定名諱字的參考。如聖祖嫌名"譤"字，《切韻》系韻書《唐韻》《廣韻》及字書《玉篇》《龍龕手鏡》等均不見載，此字出於《莊子·外物篇》："謀稽乎譤。"郭象注："譤，急也，急而後考其謀。譤音玄。"《經典釋文》："譤音賢，郭音玄。"可見此字是根據郭象《莊子注》而收載。又如真宗嫌名"佷"字，《漢書·地理志》武陵郡有佷山縣，孟康曰："音恒，出藥草，恒山。"此字《廣韻》不載，《王韻》佷韻（《廣韻》佷韻）痕懇反，由於孟康《漢書》音義而成為真宗御名恒之嫌名字。

（三）宋初句中正《雍熙廣韻》一百卷集先朝音韻文字學著作之大全

另外，我們要提醒讀者注意的是，宋初，宋人小學類著述很多，如句中正《雍熙廣韻》一百卷即是。《玉海》記載，太宗以字學舛謬，"因命中正及吳鉉、楊文舉等考古今同異，究篆隸根源，補缺刊謬，爲《新定雍熙廣韻》一百卷，端拱二年六月丁丑上之，詔付史館"（卷四十五）。按，此事又見載於《宋史·文苑傳》句中正本傳。《宋史·藝文志》尚載《序例》一卷。另外，吳鉉著有《新定切韻》，廣收方言俗字，因有誤舉子考試而後爲禮部廢棄。《玉海》同卷又記載曰："祥符三年二月已酉，太常博士丘雍編通俗文字爲《篇韻筌蹄》三卷上之，詔褒之。"

在這裏，我們特別要討論的是《雍熙廣韻》，此書既號稱一百卷，想必廣收當時文獻所載"正字""俗字""俗音"等，此書雖不傳，很有可能成爲後來《集韻》編撰的藍本。據其韻例，《集韻》收字 53,525，校之《廣韻》新增 27,331 字（《廣韻》序載原收 26,194 字）。這如此多的"正體""俗字""又音"倉促時間編成，必有成書可依。從端拱二年（989）到景祐元年（1034）僅四十餘年，此書當時既"詔付史館"，丁度等人編撰《集韻》時必定還藏在史館，有所參考。自《集韻》編成之後，尤其是後來《類篇》編成之後，此書便漸而失傳。

可以想見，宋朝廟諱嫌名字之繁富，必與是書有聯繫。

（四）實際語音是宋人制定名諱字的主要依據

嫌名字之繁富除與當時文獻有關外，還與當時實際語音有密切聯繫，仁宗和英宗的名諱即是如此，上文已經敘述。在此再以僖祖名諱爲例，條制規定"朓（土了切）窱䠈䠦𦥷"六字盡在避諱之中，六字中實際上只有"朓窱䠈"三字在《集韻》以前的文獻中讀土了切，上聲；而其他三字或讀去聲或爲上聲濁音字（定母）。如"䠦䠈"二字，宋跋本和項跋本《王韻》在去聲嘯韻他吊反，《龍龕手鏡》和《廣韻》同，《古文四聲韻》"䠈䠦"二字併在去聲三十四嘯韻中。又"𦥷"字，宋跋本《王韻》和《龍龕手鏡》《廣韻》乃至《集韻》均爲徒了切，《玉篇》𦥷徒鳥切，併在上聲篠韻，濁音，無作清音土了切者。如果按照文獻讀音，此三字都不應作嫌名字。唯一的答案就是在五代末，這些字在實際讀音中已經混淆，是上聲還是去聲可能難以區分，除非在那些失傳的小學類文獻中有讀如土了切的記載，否則，我們無法解釋。至於毛晃《增韻》和歐陽德隆《押韻釋疑》在上聲篠韻土了切下收有這些韻字，那顯然是南渡之後，四祖祧廟不避而依據舊諱補收者。① 然而從語音上看，如果不是異形異體問題，只存在下面兩種情況，或彼或此。②

  越眺二字當時由去聲變讀爲上聲，與朓窕䏧三字同音，窕則濁音清化，合併於其中；

  或朓窕䏧三字在當時變讀去聲，與越眺二字同音，窕則濁音清化以後濁上變去，合併於其中。

如果當時此六字之間語音差別很大，就很難被牽扯在一起組成一個小韻，這是一個起碼的常識，當時的禮部官員不能不知道。下面一則文獻資料也許對我們的討論很有啓發。

據李攸《宋朝事實》，大中祥符五年七月，真宗與臣下曾談及僖祖廟諱本字的讀音問題，原文曰：

  真宗謂宰相曰，僖祖廟諱本是上聲，近見臣僚章疏多避去聲，更令兩制詳定。晁迥等謂僖祖諱字從月從兆，按《說文》曰晦而月見西方也，音土了切；又從肉，祭肉也，土了切；一作他凋切（按，今《廣韻》蕭韻吐雕切，音同）。今請止從平聲。又眺，目不正也，他吊切，音義各異，望不回避。奉聖旨依。（卷一《祖宗世次》）

這段文字說得非常清楚，宋人制定名諱字，一方面是從文獻讀音出發，一方面又考慮了實際讀音情況。這些臣僚皆爲士儒，其中不乏名臣碩儒，並非不懂《說文》中的反切音（《唐韻》音），但當時有些字音上去之間、清濁之

---

① 毛晃《增韻》未收"䏧"字，《押韻釋疑》六字俱全。附釋文本失收。
② 今案檢傳世韻書字書，此數字不存在異形異體關係，可以從語音上考慮。

間，由於音變難以分別，故有"章疏多避去聲"之事。爲免混淆，晁迴建議"止從平聲"，但禮部並沒有接受，今真福寺本所載名諱字仍是上聲系列，維持原判。筆者以爲，五代末，北方戰亂，人口大量遷徙流動，漢語語音劇變，在北方河洛地區，有些漢字的語音清濁之間和上去之間已經混淆，不能按照傳統韻書音讀。此僖祖廟諱六字清濁上去混列之原因所在。因此，筆者進而認爲，宋人名諱字的語音現象大致反映了11世紀前後中國北方河洛地區的語音特徵。

由此看來，探討宋人名諱字確立的語音依據問題，非常有意義。它對於我們理解名諱字的語音性質、名諱字與韻書文獻諸如《廣韻》《集韻》《禮部韻略》之間的關係等，都有非常重要的意義。

概括以上討論，我們可以得出一個宋人名諱字的基本結論：

宋人名諱字的確立，不是根據某部韻書做個簡單的小韻摘錄，而是從文獻語音出發，充分參考了實際語音的情況。其構成實際上包含了幾個層次：

（1）某部韻書字書乃至音義著作中的小韻同音字；

（2）某個大方言區域範圍的同音字（如朓越篠同音之類）；

（3）社會新產生的字，包括俗字；①

（4）出土文獻中的古文字或異體字，如朗的古文異體有朖眼朤等；②

（5）韻書小韻不同但實際語音相同的韻字（如禎徵、曙樹之類）。

附釋文本所載南宋君主名諱字與《集韻》小韻基本一致，暫且不議。

六、附真福寺本《禮部韻略》名諱字校注

說明：真福寺本所載名諱字多有脫失，有些字因避諱缺筆而產生訛誤，必須校正；且原書所有廟諱御名字均未分行書寫，不便閱讀，又未注明廟號，今依照《四部叢刊》所載名諱體例，注明廟號並分行書寫。

---

① 此類情況甚多，不一而足。如娸，《集韻》注"女字"，除《五音集韻》轉載外，不載於其他任何韻書字書等歷史文獻，必爲當時社會流行之俗字無疑。

② 參看《玉篇》《古文四聲韻》等書。其中"朤"爲古文。

貢院條制名諱

聖祖玄（胡涓切）懸縣（樂縣）駃玹矏頌伭眴罥旬泫胘閿眩諼蚿徇炫狟獧【1】

朗（盧黨切）佷崀棚㝕悢譀腺烺睭䀮裲硠㺞筤闐浪㟍【2】

僖祖朓（土了切）窱䖒〔眺〕越窕【3】

順祖珽（他頂切）壬圢脡侹頲町覀芉桯侱珵壥嵉㜓蜓莛閂濎頱竮鋌鯾孠【4】

翼祖敬（居慶切）竞鏡獍璥璈【5】

宣祖弘（胡肱切）玹鞃輄窚軝【6】

殷（於斤切）殷濦澱磤㱃〔㶙〕㥯【7】

太祖匡（去王切）筐邼眶恇劻洭㞷踵蚟茞軭頨眶框閶胿〔迋〕䡇【8】

胤（羊晉切）酳靷㦂引（曲引）朆釿軐酳㪇㳦㵪㯶戭乄构螾栶【9】

太宗冏（古迥切）熲炯䭫䀇泂〔潁〕耿（耿光）骨䫀蝙頚呑鎣〔扃〕憬皛【10】

真宗恒（胡登切）峘姮佷㮓

仁宗禎（陟盈切）楨貞偵郱嫃徵（角徵不諱）癥滇寊搷䥺隕旗【11】

英宗曙（常恕切）署諸薯樹㒖澍尌倨禇（去聲）〇紓（神與切）抒杼野（與者切不諱）墅竪竖樹（扶樹上聲）【12】

神宗頊（吁玉切）旭朂朐髇珛㡰顄【13】

連諱：光義、德昌、元休、元侃、受益、元儼、允讓、宗實、仲鍼

御名貼黃（按哲宗煦）：（呼句切）昫朐酗酌姁呴欨休咻蝺蚼雩遱【14】

庸（藩邸名） 高魯王諱 遵甫

御名廟諱正字不得用　餘字有他音者許用之（如徵爲角徵之類）

以上爲真福寺本《貢院條制名諱》內容，附釋文本不載僖祖朓、順祖珽、翼祖敬、宣祖弘殷四高祖廟諱，其他廟諱字略有出入，出入最大的是英宗名諱字。茲將其中一些主要問題校錄於下，供同仁研究時參考。

【1】聖祖玄朗。附釋文本泫在洵前，昡在眩後，㺃作狗。

【2】聖祖玄朗。附釋文本朖在㝗後，䂩後有眼字，筤後有窂字。

【3】僖祖朓。朓字原本無，據宋人李攸《宋朝事實》卷一《祖宗世次》增補。

按李攸字好德，里貫仕履不詳。據《四庫全書提要》考證，生活於兩宋之間，蜀地人，著有《宋朝事實》六十卷，多有散佚，清人修《四庫全書》時從《永樂大典》輯佚得二十卷。該書廣記北宋時期典章制度、兵刑、律曆、籍田、財用等，所記典故事實詳核，可補史家之闕。卷一《祖宗世次》記錄了北宋君主的名諱字，可參訂真福寺本和附釋文本《韻略》所載名諱字之異同，彌足珍貴。可惜中間多有缺失，內缺真宗、（仁宗不缺）、英宗、神宗、哲宗等名諱，不無遺憾。又聖祖玄朗名諱無，宣祖名諱中有"殷"無"弘"。

【4】順祖珽。他頂切，《宋朝事實》作他鼎切，《廣韻》、附釋文本《韻略》、毛晃《增韻》並作他鼎切。《集韻》他頂切。"壬頊㝀"三字《宋朝事實》無。

【5】翼祖趙敬名諱原本不載，此據李攸《宋朝事實》補。

按，翼祖廟諱新制如此。考《宋史》哲宗本紀等文，元豐八年神宗駕崩，哲宗即位，同年十一月，"祧翼祖，祔神宗於太廟。"哲宗崩，徽宗繼位，於崇寧三年采蔡京建議，"立九廟，復翼祖、宣祖"，至南渡後詔興三十二年祧廟不諱，所以真福寺本於翼祖廟諱不載。該書貢舉條制文字殘缺部分有記，

曰:"兼勘會敬字舊系廟諱，新制廟諱內更不收入，今欲乞於《韻略》映字韻內依舊收入。"亦可釋疑。今姑且補注於此，以資考古。

【6】宣祖弘殷。軑，原作輊，今查韻書字書均無此字，附釋文本、《增韻》和《押韻釋疑》均作軑。按，宣祖祧廟後，此三書遂據舊諱補收之。

【7】宣祖弘殷。濦，原本無，據李攸《宋朝事實》增補。

【8】太祖匡胤。去王切原作於王切，誤。迋，原本無；又軯，原作"軭"，並據李攸著作及附釋文本補改。

【9】太祖匡胤。㨂，附釋文本作䖝，㨂從手作掄。乂，原本作㐲，據李攸著作及附釋文本改。

【10】太宗炅。"穎扃"二字原本無，據《宋朝事實》補。又"煚"，原作"煚"，附釋文本和《宋朝事實》作煚，"煚"見於《龍龕手鏡》，音煮，其義不詳。

【11】仁宗禎。《宋朝事實》和附釋文本徵字後有㫋字，疑為本行末禎字。

【12】英宗曙。附釋文本廟諱字與此迥別，附錄於下（四庫全書本）：

曙（常恕切）署抒睹藷藇薯潻嬃

樹（殊遇切）裋縠僒裋禓瞀尌侸倨踰豎荳裋澍贖屬曬

按，附釋文本各版本在個別字體上略有參差。不議。

【13】神宗頊。附釋文本髄在顧後。

【14】哲宗煦。呼句切，附釋文本作吁句切。《廣韻》本小韻作香句切，《集韻》吁句切，按當以吁句切為是。

從以上真福寺本的異文和脫誤看，真福寺本《禮部韻略》可能還不是官刻本，而是坊間據監本私刻，否則，不可能在名諱字上出現如此多的訛誤。

宋佚名《魁本足注釋疑韻寶》及相關歷史考述[*]

《禮部韻略》是宋朝頒布的一部科舉韻書，創制于真宗大德年間，后屢有修訂，最大一次是仁宗景祐年間丁度主持的修訂。初名《韻略》，修訂后正式名稱《禮部韻略》。因禮部主持編寫，故號稱官韻，或稱監韻，其特點是所收韻字少（9500餘），注釋簡略或不注，故稱"韻略"。至南宋高宗以後，民間興起很多私家注本，后多散佚。熊忠《古今韻會舉要序》有言："宋省監申明，儒紳論下，《韻略》集注，殆且五十餘家，率皆承訛襲謬，以苟決科之便。"

迄今發現的《禮部韻略》補注本有五種，皆爲南渡后作品，臚列于後：（1）毛晃《增修附注禮部韻略》；（2）無名氏《附釋文互注禮部韻略》；（3）歐陽德隆《押韻釋疑》；（4）郭守正《增修校正押韻釋疑》（亦名"紫雲韻"）；（5）無名氏《魁本足注釋疑韻寶》（下簡稱《韻寶》）。這五種韻書傳世至今，其中不乏宋元刻本。這些補注類《韻略》的大量出現，與南渡后恢復詩賦考試的科舉制度有著密切的關系。現在，這些韻書已成爲研究《禮部韻略》與宋代科舉史的重要歷史文獻，彌足珍貴。

又據瞿韶基《鐵琴銅劍樓藏書目錄》，瞿氏藏有《新編分類增注正誤決疑韻式》殘卷（僅存入聲），根據介紹，其書內容性質與歐陽氏《押韻釋疑》類似，并引述了歐陽氏的觀點，亦屬于宋人《禮部韻略》補注本系列，可惜此

---

[*] 本文原載於《漢語史學報》2016年第16輯，收入本書時，略有刪改，並補充了幾幀韻書照片。

書今不見其下落。因此，只有上述五種韻書才是存世的宋代禮韻補注本。①

而《韻寶》一書由於被發現得很晚，鮮見於今人研究者，又歐陽氏《押韻釋疑》原本，亦罕見於世，故鮮爲人知，②所見者唯郭氏增修校正本。幸賴北京圖書館出版社斥巨資出版"中華再造善本"叢書，廣收世間罕覯宋元板籍，學人遂獲睹其秘。舉一事可說明其出版意義，清人編纂《四庫全書》時曾收錄郭氏《增修校正押韻釋疑》（下簡稱《校正釋疑》），但未見歐陽氏韻本，故《提要》批評曰："但孰爲德隆原注，孰爲守正之所加，不復分別，未免體例混淆耳。"此《提要》之疑惑，皆因歐陽氏韻本未見，故留下如此疑問。如今歐本出現，即可辨明郭氏《校正釋疑》與德隆原著之間的關系。由於郭氏校正義例精細，所補事實詳覈，世人皆樂而用之，故歐陽氏韻本傳世甚少。如今歐本和《韻寶》二書皆走出藏府秘閣，現身於國內高校圖書館，實爲學人之幸事。

一、韻書文獻版本特徵

《韻寶》作者不明，應爲南宋末理宗時人，但刻本應是元代。是書鮮見於文獻載記，陳振孫《直齋書錄解題》不載其目，明楊士奇《文淵閣書目》卷三載"《韻寶》一部一冊"，或爲是書簡稱。清潘祖蔭《滂喜齋藏書記》卷一著錄是書，有載記文字一篇。今人一些版刻目錄著述，亦載其書目，如潘國允、趙坤娟《蒙元版刻綜錄》（內蒙古大學出版社，1996年）、肖東發《中國圖書出版印刷史論》（北京大學出版社，2001年）、李致忠著《中國出版通史》（中國書籍出版社，2008年）等，并云此書爲"元至正間明州梅隱書院刊本"（潘書第126頁），不知何據，今姑從之。

是書原本藏上海圖書館，后被收入"中華再造善本"叢書經部小學類。

---

① 元初，黃公韶、熊忠編撰《古今韻會舉要》，雖以宋《禮部韻略》爲基礎，但在韻字收錄、音切及訓釋方面都漸離舊時韻本規模，還不能完全被看作宋代《禮部韻略》的補注本，且爲元代之作。

② 《押韻釋疑》早見於清人瞿韶基《鐵琴銅劍樓藏書目錄》著錄，後見於今人李致忠《宋版書敘錄》介紹（北京圖書館出版社 1994 年）。

原書版框高 19.5cm，寬 12.9cm，粗黑口，黑線框，左右雙邊，雙魚尾，版心處簡寫"韻"及卷數頁碼等，正文上方别出一橫格，專門用來説明本頁所載韻字的異體俗體以及文字點畫譌誤等，以提醒讀者科舉時注意正字的正確書寫。每葉左邊框外上方有耳記文字標寫韻部，頗有翻閱之便。是書刀法剔透，邊框匀稱，字體結構精嚴，鐫刻工整，印刷精美，具有元代書院刻本風格，只可惜注釋文字中簡俗字太多，與科舉考試要求相左。版式爲"排字式"印刷，① 半葉十一行，每行大字（韻字）五個，雙行小注，每行二十字不等，文字注釋繁多者偶有行緊字密之感，卷五入聲后幾頁有明顯的補刻或改刻痕跡。是書原爲清怡府藏物，后爲晚清收藏家潘祖蔭（1830—1890）收藏，卷一目録葉鈐有"安樂堂藏書記"和"潘祖蔭藏書記"篆文方印章。潘氏字在鐘，號伯寅，吴縣（今江蘇蘇州）人，咸豐二年（1852）進士，授編修，光緒間官至工部尚書。潘氏通經史，所藏金石古籍甚富，古籍中多爲宋金元刻本。著有《滂喜齋藏書記》《功順堂叢書》等。

本書前后無序跋文字，不知作者及具體著述時間，亦無禮部貢舉條式附録，避諱至理宗御名爲止。理宗諱昀，平聲諄韻收匀小韻俞倫切"匀昀"兩個韻字，皆屬于嫌名字，"匀"字注曰："俞倫切，少也。理宗御諱"。又本韻旬小韻松倫切"巡"字注曰："亦逡巡，不與御名同音，不當避。"又鈞小韻規論切"畇"字注曰："墾田。亦作昀，犯諱。"從這些注釋文字中大致可以推知此書著述于理宗時期。②

本書在宋人廟諱上，聖祖玄朗字不收，四位高祖——僖祖朓、順祖珽、

---

① 現存宋代韻書有兩種排版方式，一是"散字"編排，每行韻字（大字）不固定，前後韻字及注釋文字緊接相次，如《廣韻》《集韻》及日本真福寺藏北宋《禮部韻略》，以及在江西撫州發現的北宋《禮部韻略》等，皆爲此版式，其好處是可以節省版面篇幅；另一種是"排字"編排，每行有固定的韻字，留有空白處，整齊醒目，便於檢尋。宋代《禮部韻略》補注本均如此，諸如《附釋文互注禮部韻略》、歐陽氏《押韻釋疑》、郭守正《校正釋疑》等均如此。是爲南宋以後出現的一種新的排版方式，這種新的排版方式在元代刻書中得到繼續沿用，如《文場備用互注禮部韻略》和《魁本排字通并禮部韻注》等均如此。
② 按照寶慶新制，俞倫切"匀昀"二字亦在避諱之列，《校正釋疑》諄韻"馴"字注釋："寶慶新制看詳，俞倫切者合避。"蓋理宗初禁諱不嚴，韻書承襲前朝監韻收載嫌名字而聽任之，該書有可能著作於理宗即位之初。

翼祖敬、宣祖弘殷，均不避諱，這些名諱小韻字均見于韻本中。① 另外，本書于神宗廟諱"頊"吁玉切及嫌名字"旭勗"亦不回避，見于入聲燭韻之末，《校正釋疑》亦如此。而毛氏《增韻》和《附釋文》均避而不收。蓋理宗時神宗已祧廟不諱。

本書在避諱問題上還有一個重要特點，有些韻字組合而形成的兇險忌諱詞語，書中稱之為"暗諱"，另外因爲避諱書寫不成而易以他字者，書中稱之爲"代諱"。代諱在宋代比較普遍，如《詩經》"如月之恒"諱作常（真宗諱），《書·堯典》"允恭克讓"諱作遜（哲宗父允讓諱），又如"一匡"（太祖諱）諱作一正，"足征"諱作足證（仁宗禎之嫌名），"齊桓"諱作"齊威"（欽宗名諱）。但代諱之字只可臨文使用，而不可押韻。如紹興二年（1132）禮部規定，以"威"字代欽宗名諱②，凡舉人中用"齊威"押韻者并見黜。郭守正《校正釋疑》曾有記載，平聲微韻"威"字注曰："紹興指揮以威字代桓字諱，如齊威魯威之類，可用不可押。丁丑福州解試《聖王獨化陶鈞之上賦》，士人七押齊威字并榜黜。"③

所謂"暗諱"者，是指那些吉兇忌諱之詞，最好不要使用。

本書注釋暗諱、代諱例如：

東韻：隆，良中切，大也。正隆，暗諱。

陽韻：昌，齒良切。釋盛也。德昌，舊諱。永昌，陵名。明昌、阜昌、盛昌，暗諱。

---

① 毛氏《增韻》和《校正釋疑》四位高祖廟諱字皆收載之，唯《附釋文》不收僖祖廟諱字（上聲篠韻脁小韻土了切下"窱趒眺窕"等字），按《宋史》，四位高祖祧廟之制在北宋神宗時代即以開始，後時有反覆，情況頗爲複雜。如《神宗本紀》熙寧六年（1073），"復僖祖爲太廟始祖……祧順祖於夾室"。又淳熙重修文書式，其廟諱中並無四位高祖，又紹熙五年禮部再次申明，僖祖和翼祖皆祧廟不諱。按《附釋文》著於高宗、孝宗之間，於四位高祖廟諱嫌名字收錄不能劃一，亦見其中祧廟和避諱制度之複雜。
② 參見《附釋文互注禮部韻略》後附《貢舉條式》，此年因翰林學士沈與求劄子奏議而確定。
③ 丁丑年南宋有二：一在紹興二十七年（1157），一在寧宗嘉定十年（1217），當指紹興丁丑年。

唐韻：康，丘剛切。永康、天康，暗諱。康衡，代諱，字不可押。

證韻：證，諸應切。文告也，驗也。如唐魏證，系代諱，字泛用可，切不可押。

按正隆爲金主完顏亮年號（1156—1160），明昌爲金章宗年號（1190—1195），阜昌爲僞齊劉豫年號（1130—1137），劉豫本宋將，建炎初叛宋降金，金人封之爲帝，稱齊，八年后亡。又永康爲后燕慕容寶年號（396—397）、西秦乞伏熾磐年號（412—419）、柔然受羅部真可汗年號（464—484），這些皆外夷政權，非正統國家。天康爲南朝陳文帝年號（566），是年春二月改元，四月駕崩，亦不吉利之詞。又上韻"德昌"，乃真宗舊諱，永昌陵爲太祖陵寢，此亦避諱之詞。"盛昌"典出《禮記·月令》歌詞："水潦盛昌，神農將持，功舉大事，則有天殃。"如詩文使用"盛昌"一詞，必暗扣"天殃"，故不可使用。[潘祖蔭《滂喜齋藏書記》謂"盛昌"爲遼道宗年號，不確。考史，無"盛昌"年號。]以此觀之，凡先皇陵寢、夷族政權、不吉利之人事典故等，都在忌諱之中，士子場屋行文必慎之又慎。于此可見，舊時科舉士子不僅要注意明文規定的廟諱御名乃至同音嫌名字，還要時刻小心那些"暗諱"之詞。否則，使用不當，將被黜退。

按歐陽德隆《押韻釋疑》卷首亦列有暗諱之詞語達37個，其中以"永"字開頭者十七個，諸如"永欽""永康""永靖""永昌"之類，又有"昏德""皇儀""播遷""不豫""不懌"等，皆如其意。郭氏《校正釋疑》亦有此類"暗諱"之注釋，如東韻弓小韻"宮"字釋曰："室也，又五聲之始。紫宮與梓宮同音，暗諱。"梓宮本指天子棺柩，在宋則專指徽宗棺槨。又去聲徑韻："定，徒徑切，安也。又本韻。永定，陵名。大定，舊暗諱。"按永定爲宋真宗陵寢，大定爲金世宗完顏雍年號。

二、韻書編寫體例

本書是在監本基礎上加以注釋，或補充訓釋，或圈注又音，或指明異體俗字，或注明禮部續補和廟諱等。凡官注與自己補注之間用一"釋"字或"文"字加以區別，其性質體例與《附釋文》最爲接近，但注釋文字比《附釋文》簡略。請比較圖 1 的兩部分文字。

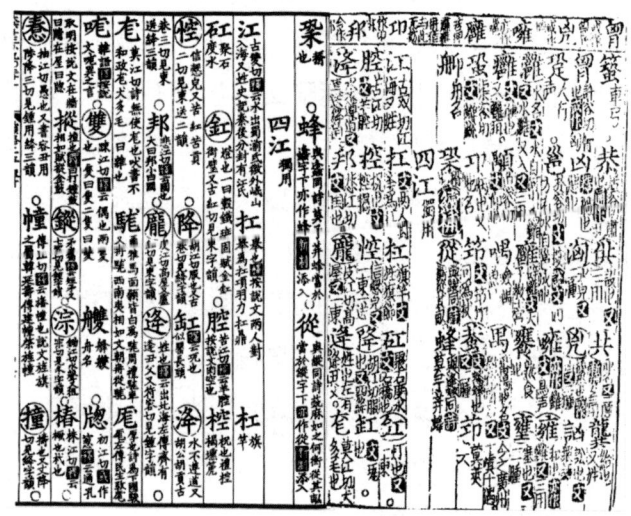

圖 1　左圖《韻寶》鍾韻和江韻部分，右圖《附釋文》江韻部分，四部叢刊本[①]

下面再整理兩書江韻部分注釋文字如下。

甲，《附釋文》[②]：

江（古雙切。釋云：水出蜀湔氐徼外岷山入海。又姓，《史記》秦後分封有江氏。）扛（舉也。釋按《說文》兩人對舉爲扛，項羽力扛鼎。）杠（旗竿。）矼（聚石度水。）釭（燈也，一曰轂鐵。班固賦

[①] 從圖上可以看出，《附釋文》注釋繁富，《韻寶》注釋文字簡略，且多簡俗字。
[②] 《附釋文》今存有多種版本，諸如嘉定六年（1218）雲間洞天本、紹定庚寅（三年，1230）藏書閣本、曹寅楝亭本、四庫全書影宋鈔本等，本文使用的爲紹定三年本，四部叢刊收錄。

金釭銜璧。又古紅切，見東字韻。）○腔（苦江切。釋云羊腔。按《說文》肉空也。）椌（柷也。《禮》椌楬壎篪。）悾（信慤皃。又苦紅苦貢二切，見東送二韻。）○降（胡江切，服也。又古巷切，見絳字韻）。缸（釋云瓨也，似罌長頸。）洚（水不遵道。又胡公、胡貢、古巷三切，見東送絳三韻。）○邦（悲江切。釋云國也。大曰邦，小曰國。）

乙，《韻寶》：

江（古雙切。江海。又姓。）扛（文兩人對舉爲扛。）杠（旗竿。文旌旗飾。）矼（聚石度水。文石橋也。）釭（燈也，又一東。）○腔（苦江切。文羊腔。）椌（柷也。文椌楬。）悾（信慤皃。又一東一送。）○降（胡江切，服也。又四絳。）缸（文瓨也。）洚（水不遵道。又東送絳韻。）○邦（悲江切。文国也。）①

兩者比較，可以看出《韻寶》的幾個特點：
（1）注釋文字簡略，如"江"字僅注"江海"，"邦"僅注"国也"。
（2）對監韻注釋略有補充，如"杠""矼"二字，《附釋文》只有官注，而《韻寶》于"杠"之旗竿義則補注"旌旗飾"，"矼"之聚石度水義則補注"石橋也"。
（3）對官注有節略現象，如"釭"字，官注爲："燈也，一曰轂鐵。班固賦金釭銜璧。"而《韻寶》則節略爲"燈也"。按毛氏《增韻》指出官注引班固賦有誤，其曰："監本舊注轂鐵，及引班固賦金釭銜璧，在此誤。《文選》注音古雙反，亦誤，今正。"② 由此可知，《韻寶》節略或有糾偏考慮。
（4）《韻寶》多用簡俗字，如"江"古雙切，"雙"作"双"，"對舉"作

---

① 原書中凡"釋"＝"文"，又音之"又""亦作""通作"等黑底反白，如釋、文之類。
② 毛晃《增修互注禮部韻略》今有四庫全書本（今考證其底本爲元秀岩山堂本）和元至正十五年（1355）日新堂刊本等，本文使用的爲四庫全書本。

"對辛",“燈也”作“灯也”,“國也”作“国也”。可以肯定,《韻寶》原作並非如此,而是在後來刊刻時改寫如此,這正是元代漢字書寫之特點。

據《韻寶》注釋文字亦可校對《附釋文》對官注的補充與否,如"桎"字注"杌也。《禮》桎梏壎篪",很顯然,此爲補注部分而混于官注之中,應在前面加"釋"方是。日本真福寺本《禮部韻略》也僅有"杌也"一注釋,而《增韻》和《校正釋疑》均可旁證。①

《韻寶》注釋文字前加"文"或"釋"都是同一意義,似乎很難看出兩者區別。有時"釋""文"同時出現在注釋中,不明其意。如下例東韻字:

東,德紅切。釋春方也。文文動也,又姓。
通,他紅切。釋達也,亦州名,又姓。
同,徒紅切。釋云合會也,亦作仝。

"東"字補充的"動也",實際上是《說文》訓詁,《附釋文》:"東,德紅切。釋云春方也。按《說文》動也。又姓。"看上去,《韻寶》"文動也",似乎是脫"說"字,其實這只是巧合而已。又元刊本《校正釋疑》盡將宋本中"釋"字改爲"文"字,不知爲何?

書中除注釋標記"釋""文"二字黑底反白(陰文)外,其他又音之"又""亦作""通作"及文獻典籍書名等,均用黑底反白,以示突出醒目。如東韻下列韻字:

恫,痛也。書恫瘝乃身。又一送。
同,徒紅切。釋合會也,亦作仝。

宋刻《附釋文》一般只有"釋"字或"新制"字樣才黑底反白(如嘉定本和韶定本),唯元刻本《校正釋疑》版式與《韻寶》相同,這似乎成爲區別

---

① 《增韻》僅有"杌也"一注釋,《校正釋疑》:"桎,杌也。釋桎梏狀,如漆桶中有椎而撞之。"

宋刻與元刻的一個重要標記。①

在韻字收錄范圍上，《韻寶》除轉錄監韻全部韻字外，將禮部續降之字悉數收入，諸如黃啓宗、張貴謨和吳杜奏添的韻字，凡補錄之字置于韻末，并標記"續補"或"新補"字樣（見圖1鍾韻末）。然而《韻寶》所補之字也有超過禮部續降之范圍者，如平聲登韻收"耐"字，上聲馬韻收"打"字，入聲薛韻收"醊"字，入聲錫韻收"篴"字，均不見于黃啓宗、張貴謨補韻之中。

據郭守正《校正釋疑》，韶興十一年（1141）八月福州進士黃啓宗上表，采摭經傳諸常用字與夫同類皆韻所不載者共二百四十五字，乞補入《禮部韻略》中，禮部看詳后"旨依"；又淳熙二年（1175）閏九月迪功郎平江府吳縣主簿張貴謨撰《聲韻補遺》一卷，摭六經子傳之餘共一百三十四字，② 上奏添入；嘉定十六年（1223）十一月，文林郎嘉興府教授吳杜申請將詞賦中引用者六十七字乞增入《禮部韻略》，經禮部看詳，僅同意補入"會""知""道"三字。以上奏添的韻字或稱爲"禮部續降"。今傳世《附釋文》和歐陽氏《押韻釋疑》收錄了黃啓宗所補韻字，置于韻末注明"新制"。郭守正《校正釋疑》和《韻寶》則將禮部續降的新補韻字全部收錄。但"耐打醊篴"四字并不在新補韻字范圍内，《韻寶》作者收入這些韻字，出于何種依據，不得詳知。

此外，《韻寶》在"續補"之外也添加了韻字，如脂韻甤小韻儒佳切下收"㮹"字，注曰："木名。監本無此字。"又去聲夬韻嘎小韻于邁切下添收"喝"字，注曰："嘶喝，又十二曷。"此二字不見于《附釋文》，僅見于《增韻》新增，前一字亦見于《校正釋疑》韻末補添："㮹，儒佳切。木名，《說文》白桵棫也。韻不收。"③ 所謂"韻不收"者，即監韻不收。然而按之真福

---

① 今《中華再造善本》叢書收錄的上海圖書館《紫雲先生增修校正押韻釋疑》標注爲"宋刻"，不確。從版式文字看，它應當是元刻本。潘祖蔭《滂喜齋藏書記》著錄是書，亦認定其爲宋刻，圖書館鑒定或由此而來。同學李子君教授亦誤從其說，並認爲該書乃景定五年（1264）刊印之初刻本。文見《上海圖書館藏〈紫雲先生增修校正押韻釋疑〉的版本及學術價值》，載《古籍整理研究學刊》2012年第4期。
② 郭氏所言"張貴謨補韻共一百三十四字"，但根據我們對上圖本《校正釋疑》的統計，實際上所補韻字爲138字，或後人有所補加。
③ 《校正釋疑》元刊本即上圖藏韻本，脂韻甤小韻儒佳切下收"㮹"字，注曰："木名。"

寺本和高宗《草書禮部韻》，脂韻亦收"楼"字，不知後來監韻爲何刪掉。因此，《韻寶》對于研究宋代《禮部韻略》版本差異有著重要的文獻參考價值。

三、韻書天頭一欄注釋內容與宋代科舉考試

在編寫體例上，本書還有一個鮮明特色：每葉天頭一欄，專門用來注明韻字的異體俗寫譌誤等，內容比較豐富，從中可以了解宋代禮部考試政策和社會用字等方面問題。

根據歷史文獻，宋代科舉考試分經義詞賦二科，詞賦進士兼考詩賦經義，而以詞賦優劣爲取舍，經義策論定高下。蔡襄有言：

> 臣伏見隋唐以來，以進士明經二科取士，迄今以爲永制。進士雖通試詩賦策論，其實去留專在詩賦。糊名謄紙，以示至公，點抹細碎，條約纖悉，所司奉之，便於考校。①

蔡襄（1012—1067）所言雖是北宋神宗以前事（神宗熙寧四年罷詩賦），而南渡以後相沿爲習（詳見下文）。又歷朝以來習詩賦者眾而舉經義者寡，每次科舉詞賦進士達十之七八，所以宋代科舉以詩賦取士爲主流。② 詩賦考試的好處是"便于考校"，有落韻（又叫"失韻"）、失平側、偏枯不對、蜂腰鶴膝之講究，所謂工拙易見。而其中"落韻"又最便于考校，凡用錯韻字或書寫訛誤等都爲落韻，所以文字書寫正確與否至爲關鍵，即使詩賦寫得再好，如有訛誤字也要被黜落，其考核標準就是《禮部韻略》。

---

① 蔡襄《端明集》卷二十三《論改科場條制疏》，文淵閣四庫全書本。
② 元祐四年，蘇軾疏曰："比來專習經義者十無二三。……臣在都下，見太學生習詩賦者十人而七，臣本蜀人，聞蜀中進士習詩賦者十人而九。"（《東坡全集》卷五十六《奏議》）不僅北宋，南宋亦如此，《宋會要》選舉五《貢舉雜錄》："孝宗淳熙元年（1174）六月四日臣僚言：近歲科舉士子習詩賦者比之經義，每多數倍。"（《續修四庫全書》第781冊第83頁）以上內容參見馬端臨《文獻通考》卷三一《選舉考》。

因此，宋代詩賦考試，"失韻"和"諡誤字"是决定舉人黜落的關鍵因素，考生必須知曉，不可苟且。作爲一部《禮部韻略》的補注性著作，就應該在文字方面多加指示，以提醒考生免犯錯誤，順利通過科舉考試。下面以《韻寶》天頭文字注釋內容爲例，結合宋代科舉故事略加介紹之。

（一）說明俗字類

如東韻天頭注釋蟲作虫非，鍾韻峯作峰非，魚韻驢作驴非，虞韻趨作趍非，模韻蘆作芦非，齊韻齊作齐非，文韻羣作群非，删韻蠻作蛮非，先韻淵作渊非，陽韻襄作襄非、囊作囊非，蒸韻稱作称非，興作與非，上聲臻韻盡作尽非，去聲至韻器作嚣非等。這些是當時的簡俗字，作者強調文字的書寫不符合禮部考試的要求，意即文字書寫必須與《禮部韻略》保持一致。宋代《禮部韻略》是國家頒布的一部"規範漢字表"，具有法典的地位，所列文字點畫及音韻反切，士子科舉考試必須遵守之，否則被黜。① 此類事情在宋代文獻中多有記載。如郭守正《校正釋疑》"器"字注曰："器字中從犬。昭武解試取中陳國瑞詩魁，不合，寫器作嚣，榜黜。"② 紹興末楊萬里在湖南主持考試，有舉人將"盡"寫作"尽"，亦被淘汰。宋人孫奕《示兒編》載其事曰：

> 初，誠齋先生楊公考校湖南漕試，同僚有取《易》義爲魁。先生見卷子上書盡字作尽，必欲擯斥。考官乃上庠人，力爭不可。先

---

① 熊忠《古今韻會舉要序》曰："迨李唐聲律設科，《韻略》下之禮部，進士詞章，非是不在選，而有司去取決焉。一禮部韻，遂如金科玉條，不敢一字輕易出入。"
② 這裏再舉"羣"字爲例，《禮部韻略》規定上下結構者爲"正體"，左右結構者（群）爲俗字，在考試中是不合格的，歐陽德隆《押韻釋疑拾遺》曾有記載。曰："羣，俗群字非。吾郡甲午科《聖武爲天下君賦》，是年場中小賦多有人押能羣而寫此群字者，文理雖優，皆不取。"可見當時禮部考試之嚴格。此事又見於孫奕《示兒編》卷九《聲畫押韻貴乎審》條。按歐陽氏爲廬陵人，"吾郡"則爲宋時吉州廬陵郡，甲午歲應爲理宗端平元年（1234），此年吉州廬陵郡考試衆多舉人因書寫俗字"群"字而被黜，實在是太讓人感到惋惜。《示兒編》曰："後主文出院與勘駕，言及此，甚嗟惜之。且云二十文韻中無群字，凡如此寫者，皆不敢取。"

生云：明日揭牓，有喧傳以爲場屋取得箇尺二秀才（按尺二即尽字），則吾輩將胡顔？①

可見，宋代禮部考試對舉人的文字書寫是非常嚴格的。一般場合下，科場官府文書宜使用楷書正字，是爲規範；而一般吏胥下流市井米鹽帳簿等用簡筆譌俗字，則無傷大雅。

（二）説明韻字點畫差訛及異體互用關係

如東韻注釋：童與僮通，鍾韻螽亦作蜂，江韻逄或作逢，愡或作窓。按，異體字只有禮部韻規定"亦作""或作"或與某字"通"后才可以互用，否則考官就難以接受，認爲這樣使用不符合考試要求。下面有的例子就要格外小心，輕者扣分（點抹），重者降等或被黜。

（1）鍾韻：禮作禮非，邛作卭非。
（2）江韻：雙從又作夊雙非。②
（3）之韻：辭作辝非。
（4）刪韻：關，此依監本，或作関関皆非。
（5）清韻：清，正作清。又青韻：青，監本作靑。
（6）效韻：效作効非。

文字書寫點畫不可隨意，否則，影響仕途。如《詩經》"何彼襛矣"，襛之衣旁少寫一點成"禯"（厚祭）則爲錯誤。押韻時如果寫錯字就要算"失韻"。

例（2）是説明"雙"字的正確書寫形式。按此條與《禮部韻略》書寫方式有違，監韻下作夊不從又，今北宋真福寺本《禮部韻略》、四部叢刊宋刻本

---

① 孫奕《示兒編》卷九《聲畫押韻貴乎審》條。按楊萬里（1124—1206），字廷秀，自號誠齋，江西吉水人，官至寶謨閣學士致仕。《宋史》有傳。其考校湖南漕試，當在高宗韶興末擔任零陵丞守時。
② 雙字，韻中正文皆作"雙"，天頭卻作"雙"，下從夊。又注文中"夊"作"夕"，當屬刻誤。

《附釋文》及歐陽德隆《押韻釋疑》并雔下作夊，寫作"雙"，即可說明之；①又俗字中有下從雙的寫法即"雙"，故言非。按"雙"字寫作"雙"，不僅《禮部韻略》如此，宋刻本《廣韻》如巾箱本《廣韻》、鉅宋《廣韻》乃至高宗《草書禮部韻寶》皆寫作"雙"，蓋爲當時比較通行的一種寫法。按，毛晃《增韻》已指明監韻"雙"字書寫方式有誤，曰："字從右手持二隹，又，古右手字也。監本誤從夊，今正。"至南宋末景定年間，"雙"字寫法已得到更正，故郭守正校訂歐陽氏《押韻釋疑》時注曰："字下從又，或作雙作雙非。"

例（3）辤爲籀文，但《禮部韻略》不認可，僅能依韻寫，否則就不合規範。歐陽氏《押韻釋疑》之韻釋"辤"曰："訟也。監韻如此寫，若押此切不可寫俗辝字。近年瑞州科試《舜明四目達四聰賦》，已取中一本擬魁，第五韻卻押此辝字，別位考官爭，以爲此辝字禮韻無，系落韻。擬取魁者爭不勝，遂置在次榜亞魁。不可不知。"

例（4）刪韻"關"字，當時有一種很普遍的寫法："関"，或作"關"，正確的寫法是門內作"丱"而非"丳"亦非"丰"（皆爲俗寫），故《韻寶》雲："此依監本，或作関關皆非。"《集韻》亦言："俗作関非。"

例（5）清韻"清"字右邊青旁，按照《說文》小篆形體，應作"靑"，從丹生聲。今真福寺本《禮部韻略》清韻及青韻中靑聲字并作靑，宋刻本《附釋文》如嘉定本、四部叢刊詔定本亦如此（除個別字外），又歐陽德隆《押韻釋疑》亦如此。可見《禮部韻略》青聲字作"靑"，可能當時監本中有作"清"者，《增韻》："監本從月誤，今正。"《校正釋疑》"青"字注曰："倉經切，釋東方色，亦州名。字下從円，不從月，凡字從青者并同。"然而《韻寶》全書青聲字均作"青"，下從"月"，可能是后人刻寫時改筆。

例（6）効是效的異體，《廣韻》明確地標注爲"俗字"，《集韻》則將"傚効效效"都看作"效"的異體，但《禮部韻略》并未標注爲"亦作効"，所以在考試中不可使用。孫奕《示兒編》記載曰："臨江軍出《順天爲日新之教賦》，教字韻効傚二字，寫出効佼，不從攵而從力者并不取，所謂顏魯公有《干祿》字，即此可知。后之人凡書者不可不辨其畫，押者不可不審其聲。"

---

① 北圖楊韶和家藏本和上海圖書館藏嘉定六年雲間洞天本均如此。

（卷九《聲畫押韻貴乎審》）

從以上例子中，可以看出宋代科舉取士的嚴肅性，以現代人的眼光看簡直不近人情。就因爲一個"盡"字寫成"尽"，"羣"字寫成"群"，"器"字寫作"噐"，"辭"字寫作"辝"，"效"字寫作"効"，就被黜落，三年的努力全付之東流！然而試想，如果一個國家或社會沒有嚴格的規章制度，整個社會機器就難以有效地運轉，更何況科舉取士，關系到人才選拔和千家萬戶的利益，考官只有從嚴執法，才能有效地保證社會公平，維護法律的尊嚴。這應當成爲我們現代社會考試制度的借鑒和學習之處。

（三）說明后起俗字或某字在監韻中的有無問題

這也是爲了強調在科舉中要使用規範漢字。爲慎重起見，不管是后起俗字或者某個本字，如果監韻不收，不可貿然押用。如下列天頭部分說明文字。

（1）哈韻：顋俗作腮字，監韻無腮字。又本韻：栽，俗作㦲，監韻無此。

（2）真韻：彬，或作斌，監韻不收。

（3）豪韻：淘，此字本韻不收。

（4）庚韻：秔，此稉字，不收。

（5）青韻：缾，今瓶字，禮韻不收。

（6）尤韻：琉瑠，此二字韻中無。

（7）鹽韻：尖，監韻無此字。

（8）至韻：柜，本韻不收。

（9）合韻：答，對荅之荅，今韻無此荅字。

下面我們就上述記錄稍作分析。

例（1）中"腮"字，《校正釋疑》曰："顋，釋頷也。俗腮字，韻不收，若押須依韻字寫。"例（5）中"瓶"字亦爲后起字，《校正釋疑》注釋"缾"曰："蒲丁切。釋汲水器。瓶字，韻不收，如押字依韻字寫。"盡管"瓶"早見于經典中，如《儀禮·特牲饋食禮》"尊于瓶"，《易·井卦》"羸其瓶"等，但仍不可使用。例（8）柜也是一個后起字，其本字是"鐉"，《禮部韻略》"匱"字注曰："求位切，乏也。與鐉通。"又："鐉，匣也。通作匱。"而柜字禮部韻不收，《校正釋疑》："鐉與匱同，此是俗柜字，韻內無。"儘管《集韻》把它們看作一組異體字，注曰："匱鐉柜，求位切。《說文》匣也。或作鐉柜匱，一曰乏也。"但《禮部韻略》是規范科舉文字的專門用書，與《集韻》務從該廣以資考證之性質不同。又如例（9）合韻"答"，報答對答之義，《廣韻》《集韻》均注釋爲"亦作荅"，但禮韻未注明"亦作"且不載此字，故不可隨便使用。《校正釋疑》："答，德合切。報答字從竹，或作荅，韻無。如押當依韻寫。"故《韻寶》注"對荅之荅，今韻無此荅字"。

例（3）、例（6）、例（7）是提醒有些韻字《禮部韻略》不載，不可貿然使用。"淘"字不見于《廣韻》，《集韻》收載，注："淘淘，水流也。"《禮部韻略》不收此字，毛氏《增韻》增收，注曰："淘，澄汰也。杜甫詩：淘米少汲水。"例（6）中瑠字，"瑠璃"是個連綿詞，今寫作"琉璃"，《集韻》："瑠琉，瑠璃，珠也。或作玬。"因爲詩賦用韻一般只會用到"璃"字，而不會用到上字"瑠"，故《禮部韻略》不收此字，僅在支韻收"璃"字。例（7）"尖"字雖見于《廣韻》《集韻》等韻書，但《禮部韻略》不載，故不可使用。"尖"字唐詩中見之，孫奕《示兒編》卷十《韻書脫字》辨析甚詳，指出唐人杜甫、張祐等詩皆嘗用"尖"字，曰："徧閱近世刊行《韻略》，無此尖字，當是《禮部韻略》脫文。"故毛晃增收之，注曰："尖，末鋭。杜甫詩萬點蜀山尖，韓愈《苦寒》詩萌芽夭句尖。重增。"

禮部規定，考生押韻只能用《禮部韻略》中韻字。詔興十三年（1143）二月，朝散大夫黃積厚札子，乞將連綿兩字（如琉瑠之類）收入禮部韻中，國子監看詳曰："伏緣禮部韻專謂約束舉人程文，只得押韻內字，庶幾便于考校，故名《禮部韻略》。若廣引訓釋及添入不緊要字，即與《廣韻》無異。"[①]這里說得非常清楚，"只得押韻內字"。實際上，同年黃啓宗奏添的245個韻字，雖經禮部看詳，"別項刊具"，而後來士子有押韻者亦被考官黜落。何以如此？因爲這些韻字只被附錄在韻本之后，而沒有"各隨聲韻添入"，"有司

---

① 參見《附釋文互注禮部韻略》所附《貢舉條式》，詔興十三年牒文。

以非正員（韻），盡行黜落"。① 直到淳熙二年（1175）禮部將這些韻字分派到所屬各自韻部后，士子押韻才被正式接受。所以《韻寶》強調慎用禮部韻中缺載韻字是很有實際意義的。

四、注釋中的俗字與刻本年代問題

《韻寶》注釋文字中簡俗字特別嚴重，上舉江韻文本例子即可見之。但韻頭字都是"正體"，簡俗字只是在注文中出現，因此，常常出現韻頭字用正體，而注文用的卻是簡體，如去聲遇韻"數"字，注文卻爲"名数之数"。可以說，繁簡并用是元代刻本韻書的一個重要特征。至于"聲"作"声"，"寶"作"宝"，"體"作"体"或"躰"，"國"作"国"，"屬"作"属"，"數"作"数"，"學"作"孝"等，觸目皆是。

這樣就形成了一個非常矛盾的現象：天頭批注文字言"某字作某非"，而韻本中卻出現了大量的"非字"，如東韻天頭批注蟲作虫非，齊韻齊作齐非，陽韻裏作裹非，登韻燈作灯非等，按理說正文之中就不該出現這種簡俗字。可以肯定，韻書原著注文一定是正體字，而不會出現自己否定的簡俗字，何況它是《禮部韻略》的注釋本。毫無疑問，這是后來書坊刊刻時趨俗從便的結果，而這正是元代板刻書籍的特點，反映了元代社會漢字使用的一種普遍情況。參見圖2。

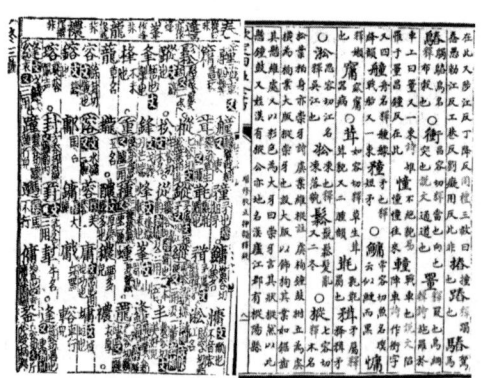

圖2 左《韻寶》，右《增修互注押韻釋疑》，兩者相比，可見其著述情況

---

① 參見徐松《宋會要》選舉五《貢舉雜錄》，《續修四庫全書》史部第781冊第83頁。

從這些簡俗字看，當時漢字簡化已成爲一種趨勢，而且在筆畫形體結構上具有很强的規律性。

例如，一些簡俗字有類推之傾向，如"婁"簡作"娄"，從其得聲者皆如此書寫如"楼屡屡搂"之類；"肅"作"肃"，於是有"簫嘯嘯萧"等。

從簡化特點看，這些簡俗字可以粗分爲三個類别。一是形聲字偏旁簡化后部件類推，二是以點横筆畫代替某部件而后類推，三是散字簡化，即難以形成類推的一個個散字群體。

下面略加舉例説明之，以見元代社會文字使用的一些特點，爲行文簡略，注釋文字中僅截取有簡俗字的部分。

（一）形聲字簡化部件類推型

肅淵之下部肅淵簡化爲肃渊，則有淵嫻肃萧嘯等簡俗字。

【諄韻】姻，亦作嫻。【齊韻】娃，淵畦切。

【銑韻】洒，肅貌。【灰韻】敦，又三蕭弴字下。

【蕭韻】料，量也。又嘯韻。【陽韻】驦，騻驦。

（二）以點横筆畫代替某部件而後類推型

如單襄蕈中兩個口字（叩），或用丷（单禅蝉婵）、或用八（襄穰讓囊）、或用一替代（萑權灌歡），然後相應的諧聲字亦如此類推簡化；樂字兩邊幺旁，分别用兩点冫替代，然後從樂得聲的字依次類推。下舉"襄""楽"二例：

（1）襄（襄）囊（囊）穰（穰）讓（讓）

【東韻】緵，百囊罟。【虞韻】稌，穲稌。【漾韻】諒，力讓切。

（2）楽（樂）礫（礫）药（藥）

【之韻】怡，悅楽也。【虞韻】娛，楽也。【佳韻】哇，淫楽。

【錫韻】礫，小石曰礫。躒，又十八藥。

3. 難以形成類推的獨字簡化

此類字較多，如国（國）、宝（寶）、实（實）、灯（燈）、时（時）、双（雙）、兴（興）、职（職）、边（邊）、迁（遷）等。其中有些字的偏旁雖然有所簡化，但沒有產生類推關係，如"燈時遷"等，因爲簡化後的偏旁字如"丁、寸、千"等，參與其他漢字的構形組合非常活躍（如恃字不能簡化爲忖，因爲有忖度之忖），難以類從。這些字或成爲我們現代漢字（簡化字）的歷史由來，如簡化字"国宝实"之例子：

【虞韻】邧，国名。【齊韻】郣，商侯国名。【真韻】秦，国名。

【齊韻】璨，玻瓈宝也。【咍韻】財，人所宝也。【霰韻】鈿，以宝飾器。

【支韻】椅，梓实桐皮。【文韻】蕡，草木多实也。【果韻】菓，木实。

這種成批出現的"俗字"書寫形式與元代刻板書籍頗爲一致，韻書如元代無名氏《文場備用禮部韻略》①、陰時夫《韻府群玉》②、嚴毅《詩學集海成押韻淵海》③等，《元典章》等書籍亦如此。④這是元代社會文字使用的一個普遍特徵，也是元刊本的一個重要特徵之一（趙體、簡俗字、無諱）。⑤因此，從簡俗字看，此書屬元代刻本無疑。"中華再造善本"鑒定爲元刻本可成定讞。至於元人爲什麼要翻刻朱朝《禮部韻略》注釋本，這又是另一個有待研究的話題。

然而，正因爲它刻錄了大批量的簡俗字，我們可以透視宋元時期漢字變化發展的情況，尤其是它折射了元代社會漢字使用方面的文化政策，這對于我們研究近代漢字簡化史有著重要的歷史參考價值。

---

① 此書有元統乙亥（1335）孟冬呂氏會文堂刊本，日本東京文庫藏本；至正壬辰（1352）一山書堂刊本，藏臺北圖書館。還有《魁本排字禮部韻略》，藏臺北故宮博物院。
② 此書有元統二年（1334）梅溪書院刻本，北京圖書館有藏本。
③ 此書有後至元六年（1340）蔡氏梅軒刊本，北京大學圖書館有藏本。
④ 此書今收入《續修四庫全書》史部第 787 冊。
⑤ 參見李致忠. 元代刻書述略［J］. 文獻，1981（4）:215-219.

《元朝秘史》與《蒙古字韻》研究

《元秘史》漢譯本時代與元代語言問題*

　　《元朝秘史》是 13 世紀一部重要的蒙語歷史文獻，作爲一部記錄蒙古氏族起源和成吉思汗創業的歷史，元朝政府把它翻譯成漢語教材，作爲學校生員學習蒙語的歷史教科書。它採用了漢字音譯原文然後用漢語翻譯段落大意的特殊形式，音譯漢字盡量採用表意方式，以便生員的學習理解。這都是爲了推行蒙語教育而達到統治天下的政治需要。其語言文字保持著元代特有的語言風格，是我們研究近代漢語官話的重要史料。本文從《秘史》漢譯本文獻編排體例出發，結合元初學校教育和元代漢語特點，分析《秘史》中一些特殊的音譯現象和總譯語言通俗口語化特點，論證《秘史》漢譯本的歷史時代，并對漢譯本明代翻譯說的錯誤進行了分析辯證，從而達到澄清是非和正本清源的目的。

　　然而，《秘史》是一部特殊的漢文歷史典籍，原有的畏兀兒蒙古文字不見，剩下的是漢字音譯本原文，而這個漢譯本是何時何人翻譯的？原文沒有留下明顯的標記性文字諸如序跋等。如果它是元代翻譯的，其語言屬性無疑是元代的，但是，如果它的翻譯時代是在明朝——今日很多研究者都是這樣認爲的，那麼，其語言性質的定性就會大打折扣。如果這一問題不能得到很好地解決，當我們引用《秘史》語料進行論證時，得出的結論就會受到嚴重影響。

---

* 本文原發表于周碧香主編《語言之旅》(竺家寧先生七軼壽慶論文集)，臺北五南圖書出版社公司，2015 年，后收入婁育、李超編《漢語史新視閾》，廈門大學出版社，2019 年。收入本書時，略有刪改。

然而，關於《秘史》的漢譯本時代，學界似乎已有定論，那就是明朝洪武年間所譯。因爲學界相信有歷史文獻學家王國維和陳垣的研究結論，這是權威大家。其後又有中外《秘史》專家的研究，一些語言學家也附和這一結論。懷疑權威，不僅要有探索真理的勇氣，更要有堅實的研究基礎。

誠然，這是一項艱深的研究課題，它牽涉諸多學科領域的知識，諸如歷史、文學、語言學以及相關版本文獻學等。爲篇幅所限，本文割愛捨去了《秘史》與元代脫必赤顏之間關係的辯證文字，而這些跟《秘史》漢譯本年代有著直接的關係，不得已只好保留與語言相關的內容。

下面，謹從漢譯本的編排特點談起。

一、《秘史》漢譯本編排特點與研究意義

（一）文獻介紹

《元朝秘史》是關於蒙古氏族起源及太祖成吉思汗和太宗斡歌歹（元史作窩闊台）歷史事跡的史傳文學作品，其所記載鐵木真祖系關係及其史實，多爲《元史》不載，明清以來史家非常重視，中外學者研究甚夥（見圖1）。

此書今人多稱爲《蒙古秘史》，原書卷首下題"忙^中豁侖·紐察·脫察安"，意爲"蒙古的秘密國史"。明清人一般叫"元朝秘史"，洪武十五年（1382）詔令編寫《華夷譯語》即稱《元秘史》。其成書年代，大致是在太宗庚子年（1240）前後，宋理宗嘉熙年間。

全書正集十卷，續集二卷，共十二卷，明《永樂大典》收入此書則分爲十五卷，分卷不同但正文內容一致。《秘史》版本有多種，比較通行的爲《四部叢刊》三編影印清嘉慶年間顧廣圻序校本，即十二卷本。現代學者多以此版本爲底本作文獻校勘，比較有影響的是額爾登泰、烏雲達賚《蒙古秘史》校勘本（1980）、烏蘭《元朝秘史》校勘本（2012）等。

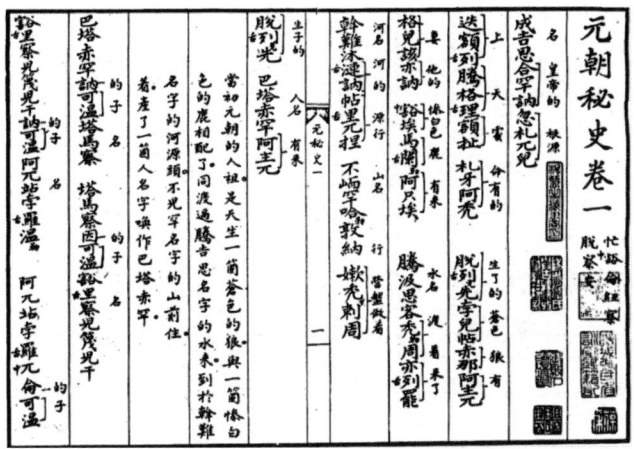

圖 1　《元朝秘史》圖影，四部叢刊本

（二）編排形式

研究《秘史》，必須熟悉其編排體例結構，因為它是一部比較特殊的漢文歷史文獻。原書畏兀兒蒙古文散佚，只剩下漢字音譯原文和漢語翻譯的原文段落大意，學界一般稱為"總譯"。其內容包括：漢字音譯原文，旁譯和總譯三部分。

旁譯是對蒙古語詞的漢語注釋，如"騰格理"注釋為"天"，"赤那"旁注為"狼"。旁譯不僅解釋詞義，還標出數、格、人稱、時態等語法形態。總譯是整個一段原文的綜合翻譯。漢譯原文及總譯共 282 個段落，一般稱之為"節"。"節"和"總譯"是清人萬光泰提出的兩個詞概念。下面以第一節為例（原豎寫今橫寫）：

```
            名      皇帝的       根源
         成吉思  ᴾ合罕訥  忽札兀兒。
            上      天      處    命有的   生了的   蒼色   狼   有
         迭額ᴾ列  騰格ᴾ理  額扯  札牙阿禿  脫ᴾ列ᴾ克先  勃兒帖  赤那  阿主兀。
            妻      他的    慘白色   鹿    有來   水名   渡着   來了
         格兒該  亦訥ᴾ  豁埃  馬ᴾ闌ᴾ勒  阿只埃。 騰汲思  客禿ᴾ勒周  亦ᴾ列罷。
```

071

| 河名 | 河的 | 源行 | 山名 | 行 | 營盤 | 做着 |

斡難沐_舌_　漣訥帖_舌_　里兀揑不_舌_　峏_中_　罕_中_　合_勒_敦納　嫩禿_黑_剌周

| 生了的 | | 人名 | | 有來 |

脫_舌_列_克_先　巴塔赤_中_罕　阿主兀。

【總譯】當初元朝的人祖，是天生一箇蒼色的狼，與一箇慘白色的鹿相配了。同渡過騰吉思名字的水來，到於斡難名字的河源頭不兒罕名字的山前住着，產了一箇人，名字喚作巴塔赤罕。

原文中"舌""中"爲左旁加字，表示原字的讀音要改讀爲 r- 和 q-，如"_舌_理"要讀爲 ri 而不是 li，"_中_豁"要讀爲 qo，翻譯時或可直接省略；"勒""克""黑"等爲下加字，表示該漢字音節的尾音，勒爲 -l，克爲 -k（或 g），黑爲 -q，除此以外，下加字還有"卜"和"思"等，因爲漢語沒有相應的漢字音節，只好作一些輔助性的文字標記。

研究《秘史》，原文、旁譯、總譯要結合起來，三位一體，不可或缺。總譯常常會省略一些信息，可以從原文中得到補充（舉例略）。旁譯的原文語義有時與漢語差異很大，這就需要總譯作連貫翻譯。熟悉這些，對於我們重新翻譯《秘史》和研究元代漢語詞彙有著非常重要的意義。

（三）研究意義

漢譯本《元朝秘史》對於語言學來說有著非常重要的意義。首先，通過音譯漢字，可以還原近代蒙古語的面貌，諸如語音、詞彙和形態變化等；通過與現代蒙古語的比較研究，可以看見八百年以來蒙古語的演變發展。另外，《秘史》中有大量的突厥語成分，藉此可以研究突厥語或整個阿爾泰語的歷史變化。[1] 國內外很多專家學者在這些方面做了大量的研究工作，包括畏兀兒文字復原以及蒙語和拉丁文的轉寫等。對漢語史的研究來說，通過音譯漢字的對音

---

[1] 參見額爾登泰，烏雲達賚.蒙古秘史詞彙選釋[M].呼和浩特：內蒙古人民出版社，1980.

關係，可以透視金元時期漢語語音的歷史變化；通過音譯漢字和總譯文字，可以研究近代漢語詞彙和句法特點等。而所有這一切語言現象，又與近代北方官話的歷史形成有著密切的關係，它是在民族融合的背景下，語言接觸和語言融合而形成的一種特有的語言現象。藉此可以研究語言接觸下的漢語歷史變化。

所以，研究漢譯本的時代非常重要，國內外對《秘史》語言的研究正方興未艾，但在漢譯本的時代屬性上仍從舊說，視其爲明初洪武年間產物，這就從觀念上束縛了《秘史》的漢語史研究。① 此如莊子所云：持方枘欲內圓鑿，其能入乎？

二、《秘史》漢譯本與明代《華夷譯語》之辯證

關於《秘史》漢譯本翻譯完成的年代，學界一般採用王國維和陳垣的觀點，認爲是在明朝洪武年間。1925 年王國維著《蒙文元朝秘史跋》一文，認爲《秘史》漢譯是在洪武二年修纂《元史》之時。1934 年，陳垣先生發表《元秘史譯音用字考》，通過版本與音譯漢字的研究，認爲其漢譯是在洪武二十二年《華夷譯語》編成之後。陳氏在該書最後一章《元秘史漢譯時代》中說："今以譯音用字及伯之改罷，兒之加舌，丁之改勒諸節觀之，則《元秘史》之譯，尚在《華夷譯語》後，何得有元時槧本？"二子之說，似乎都言之鑿鑿。②

因爲有兩位權威學者的研究，後人便翕然從之，鮮有懷疑者。當今很多《秘史》研究者，諸如道潤梯步、餘大鈞、額爾登泰、阿爾達扎布、烏蘭等著名學者都表述了這一看法。如烏蘭《元朝秘史》校勘本前言："將《元朝秘史》的完成限定在明初的洪武年間（1368—1398）是沒有問題的。"（第 10 頁）又曰："明初完成《元秘史》後，洪武年間已有刻本問世。"（第 18 頁）搖

---

① 例如，最近筆者在《歷史語言學研究》第二輯（2009）看到的一篇文章，曰《元白話特殊語言再研究》（作者曹廣順、陳丹丹），在介紹《秘史》翻譯年代時，也是將《秘史》看成作于明代翻譯完成的。其他一些研究者也把《秘史》和《華夷譯語》都看作明初蒙漢對音材料，如祖生利《元代直譯體文獻中的"麼道"》等（《民族語文》，2004 年第 4 期）。

② 關於《秘史》明朝翻譯說，清末和國外很多學者也有類似看法，因篇幅關係不能敘述。

擺之中實際上又否定了陳垣之說。

其實，無論是王國維還是陳垣之說，都有可疑之處。王國維從《元朝秘史》與元代脫必赤顏的關係出發，認爲在元代《秘史》還沒有漢譯，直到明洪武初年修撰《元史》時才有漢譯。然而疑問是，如果是出於編史的需要，何必將《秘史》採用音譯和旁譯的形式？只須採用漢譯就行了。我們知道，《秘史》原文是用畏兀兒體蒙語文字寫的，其成書是在1240年前後，下距洪武初近一百四十年，其時畏兀兒文早已廢棄，通行的是八思巴蒙古新字。按情理，明人當時所獲蒙文史料一定很多，明朝譯員何必捨近求遠而選擇一個年代久遠的畏吾體蒙語材料？而譯員對畏吾體文字不一定熟悉，且當時蒙古語音發生了很大的變化。然而細繹之下，可議之處尚不止於此，下舉數例略說之。

首先，陳氏言《秘史》翻譯在《華夷譯語》之後，而洪武十五年（1382）詔令編寫《華夷譯語》，其中明確提到要以《元秘史》爲參考。《明太祖實錄》云："復取《元秘史》參考，紐切其字，以諧其聲音。"這段實錄文字見載於明清時期很多著作，應當爲真實。① 如此，是先有《秘史》而後有《華夷譯語》。

其次，王氏陳氏皆言《秘史》行文例式與《華夷譯語》後半部分詔令來書同，即漢譯原文加旁注，不同者是《秘史》每節有總譯，《譯語》則每句有句譯，但仔細對照就會發現，句譯語體風格與《秘史》總譯迥異。《譯語》句譯爲具有文言色彩的書面語，而《秘史》則爲大白話的口語形式。如第一篇《詔阿札失里》，如果將其句譯文字連貫就是：

> 天之所載，地之所載，生民之多，莫知幾何。然天能知，地能知，以其擅禍福於人。人於天地之間，無敢有不敬天者，以其災禍之有驗也。天之道，福善禍淫，始古至今，人民之多，凡爲君者，天必擇人以主之。②

---

① 諸如明章潢《圖書編》卷五十，明黃佐《殿閣詞林記》卷十八及《翰林記》卷十四，清孫承澤《春明夢餘錄》卷五十二，顧炎武《日知錄》和鄭曉《今言》等均有記載。
② 《華夷譯語》有多種版本，較好的本子有《涵芬楼秘笈》所載洪武本，臺灣商務印書館股份有限公司影印本，另有《續修四庫全書》收錄的清鈔本。

在《秘史》中，絕對看不到這種"之乎者也"文縐縐的句子。

第三，從詞語對音看，《譯語》不如《秘史》準確精細，差異弘多。其最明顯處是《秘史》音譯字注意表意成分，而《譯語》則無；《譯語》旁加有"丁"字表音，而《秘史》無。對此，巴雅爾教授曾做過詳細的比較分析，[①] 如果兩書出自同一個編譯班子，決不會出現如此差異，無論是"前後"翻譯說還是"同時"翻譯說，都難以自圓其說。

從《華夷譯語》編排內容看，上冊詞語部分參考了《至元譯語》，下冊詔令來文則參考了《秘史》行文方式，包括一些音譯和詞語旁譯。兩者之間的關係，是《秘史》在前而《華夷譯語》在後，《譯語》參考了《秘史》，而非《秘史》參考了《譯語》。我們應當從歷史深處探討《秘史》音譯爲漢語的原因及其目的，只有從觀念上跳出現有學說的窠臼，我們的研究才會真正有所進展，任何迴護曲說都無助於問題的解決。

三、《秘史》漢譯本與元代學校教育之關係

《秘史》漢譯本的年代，按照我們的研究，應該是在元初忽必烈至元八年（1271）正式建國號爲大元之後，而不應該是在明初洪武年間。其之所以要翻譯成漢語，完全是出於元朝政府在學校教育中推廣八思巴蒙古新字和蒙語教學的需要。

此時的歷史背景是，忽必烈即位之初就委託帝師八思巴制定八思巴蒙古新字，經過十年的磨合試驗，終於在至元六年（1269）頒行。爲推行蒙古新字和蒙古語，同年秋七月詔令諸路設置蒙古字學和國子監學。既然要設立學校，就必須編撰相應的教科書。於是編撰了《蒙古字韻》和《至元譯語》等，[②] 又

---

① 詳見巴雅爾．关于《蒙古秘史》的作者和译者[J]．内蒙古师院学报，1978（1）:23-41．按《秘史》漢譯，巴雅爾認爲是元仁宗時察罕所譯，但又認爲第二次翻譯是在洪武年間，前後矛盾，頗爲騎墻。
②《至元譯語》，又名《蒙古譯語》，見於宋末元初陳元靚《事林廣記》所載。此二書當爲官方或國子監教授所編，因爲私家著述是不敢標題"至元"或"蒙古"字樣的。

以蒙語翻譯《通鑒節要》和《百家姓》，俟生員學習。《蒙古字韻》是蒙漢音譯的標準韻書，這些從當時八思巴碑刻文字的蒙漢互譯中可以看出來，《至元譯語》和《百家姓》是詞語學習，僅爲輔助性教材。光有這些還是不夠的，還必須有"言語"教育，使學生學會語言表達和具備語言寫作的能力，因此就必須編寫語言習得的教材，正和現代中學和大學的語文課本，要選編一定數量的文學和歷史文本一樣。

在這些方面，朝廷做了兩項重要的工作，一是至元八年（1271）用蒙語翻譯了漢字本《通鑒節要》，① 二是將蒙語《秘史》翻譯成漢語。《元史》卷八十一《選舉志·學校》："以《通鑑節要》用蒙古語言譯寫教之，俟生員習學成效，出題試問，觀其所對精通者，量授官職。"② 並頒行各路俾肄習之。而《秘史》的漢語翻譯必在此時，并作爲歷史課本教習蒙漢生員。因爲《通鑒節要》只是漢族人的歷史，而蒙古人并沒有自己的歷史課本，在這種情況下才有可能翻譯《秘史》。《秘史》漢譯有兩大意義，一是傳承歷史，《通鑒》敘事僅止於唐五代，而《秘史》所敘成吉思汗祖先是從遠祖勃兒帖·赤那和豁埃·馬闌勒開始的，其時大致在晚唐時期，這就從道統上續接起來了。因此，《秘史》翻譯不僅可以讓蒙漢生員了解蒙古歷史，更能顯示忽必烈王朝一統的政治雄心。③ 其次是語言習得，《秘史》是用地道的蒙語寫作，其句法結構和形態變化都原汁原味，便於學習模仿。另外，《秘史》語言生動活潑，既有書面語言又有口頭語言，除了歷史故事敘述語言，還有詩歌韻文和大量的文學語言描寫。這些不同於《通鑒》語言，《通鑒》都是枯燥的歷史敘述，語言刻板，缺乏生動的文學描寫。

爲了使漢人（包括色目人诸如归降的契丹人、女真人、西夏人等）生員易於理解和掌握蒙語，編輯翻譯人員在音譯漢字上下了功夫。原文音譯漢字特別注意形旁字的表意使用，如山之字用山旁（岍），水之字用水旁（汲），

---

① 《通鑑節要》五十卷，宋政和中江贊編，是書取司馬光《資治通鑑》刪存大要，首尾賅貫。此書在後來很有影響，明時與《貞觀政要》一起成爲皇帝日講官必讀書目。
② 中華書局標點本第 2027 頁，1983 年。下引文同，標點本 2029 頁。
③ 忽必烈即位之初，設立翰林國史院，編寫遼金史和國史，已顯示其政治雄心。

衣之字用衣旁糸旁（経衲），馬之字用馬旁（驛），行走則迡步，說話則嗚詁列論等，都是從教學需要出發。後來的《華夷譯語》是純粹的音譯字，主要是因爲二者的用途目的不一樣。《譯語》編撰目的是讓使臣能聽說蒙古話，所謂"使臣往來朔漠，皆得其情"，所以只要"音譯"即可。而《秘史》不一樣，它是學校課本，且篇幅巨大，因此，採用表意性的音譯漢字，有助於學生的理解和記憶。

由於是課本，《秘史》不可能完全採用漢語句譯的形式，而只能採用漢字音譯原文加旁注的形式，最後配上整個段落大意的翻譯，所用語言也都是當時的口語。

所以，《秘史》翻譯是官方行爲，它集中了一批優秀的漢語和蒙語學者，這充分表現在漢字音譯上。今本《秘史》音譯原文與總譯文字有時不相一致，可能是先後兩個編撰班子所爲，如第一節原文騰汲思水，總譯作騰吉思水；原文不峏罕山，總譯作不兒罕山。蓋原文音譯在前，總譯在後，終元時又經過多次刊刻，其中會有所修改潤色。

需要說明的是，元代學校教育除了學習蒙語以外，更多的是漢語傳統經學課程。《元史·選舉志》學校條："凡讀書必先《孝經》《小學》《論語》《孟子》《大學》《中庸》，次及《詩》《書》《禮記》《周禮》《春秋》《易》。"除此以外，還有對屬、詩章、經解、史評等內容。至於《百家姓》《至元譯語》《蒙古秘史》和《通鑒節要》等，應屬於初中級階段的蒙語學習書籍，而高級階段則爲研習儒家經典四書五經等。①

四、《秘史》漢譯本語言風格與元代漢語之比較

《秘史》語言風格可以從音譯漢字原文、旁譯和總譯文字的角度去觀察。音譯原文表現的是蒙漢對音關係，從中可以考察金元時期漢語語音的特點。

---

① 元人稱此三個階段爲"三齋"，每齋有左右二齋。各齋學習要求不一樣。凡誦書講說、小學屬對屬下齋，講說四書、課肄詩律者爲中齋，講說易、詩、書、春秋科，習明經義等程文者爲上齋。

還可以旁譯觀察元代漢語詞彙，從總譯觀察元代漢語風貌。

（一）音韻觀察

根據《蒙古字韻》和《中原音韻》音系特點，金元時期北方官話系統中入聲已經舒化，這些在《秘史》音譯漢字中也是有反映，例如一些標記"惕""克""卜"等音節輔音，本可與前一音節合用一個入聲字對音，因爲古漢語入聲是以 –t、–k 和 –p 清輔音結尾的。如下列詞語（括號裡是旁譯）：

（1）捏兀^舌里_惕（里程） neürid, 第 4 節；①

（2）統格黎_克（水名） tünggelig, 第 5 節；

（3）兀窟_克先（死了的） ükügsen, 第 189 節；

（4）巴_黑塔_惕（種名） baqtad, 第 260 節；

（5）^中忽_卜赤^舌里（科斂） hubčiri, 第 177 節；

（6）勺_卜失耶周（道是着） jöbšiyejü, 第 191 節。

如果考慮入聲的話，例（2）lig 完全可以用一個"歷"字或"櫟"對譯，例（3）üküg，對譯漢字卻用了"兀窟_克"三字，而"兀窟"皆爲入聲字，兀《廣韻》沒韻五忽切，尾音爲 –t，窟苦骨切，亦收音 –t，如果當時有入聲的話，前二字不必用入聲字"兀窟"，改用"烏枯"就行了；或者是 kug 用一個入聲字"酷"或"梏"（古沃切）字對音即可。正因爲北方官話中入聲韻的消失，在音譯漢字上就顯得相當靈活，所以，用"兀窟"二字對音就是很自然的事情。根據《蒙古字韻》及八思巴字對音，"兀窟"二字皆在五魚部，其韻尾沒有輔音標記，在聲調上與平上去三聲構成四聲相承關係。窟之平聲爲枯，八思巴蒙古字爲ꡁ；兀之平聲爲吾，八思巴字母爲ꡦ，其上一橫代表零聲母。又"兀"字聲母中古音爲疑母字，屬於牙喉音次濁聲母 ŋ–，但在《蒙古字韻》中聲母脫落，變成零聲母，因此，"兀"才可以與 ü 對音，而且詞頻非常高。《秘史》中與 ü 或 u 對音的漢字還有"嗚屼矻吾浯"等，由此我們可以看出"兀"

---

① 以下拉丁文轉寫參考了阿爾達扎布.新譯集注《蒙古秘史》[M].呼和浩特：內蒙古大學出版社，2005。

的語音性質。這絕不是個別例子,在整個語音系統上,在被用作標音的 550 多個漢字中,①其表現出來的聲韻特點,適與當時《蒙古字韻》和《中原音韻》語音系統吻合。可以說,《秘史》漢字標音完全反映了蒙元時期漢語的聲韻特點。

或詰之曰:《華夷譯語》音譯也有這個特點,但我們別忘了,是《譯語》沿用了《秘史》音譯,亦如洪武詔令所言:"復取《元秘史》參考,紐切其字,以諧其聲音。"

從《秘史》對音字看,全濁聲母字已經清化,塞音中只剩下送氣與不送氣的對立,擦音則合併爲一個聲位(如曉匣),大部分疑母與影喻合流演變爲零聲母(這可能與阿爾泰語系 ŋ 不做詞首輔音有關),舌尖顫音聲母 r- 還沒有產生,否則來母字或日母字旁邊就不會旁注"舌"字。韻母方面,從下加字"勒""克""卜"等看,入聲韻已經消失,但其聲調特征還保留著,否則《蒙古字韻》一個音節裡面就不會有平上去入四聲相承的格局。閉口韻 -m 韻尾還保留著,《秘史》中"南""藍""林"等字對應的還是收 -m 尾的音。這些是近代北方官話語系的聲韻特點。

(二)語言觀察

從總譯文字看,其"直譯"體風格充分表現了元代官方"公文式"漢語特點,如《元典章》《秘書監志》和《廟學典禮》中的詔令、臣僚奏章以及侍讀講義等(舉例略)②。其中一些特殊的語言現象及其詞語,充分體現了元代白話特點,因此有學者認爲,"《秘史》總譯的語言屬於元代早期的北方漢語白話"(餘志鴻 2004)。

元代官話有一些明顯的"標記"詞,如"勾當""行""每""來"

---

① 或以爲 563 個漢字,額爾登泰和阿爾達扎布等在他們著作的前言裡均有此說。
② 《元史》本紀泰定帝即位詔令、吳澄《吳文正集》卷九十《經筵講議》等都是這方面的例子。按理來說,吳澄漢人,說話寫文章不會用那種蒙古式漢語,但因爲要面對蒙古皇帝或國子監生員講授經史,只能採用當時通俗的口語形式,否則對方難以理解。《元史·耶律楚材傳》,太宗詔令儒臣"直釋九經,進講東官",這種"直釋"進講的語體風格可想而知。如果比較宋元"講義",其書面語與口語風格涇渭分明。可見元代口語的形成與蒙古人漢語習得有著直接的關係。

"有""呵""麼道""根底""上頭"等，有些詞語雖然在唐宋時就已出現（如勾當、行、每等），但使用頻率不及元代。與此相聯繫的還有一些特殊的句法現象，如"有""來"做時態標記詞置於句末等，《秘史》總譯也如此。如：

（1）同渡過騰吉思名字的水來。（§1）
（2）若是不曾嫁人呵，索與弟朵奔篾兒干做妻。（§6）
（3）孛端察兒因無喫的上頭（§26）
（4）德薛禪說：你這兒子眼明面光有。（§62）
（5）拿住的人脫走了麼道。（§82）
（6）說道：這車裏有甚麼人？豁阿臣老婦人回說載着羊毛有。（§101）
（7）王罕、札木合兩箇根底帖木真知感着說。（§113）

這種特殊的句法或受當時蒙古語的影響，蒙古人在接受漢語時往往帶進自己母語的特徵，從而形成元代所特有的語言現象，人們把它歸結爲語言接觸與語言融合的產物。這些在《元典章》等詔誥文字中顯得尤爲突出。下面不妨比較例（6）《秘史》原文：

```
    這     車     内    甚麼     載    着    有    說了
  額揑   帖兒堅  朵脫⁽⁾  刺      牙溫  帖額周 阿木  客額罷。
    名    老婦人   說            毛    載着   有    說了
  ⁽⁾豁阿⁽⁾臣 額篾堅 嗚詰列⁽⁾論    翁⁽⁾合孫 帖額周 阿木  客額畢。
```

可以看出，例（6）總譯對句明顯受原文影響：載着羊毛有。但這種"有"字并不完全表示存在，而只爲說明一種存在的狀態，因此語法學家一般把它看作一種句末語助詞或時態標記，因爲前面還有動詞"載着"。只有元代漢語才具有這種特點。

例（3）"上頭"、例（7）"根底"，原文旁譯并無此二詞，是總譯根據原文句意而添加的。"上頭"是表示原因，"根底"是向王罕、札木合兩箇說。

如果從詞彙看，《秘史》存在大量的口語詞，諸如代詞類"每、您、咱、俺"等。有意思的是，表示複數意義"我們"的192次蒙語原文中，旁譯詞用的都是"咱每"或"俺每"，沒有一例用"們"或"門"字。此外，時態助詞"着"和助詞"的"在《秘史》旁譯和總譯中大量使用，也是元代漢語的一個普遍特點。①

五、結語

《秘史》漢譯本是元代國子監學校的教科書。其聲韻與《蒙古字韻》《中原音韻》大致吻合，而其語言風格與元代白話尤其是"公文式"直譯語言具有一致性，屬於元代漢語無疑。所以從當時歷史背景和語言比較上看，《秘史》漢譯本元代說更具說服力。

一些學者努力從《華夷譯語》與《秘史》的關係中，推尋《秘史》的翻譯年代也在明代，然而，它們漢譯目的及其漢譯風格迥異，甚至在句法和形態方面都有很大的差異。把兩個不同時代的東西硬湊合在一起，將會永遠陷入顧彼失此而又自相矛盾的境地。試想，如果是明代翻譯，怎能悉數保留元代初期語言特點？因此，無論是從兩書翻譯目的，還是從音譯形式和篇幅等考慮，《秘史》明代翻譯說都難以成立。

順此我們將萬光泰的研究做個簡略介紹。

早在260年以前，清代學者萬光泰就開始了對《元朝秘史》的研究。乾隆十三年（1748），他接觸到了十二卷本的《元朝秘史》，然後著手進行研究，他是清代最早研究《秘史》的學者。他發現《秘史》所記載的成吉思汗祖先世系有些不在《元史》中，而且太祖鐵木真和太宗斡歌歹的事跡與《元史》

---

① 注意《秘史》中不用繁體"著"，旁譯中無有一例用"著"字，它本或用著字者皆爲後人鈔改。按助詞"的"字，宋代用"底"，元代則用"的"。《秘史》總譯用"的"凡1088次，無用"底"字，旁譯僅用兩次"底"。這可以從音韻上得到解釋，"的"本入聲字，但金元時入聲消失，《蒙古字韻》四支部"低底帝的"四聲一貫，《中原音韻》齊微部"的"入聲作上聲。故"的"可以代替"底"字，《秘史》可爲標誌點。

也多有出入。他充分認識到這部書的史料價值，先是參考總譯部分縮寫了這部書，略去了那些"荒誕"傳說和"委瑣"之詞，以及大段的人物對話等細節描寫，將其命名曰《元秘史略》，然後訂正了陶宗儀《輟耕錄》元宗室世系表，作《元氏譜》一篇，又著《校正輟耕錄大元宗室世系》一卷。應該說，這是一項非常有意義的蒙古史研究。

其中頗有價值的是那篇序言，在序言里他提出了"節"和"總譯"這些概念，提出了成述和翻譯時代是在元仁宗時期，并討論了《華夷譯語》與《秘史》的關係，都是很有學術價值的舉措。

除史學研究外，萬光泰所做的一項重要研究工作，就是對《秘史》音譯漢字的研究，著《蒙古字括》一卷，從音譯用字上探討元代語音情況以及音譯漢字的特點。其內容有三。一是音圖部分，也就是將音譯漢字按同音關係做成一個聲韻交叉的音節表。二是對音節表的說明文字，其重要發現是音譯漢字表意性特點，如言"沐漣因水加""屼岶因山加"等。這項研究發現遠遠走在陳垣先生的前面。第三項內容是蒙漢聲韻對照表。

遺憾的是，萬光泰的這些研究世人知之甚少，一些研究者在介紹《秘史》源流時，或懵然不知，或一筆帶過，或評論偏失。凡此種種不敘。

萬光泰《蒙古字括》與《元朝秘史》音韻研究[*]

　　《蒙古字括》一卷，萬光泰著，稿本，今藏南京圖書館。本書是萬光泰對《元朝秘史》漢字音譯的研究，附録于《元秘史略》之后。《元秘史略》是對《元朝秘史》的改編和縮寫（内容詳後）。萬光泰對《元朝秘史》的研究，就集中在這兩部書稿中。《元朝秘史》（今名《蒙古秘史》），無名氏著，該書以編年的形式，記述了蒙古族的起源和成吉思汗、窩闊臺汗時期的歷史故事及相關傳説，它是研究蒙古氏族早期歷史、文學、語言及社會風俗等的第一手文獻資料。具體成書年代不詳，學術界一般傾向性認爲該書完成于太宗十二年的庚子年（1240），因其書之末（第 282 節）有鼠兒年七月于客魯漣河寫畢的語句。[①]

　　《秘史》是一部比較特殊的漢文歷史文獻。原書用畏兀兒蒙古文字寫成，后蒙古文散佚，只剩下漢字音譯原文和漢語翻譯的原文段落大意。其行文方式包括：漢字音譯原文，旁譯和總譯三部分。旁譯是對蒙古語詞的漢語注釋，如"騰格理"注釋爲"天"，"赤那"旁注爲"狼"。總譯是整個一段原文的綜合翻譯。漢譯原文及總譯共 282 個段落，一般稱爲"節"。"節"和"總譯"就是萬光泰提出的兩個段落詞概念[②]。

---

[*] 本文原載於《民俗典籍文字研究》2017 年第 20 輯，收入本書時，略有刪改。
[①] 鼠兒年在太宗時期有二：戊子年（1228）和庚子年（1240），如果下推一個子年，則爲憲宗二年的壬子年（1252）。根據《秘史》記録的史實及太宗駕崩後的蒙元歷史，一般認爲庚子年較穩妥。清代藏書家鮑廷博先有此説，他在《秘史》十五卷抄本最後一節的眉批上曰："太宗十二年庚子。"
[②] 見於萬氏《元秘史略序》，序曰："文用蒙古語一行，譯語一行，每節次後，又用總譯一段連貫其語，每行當別有蒙古字，今不存矣。"

《秘史》漢譯時代,學界一般認爲是在明朝洪武年間,王國維和陳垣均有此說①。根據本人研究,其漢字翻譯應當是於元初忽必烈至元間完成的,是元朝政府爲推行學校教育和推廣八思巴蒙古新字,因蒙語教學的需要而加以翻譯的。②

漢譯本《元朝秘史》對于語言研究來說有著非常重要的意義。首先,通過音譯漢字,可以還原近代蒙古語的面貌,諸如語音、詞匯和形態變化等,從中可窺見近八百年以來蒙古語的演變發展;此外,通過音譯漢字的對音關係,可以透視金元時期漢語語音的歷史變化;通過音譯漢字和總譯文字,可以研究近代漢語詞匯和句法特點等。而對其進行音韻研究的首先就是萬光泰的《蒙古字括》。

一、萬光泰《元秘史略》的研究內容

下面有必要介紹萬光泰《元秘史略》的研究內容,因爲它是萬光泰寫作《蒙古字括》的歷史背景。萬光泰先完成了《元秘史略》,之后才開始本書的研究。

《元朝秘史》是一部非常重要的歷史著作,所記蒙古氏族世系以及太祖成吉思汗的歷史事跡,多爲《元史》不載,明清以來史家非常重視,明代人在著作中經常引述《秘史》資料,但真正的研究是從清代乾隆年間開始的。明代最早引用《秘史》者是寧王朱權的《通鑒博論》,此書著成于洪武二十九年(1396),書中引述了元朝人祖先是蒼色狼與慘白色鹿相配而來的神話傳說③。其后李賢《大明一統志》和凌迪知《萬姓同譜》以及王圻《三才圖會》等都有相關內容轉述。此三種歷史文獻爲學界所熟知。此外,有瞿九思《萬曆武功錄》和峨岷山人《譯語》等,瞿書引錄較爲詳賅,見于其書卷七《中三

---

① 參見王國維《蒙文元朝秘史跋》(1925)和陳垣《元秘史譯音用字考》(1934)。
② 參閱張民權.《元秘史》漢譯本時代與元代語言問題 [M] // 婁育,李超,儲小旵. 漢語史新視閾. 廈門:廈門大學出版社,2015:288-299.
③ 見《四庫全書存目叢書》史部第281冊,第144頁。

邊·俺答列傳上》①。清朝研究《秘史》者當首推萬光泰和錢大昕②。錢大昕利用《秘史》資料對《元史》進行了整理和研究，見於《廿二史考異》和《元史氏族表》等。此二書均著作于乾隆四十年（1775）前后（著成時間是乾隆四十五年，1780）。錢大昕還寫了那篇著名的《跋元秘史》。估計錢大昕接觸《秘史》的時間是在乾隆三十四年（1769）之后。這一年，錢氏入直上書房，授皇十二子書，有條件接觸《元朝秘史》。萬光泰接觸《秘史》的時間早于錢大昕。大致在乾隆十二年（1747），萬光泰于天津水西莊查爲仁處得到十二卷本《元朝秘史》，并于第二年五月著成《元秘史略》，爾后著成《蒙古字括》。所以萬光泰研究《元朝秘史》至少比錢大昕要早二十年。萬光泰研究《元朝秘史》具有堅實的歷史學基礎，其史學研究以歷史上少數民族姓氏源流爲長，在此之前曾寫過《魏氏補證》六卷和《元氏略》三卷，此外有《姓苑拾遺》等。錢大昕曾爲其中的《元氏略》寫過跋文。錢氏還著有《元史氏族表》，其卷首成吉思汗先世的敘述手法與《元秘史略》基本相同。

自萬光泰、錢大昕以後，對《秘史》的研究進入"傳抄"整理時代，不再有類似萬錢二子的實質性研究。人們的興趣主要是在古籍整理與校勘上，如嘉慶年間鮑廷博《永樂大典》十五卷本的整理校勘，顧廣圻《秘史》十二卷本的整理校勘（二書校勘均完成于嘉慶十年乙丑，1805），又道光二十一年（1841），張穆從《永樂大典》中抄錄《秘史》總譯部分等。在沉寂了

---

① 該書曰："按元之先，蒼色狼與慘白鹿配，度騰吉思水，至乾灘（斡難）河源不兒罕山，生巴塔赤罕。巴塔赤罕生塔馬察，至十二世曰孛端察兒，始大。先是，（曰）孛端察兒之母阿蘭果火，寡居，夜寢，有明光照腹，果生（曰）孛端察兒。（曰）孛端察兒生也速亥，也速亥生鐵木真，以孛兒赤斤爲姓。"（《續修四庫全書·史部》第 435 冊）按上段文字孛端察兒名字衍增一曰字，當爲上文"曰"字誤寫。峨岷山人《譯語》載《叢書集成新編》第 90 冊。《譯語》之文引於白·特木爾巴根. 明代史乘著錄《元朝秘史》考略［J］. 內蒙古師師範大學學報：哲學社會科學版，1990（3）:56-63.

② 乾隆年間，有博明者在著作《西齋偶得》中多次引用《秘史》材料，說明史書訛誤。又在《蒙古世系譜》卷端案語中引用，但缺乏一個系統的研究，只是一個筆記摘錄，類似於明人引述，還談不上真正的研究。參見白·特木爾巴根《〈元朝秘史〉十五卷本第一卷校異》，《內蒙古師大學報》1987 年第 3 期、第 4 期。據白文，博明《西齋偶得》著成於乾隆三十七年（1772），博明卒於乾隆五十一年（1786）。

一百多年以後，直到光緒末（以1900年爲界）才先後有李文田、洪鈞、丁謙、施世杰、高寶銓等人的研究著作問世。這些作者憑借他們豐厚的歷史地理知識，對《秘史》人物歷史事件和山川地理位置等都有廣博的考證，并且運用音韻、文字、訓詁、知識就其中漢字對音問題有所辯證。尤其是洪鈞著作《元史譯文證補》三十卷（其中多有散佚），充分利用域外歷史著作如拉施特《史集》、多桑《蒙古史》等"西域史書"，補證《元朝秘史》事實或糾正宋濂《元史》的疏漏，使人們的眼界大爲開闊。正如時人楊敏曾所言："近洪文卿侍郎搜獲西史，厥有《元史譯文證補》之作，好學之士見所未見，莫不稱善。"① 從此《秘史》進入全面研究的時代，不僅在中國，而且在外國，都成爲一個專門的研究領域："秘史學"。而萬光泰和錢大昕的研究具有開拓性的意義。

萬光泰充分認識到《元朝秘史》的歷史價值，他發現《元史》記錄的歷史事實與此書"同異弘多"，于是根據《秘史》重新整理了元朝世祖譜系，作《元氏譜》一篇，又著作《元秘史略》二卷，重新編排了《元朝秘史》。他把《秘史》分成兩部分：上卷是蒙古氏族世系及太祖成吉思汗的歷史事跡，相當于《元史》中的《太祖本紀》；下卷是一些重要歷史人物的傳紀，諸如王罕、札木合和鎖兒罕失剌等十二人的故事，這些人物在《元史》中均無傳紀，本紀中亦鮮見提及。如王罕、札木合與成吉思汗部族的壯大和發展有著密切的關系，他們散記在《秘史》各個章節里；又太祖年輕時被泰亦赤兀部人捉拿，得鎖兒罕失剌一家人救助才幸免于難，而鎖兒罕失剌的兩個兒子沈白、赤老溫后來跟隨太祖南征北戰，屢立奇功。這些內容均不見於《元史》記載，對此，錢大昕在《元秘史跋》一文中極力訐病之。萬光泰將這些散見于《秘史》的人物故事加以剪裁，組成一個個相對集中的傳紀故事，彌補了《元史》編排上的不足。所以，萬光泰的《元秘史略》并不是現代某些學者所認爲的，僅僅是對《秘史》總譯部分的摘抄而已（洪業語），這種偏見很容易導致一部

---

① 見楊敏曾《丁謙元秘史地理考證序》，《叢書集成三編》第80冊。

重要歷史著作被埋沒①。后來一些歷史學者在重新編寫《元史》時，就爲赤老溫等高祖時人物補寫了傳紀，諸如魏源和柯劭忞的《新元史》等。這是萬光泰《元秘史略》在元史研究上的導夫先路。

將《秘史》內容重新編排爲本紀和傳紀兩部分，應該說是萬光泰對《秘史》研究的一個大膽嘗試。此外，萬光泰還表現了其良好的歷史觀，《元秘史略》一開始就說："元氏之先居斡難河不兒罕山，始祖曰巴塔赤罕。"而直接將關于蒼狼與慘白色鹿相配的"荒誕"之說摒棄了。《元史》將孛端察兒定爲元朝人祖先，不知其上十一代還有巴塔赤罕。從清代學術史的意義來說，是萬光泰第一次揭示了這個歷史事實。又如《秘史》如實記載了孛端察兒母親阿蘭豁阿寡居與家奴生下三個孩子事情，《元史》將此事寫成夢白光自天窗中入而與之神遇，遂有娠而生孛端察兒云云，這是正史"爲尊者諱"的慣常手法。錢大昕也是如此，《元史氏族表》卷一："阿蘭豁阿寡居夢與神遇而有娠，復生三子。"又在《廿二史考異》再次強調這點，卷八十六《太祖紀》引元代陳桱《通鑒續編》："天后阿蘭寡居，一乳三子。"然后按曰："帝王之興，必有殊遇，一乳三子之說，宜若可信。"這本是"荒誕者"說，萬光泰沒有采信，而是直接寫成："朵奔卒，阿蘭豁阿又生三子。"

在此基礎上，萬光泰利用《秘史》材料，著《元氏譜》一卷和《校正輟耕錄大元宗室世系》一卷，附錄于《元秘史略》之後，訂正了元人陶宗儀《輟耕錄》所排列的元宗室世系表中的錯誤。例如萬光泰指出："《秘史》第三世把林·失亦剌禿·合必赤（孛端察兒的兒子，第43節），本一人，茲（按指《輟耕錄》）作二人，誤。"②按《輟耕錄》作"八林昔黑剌"和"禿哈必畜"。

---

① 洪業《〈蒙古秘史〉源流考》曰："楊復吉於乾隆五十二年（1787）將萬光泰的《元秘史略》視爲文化珍品。他在鮑廷博藏書中見得此書的手抄本，復抄一部，并以爲值得刊刻。然此書無價值可言，因此本僅爲《元朝秘史》總譯的任意選摘，注意詞藻潤飾而忽略編年安排。"後來一些學者亦附和其說，如甄金《〈蒙古秘史〉源流研究概述》（《蒙古史研究》第二輯，1986年），烏蘭《〈元朝秘史〉文獻學研究史概述》（《蒙古史研究》第十一輯，2013年）。如烏蘭襲用甄金言曰："萬光泰利用十二卷本的總譯部分，於1748年（清乾隆十三年）改編完成了《元秘史略》。"此言又見於其《元朝秘史》校勘本前言第28頁。
② 萬光泰《校正輟耕錄大元宗室世系》，稿本。

諸如此類的錯誤，萬光泰均有訂正。應該說，這是一項非常有意義的蒙古史研究。

《元秘史略》最大的不足是過于簡略，文學性不強，它刪掉了《秘史》中大量的情節故事，語言質而不文，缺乏必要的細節描寫和人物對話，從而降低了它的可讀性。盡管如此，它的史學價值還是不可低估的。正因如此，此書稿先是被著名藏書家鮑廷博收藏于知不足齋珍藏寫本中，其后乾隆五十二年丁未（1787），楊復吉又將其借出抄錄，收入《昭代叢書》戊集中。跋曰："閱竟。亟錄之以廣見聞。"可見楊氏對此書之推崇。而鮑廷博與黃丕烈、金德輿、錢大昕等均爲好友，曾收藏十二卷本和十五卷本鈔本《元朝秘史》。錢大昕當年研究《秘史》或利用的就是鮑氏收藏本，并且有可能參閱過萬光泰的研究著作。何以見得？錢大昕曾就萬氏《元氏略》寫過跋文[①]。既然《元秘史略》爲鮑氏所藏，錢大昕豈有不聞不見之理？

然而，在清代學術史上，從錢大昕到清末爲止，盡管許多學者對《元朝秘史》進行了深入的研究，但主要是集中在對《元史》的補苴以及相關歷史地理的考證上，還沒有從語言學上進行研究，盡管書中對《秘史》對音字有所解釋，但沒有形成專門的研究著作。而專門從語言上研究《秘史》的是萬光泰，堪稱清代學術史上第一人。

二、萬光泰《蒙古字括》之主要內容

爲世人所不知曉的是，萬光泰在語言學上卓有成就，尤其是在音韻學的研究上。他曾經寫過一系列的研究著作，《古韻原本》《九經韻證》《經韻餘論》《古音表考正》《經韻諧聲》《四聲譜考略》等。這些書稿一直塵封土埋不爲世人所知曉，直到最近幾年被筆者發現和整理研究后，人們才知道清代歷

---

① 見《潛研堂文集》卷二十八題跋二。按《元氏略》寫於乾隆十三年前，未能使用《元朝秘史》材料，有些不足之處爲錢大昕所指摘。但《元秘史略》等書訂正了些不足。

史上還有這樣一位卓越的音韻學家。他的卓越貢獻是在古韻十九部的發明以及研究方法的改進，如同聲必同部的研究以及《詩經》用韻與《說文》諧聲互相求證的方法，古韻分部如支脂之三分、真文元三分、魚侯分立、幽宵分立等，這些研究成果遠遠走在乾嘉學者江永、段玉裁、王念孫和江有誥等人的前面。

就《秘史》而言，除史學研究外，萬光泰所做的一項重要研究工作，就是對《秘史》音譯漢字的研究，著《蒙古字括》一卷，從音譯用字上探討元代語音情況以及音譯漢字的特點。其內容包括四大部分。

一是音圖部分，也就是將音譯漢字按同音關係做成一個聲韻交叉的音節表。二是對音節表的說明文字，其內容有二：一是說明音圖列字與《秘史》音譯用字在漢語聲韻上的分布狀態，如音圖中脣音滂母字和精組塞擦音字不見《秘史》用字等；二是總結某個聲位上同音字的聚合關係，如言"爲外又有危畏委""列外又有洌劣"等。三是對《秘史》音譯用字特點的總結，包括《秘史》通用諸字和《秘史》因加諸字兩項內容。其重要發現是音譯漢字表意性特點，其中如言"沐漣因水加""屼峏因山加"等。這項研究比陳垣《元秘史譯音用字考》（1933）至少要早180餘年。第四項內容是蒙語與漢字的聲韻對照表。如圖1所示：

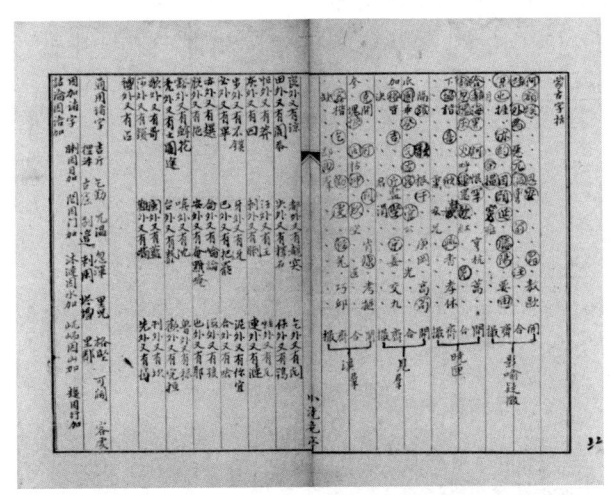

圖1　萬光泰《蒙古字括》音圖和對譯用字說明部分，手寫本

音圖是《蒙古字括》的主體部分，其餘都是它的附屬。由于《蒙古字括》主要是研究漢語音韻問題，因此，很多《秘史》研究者并不理解其精蘊之處，在介詔萬光泰《元秘史略》時鮮有提及者。在音圖中，萬光泰將《秘史》520餘個的音譯字①，按照同音關係做成一個聲韻配合音節圖，類似宋元以來的等韻圖，在一個平面上展現蒙元時代漢語聲韻關係。例如《秘史》蒙語 u、ü 的對音漢字有"兀嗚屼矶閦浯"等，就選用"兀"作代表字，放在魚韻與影母交叉的位置；蒙語 li 或 ri 音有"里黎驪兒峛力洏離理㸚澧"等，就選用"里"作代表字，放在支韻與來母的音位上。由于《秘史》音譯本當初是被作爲教材使用的，所以編輯者盡量選用一些表意的漢字對音，如同樣是兀音，阿剌屼屼_陽（4-3-10§129）則表示山名②，阿剌閦納（9-13-2§214）則表示門后，你路矶_陽（6-45-3§183）則表示山嶺，納浯兒（1-3-29§53）表示海子名，故用浯字，而說話則爲"嗚詰列論"。就這樣"屼閦矶浯嗚"成爲表達不同意義的音譯漢字，從而使得同一個蒙古語音節有眾多的漢字對音。爲了表現這種同音關係，萬光泰在音圖之後有說明文字，如曰："兀外又有嗚屼浯［矶閦］""里外又有黎驪兒峛力［洏離理㸚澧］"等③。

音圖之後有一些重要的說明文字，說明音圖列字與《秘史》用字的關係，實質上是對《元朝秘史》音譯用字特點的分析。它包括兩部分內容：一是從漢語聲類出發，說明《秘史》有些聲類的字不曾使用，如唇音滂母字以及精組字除擦音心邪二母外，在《秘史》中多不見使用。另一個內容是說明《秘史》的注音方式，除用漢字表音外，有時用"中""舌"等輔助說明對音漢字的讀音，如第一節"脫列_克先""巴塔赤罕"等。萬光泰指出，讀 h- 的曉匣字往往旁加一"中"字，來母字和日母字往往旁加一"舌"字，這是對音譯

---

① 一說 563 個漢字。參見額爾登泰、烏雲達賚《蒙古秘史》校勘本及阿爾達札布《新譯集注〈蒙古秘史〉》前言部分。根據本人統計，以《四部叢刊》本爲例，排除異寫訛誤等，《秘史》全部用字爲 523 個，除外旁加"舌"字"中"字諸如"^舌論""^中合"之類約 72 個。兩者相加近 600 字。

② 本文使用的是《四部叢刊三編》十二卷本，括號中數字表示卷、葉、行和節。

③ 方括號中的字爲筆者根據《秘史》內容補充的漢字。如［矶閦］，表示《秘史》還選用了"矶閦"，而作者有所遺漏。

字起首輔音的說明；又曰："其外字下旁注者有克字、勒字、黑字、惕字、卜字。"這是音譯字的尾音說明。用現代語音學的知識說明就是，當原文下加克字、勒字、黑字、惕字、卜字時，其原字后就要讀出一個相應的 –k、–l、–q、–t、–b 的輔音來，如"客列_克"（所用，281 節）要念成 kerek（參見本文上一節介紹說明）。

此外，萬光泰還有兩項重要的發現。

一是《元朝秘史》通用諸字，二是《元朝秘史》因加諸字。可惜他對這兩項內容舉例不多，只起到一個發凡起例的作用。萬光泰研究發現，《秘史》音譯中，某個旁注意義相同的詞語，往往可以用聲母相同但韻母不同的漢字對音，此所謂彼此"通用"。萬氏指出有這樣幾組漢字：

吉斤　乞勤　兀溫　忽渾　里兒　格堅　可闊
客虔　捏牙①　古窟　別邊　剌闌　塔壇　里鄰

如果考察《秘史》，萬光泰所言基本正確。

（1）只_舌兒斤 ǰirgin（姓，§170）②，只_舌兒吉泥 jirgini（姓，§171）。

（2）阿都溫圖兒 adu'untur（馬群里，§90），阿都兀訥安 adu'unu'an（馬群自的行，§128）。

保溫_勒罷 bawulba（下馬了，§65），保兀_勒罷 bawulba，（下馬了，§67）。

（3）可乞迭_克 kökidek（輕驚動的，§105），闊乞周 kökijü（驚着，§119）。

（4）帖_舌兒格泥 tergeni（車子行，§124），帖兒堅圖兒 tergentür（車子里 §64）。

（5）朵_舌兒別泥 dörbeni（四個行，§138），朵_舌兒邊泥 dörbenni（四個行，§124）。

（6）脫窟_木 töküm（地名，§157），脫古_木 töküm（地名，§177）。

（7）乞_舌鄰_勒禿吉 kiriltugi（人名，§149），乞_舌里_勒禿吉 kiriltugi（人名，§220）。

---

① 捏牙，原"牙"字有塗改不清楚，牙字疑母已變成零聲母，頗疑非是，暫存疑於此。
② 本文蒙古詞語的擬音參考了阿爾達扎布《新譯集注〈蒙古秘史〉》後附拉丁文轉寫，内蒙古出版社 2005 年，謹此謝忱。異者則師心自用，括號中為旁注和原文節數。

上述各組旁譯詞義（括號內注釋）基本一致。例（1）組爲"吉斤"通用，例（2）組爲"兀溫"通用，例（3）組爲"可闊"通用，例（4）組"格堅"通用，例（5）組"別邊"通用，例（6）組"窟古"通用，例（7）組"鄰里"通用。因篇幅關系無須一一舉證下去。所謂"通用"者，有的可能與蒙古語的形態變化有關，有的則與漢語語音有關。如例（3）"可闊"通用，看不出它的形態變化，只能從漢語語音上加以解釋。"闊"《廣韻》入聲末韻苦括切，合口字，但至金元時北方官話中入聲韻已經消變，入聲韻尾 –t 脫落，與陰聲韻合流，故《蒙古字韻》歌部"闊"爲"科"之入聲，因此與"可"字可以"通用"。例（6）"窟古"通用也是如此。從萬光泰上舉的十四組例字中，除"里兒""里鄰"兩組外，其他十二組都是陰入搭配的例子。這對我們研究金元時期的入聲韻的消變具有重要的啟示作用。

下面是萬光泰所言《秘史》因加諸字的例子。

瞷因目加，閦因門加，沐漣因水加，岎峈因山加，趨因行加，詀論因語加。

《秘史》漢譯的最大特點是盡量使用與蒙語原文詞義相關的漢字，其中多爲形聲字①。萬光泰的研究揭示了這一重要規律：《秘史》不單純是音譯，而是盡量選用能夠表意的漢字。有時候《秘史》漢譯者還不惜選用一些非常偏僻的漢字，如"瞷閦岎峈趨"等在一般字書韻書里都難以尋覓到，有的甚至是爲《秘史》而造的譯音字。萬光泰雖然舉例不多，沒有做窮盡性的歸納研究，但他所舉之例具有舉一反三的啟發作用。1933年，陳垣先生著述《元秘史譯音用字考》，對這種音譯漢字做了大量的考證文字，其中有《山之字從山從石從土》《水之字從水》《目之字從目》《門之字從門》等小節文字，毋庸諱言，

---

① 非形聲字的例子如"臣"字，表示從事某種職業的人，阿都兀臣 adu'učin（放馬的，§118），中豁你臣（放羊的，§234）。地名義多用"川"字，如第279節"川勒"（地名），188節"川勒突舌兒"，279節"川侖"等。又如倉庫義用"倉"字，倉兀惕sangut（倉每，§279），僅有一例。此外非名物的詞，如表示形態的詞，動作完成則爲"畢"（或用罷），相當於"了"；動作持續則爲"周"，相當於"著"等（"周"與"著"音近）。如第60節脫舌列畢（生了），74節脫舌列周（生著）。

萬光泰的這項研究雖沒有陳垣精深全面，但篳路藍縷之功卻不可否認。

下面是萬光泰提到的音譯字的例子，括號中是旁譯和《秘史》節數。

^中合^舌瑺周 qalaǰu（望着，§5），阿剌閎納 ala'una（門後，§214），阿梅沐^舌漣 amuimüren，（河名，§258），阿屼剌 a'ula（山，§118），不峏^中罕 burqan（山名，§1），癸趨古 güyyigü（走的，§195），嗚詁列^舌論 ügülerün（說，§13）。

《蒙古字括》最后一部分內容是蒙漢聲韻對照表，蒙文采用的是后來的回鶻式蒙古文，而非元代八思巴蒙古新字。在聲韻比較上，仍采用傳統三十六字母和平水韻韻目，然后附以語音描寫。其漢語聲韻關係與音圖所列基本一致，即十九類聲母，十六類韻母。聲母系統取消全濁聲母，只剩下送氣與不送氣對立。韻母系統沒有入聲韻，也沒有閉口韻（-m 尾）。最可取之處是對蒙漢兩種語音的尾音描寫，如云漢語中收衣音（-i）、收因音（-n）、收英音（-ng）、收幽音（-u/w）的描寫（以上蒙語收音同），蒙語中收坷字（-k）、收思字（-s）、收忒字（-t）、收鋪字（-p）、收模字（-m）等。萬氏曰后一類收音"漢韻所無"，故表中沒有列寫相應的漢字。

聲韻表制作精致，聲母部分選用麻韻（a）、遮韻（e）、支韻（i）、歌韻（o）、虞韻（u）的字作代表字與蒙語對比，并以此代表蒙語的五個元音。但蒙語元音有陰陽之分，如歌韻有 o 與 ö 之分，虞韻有 u 與 ü 之別，因此，萬光泰都會在相應的聲類字中再重複其中韻字。參見圖 2：

圖 2　蒙漢聲母對照表（部分）

上圖從右至左聲母分別是：影、泥、心、審、來、明、徹（穿）、知（照）八個聲母的代表字，第四行"紗"字等爲誤書塗改。而每行之末的窩、挪、梭、說、囉、摸、綽、拙八字則是歌韻的長元音。按徹母支韻處"七"是個誤字，作者改之爲"吃"字，又下一行"饑"亦爲誤字，作者改之爲"智"字（后一頁）。明母媽行第二字寫模字不妥，應寫"箴"字，車遮韻字，音圖額韻（e）位置已列此字，《秘史》多用此字，凡627次。第五字應爲"模"字，筆畫模糊似"摸"字。

從蒙漢聲韻表的比較中，我們可以看出萬光泰音韻學上的造詣，不僅在於他對傳統音韻學的分析，而且在於他對類似現代語音學音節結構的描寫。如果對《元朝秘史》及當時蒙語沒有精深的研究，是很難進行這種比較研究的。限於本人蒙文學養及蒙文排字困難，本文恕不做詳細的引錄分析。

三、《蒙古字括》音圖編排方式及韻字問題

音圖編排方式是縱爲聲母，橫爲韻母。縱橫交錯，便組成音位。然后按音位列字，分開合齊撮四呼。凡此音位有音無字者則空缺。本文因排版需要，改成縱爲韻母，橫爲聲母。無字者則補爲圈，此仿《韻鏡》列圖方式。下文是《秘史》音譯用字，原書稿加圈，今改爲黑體加點。萬氏言："已上已見用《元秘史》者皆圈出。"其他則爲萬氏根據需要而補添的韻字。

下面以影喻疑微四個聲母的音圖爲例說明之，括號線等均按原式照錄。

```
01. 阿 額 埃 ○○○ ○恩 安 ○ ○ ○昂 ○敖 歐 開 ┐
02. 蛙 ○外 爲 ○惡 兀 溫 彎 ○翁 ○ ○汪 ○○ 合 ├ 影喻疑微
03. 牙 也 捱 ○亦 約 ○因 顏 延 ○勝 陽 ○要 由 齊 │
04. ○ 月 ○ ○○ ○余 雲 ○冤 雍 ○ ○ ○ ○撮 ┘
```

音圖聲母部分按開合齊撮的關係分爲58行，旁列唐宋三十六字母，由于語音變化的關係，作者并沒有將三十六字母一線展開，而是對其做了相應的合併和調整。例如疑母元代時聲母 ŋ- 脫落變爲零聲母（少數例外），就沒有

置于牙音見溪群系列，而是屬入影喻系列。如第 3 行 "因顏延" 三字，其聲母分別爲影、疑、喻，它們都變成了零聲母。而第二行合口字 "蛙爲兀溫" 似乎都變成了微母而合于影母中。所謂微母并于影母者主要是合口字。萬光泰的音圖大致能反映元代聲母的調整與變化。音圖縱向爲韻母，按照近代語音的變化關係分爲 16 列，我們可以稱之爲十六組韻類。這十六組韻類如果標記名稱就是（取音圖首字）：

1. 阿類　2. 額類　3. 埃類　4. 爲類　5. 亦類　6. 約類　7. 兀類　8. 恩類
9. 安類　10. 延類　11. 翁類　12. 膡類　13. 昂類　14. 汪類　15. 敖類
16. 歐類

音圖下端對應十六韻類的是平水韻目，舉平賅上去。作者以平水韻三十韻部隱括爲十個大韻部。有些韻部的合併過于寬緩，如東冬庚青蒸一部，元寒刪先覃鹽咸一部即是。從《蒙古字韻》看，東冬一部，庚青蒸一部，庚青蒸有少數韻字混入東冬部；元寒刪一部，先一部，覃鹽咸一部，收音 –m 韻尾的閉口韻還存在著。

以上十六個韻類與《中原音韻》十九個韻部大致接近，不同的是《中原音韻》有支思部、侵尋部，監咸部、廉纖部等。在《元朝秘史》對音中，支思韻很難體現，閉口音還存在著，如 "林" "俺" "站" "藍" "敢" 等對音的還是收 –m 的音。《蒙古字括》將閉口韻三部歸并于恩類、安類和延類不可取。也許是字少，不得已而爲之。

不過，少數對音字 –m 與 –n 確有混淆的現象，如蒙語表示看見的詞 "兀瞻" üjen（§179，§244）或作 "兀氈"（§201），"瞻" 爲閉口音（–m），旁譯皆爲看見之 "見"。又桑昆 sanggum（人名，§165），"昆" 字本 –n 尾，對音 gum。本節桑昆又叫桑古，文中有桑古門 sanggumun，旁譯 "人名的"，昆 gum 或由此而來。又如 "屯" 字，一般對音爲 tun，但有時對音爲 tum，詞例如土屯 tutum（每，§27、§55），又作 "土秃_木_" tutum（每遍，§170），從尾音 "木" 中可以判斷前一個 "土屯" 對音的是 –m。

音圖編排上的不足是沒有將齒音精清從心邪獨立成圖，造成開合齊撮四呼上的混亂。《蒙古字括》將齒音精組、知照組全都放在一欄，以開合、齊

撮六項括弧在一起，自亂其例。應當將二組分開，精組字獨立，按開合齊撮關系再作三個圖：精從塞擦音一個圖，清從塞擦送氣音一個圖，最后擦音心邪一個圖，這樣才眉目清晰。否則，必造成圖例混亂的現象。盡管蒙語中精清從的字皆讀如s-，《秘史》也沒有這些字的對音，但為了漢語音韻還是分開為好。如43、44行精組緊接42、43組知照字排列，而開合兩行已經被知照字占用，精組字只好依次排在齊撮位置上（見下），但實際上這些字皆為開口呼和合口呼，這樣就犯了一個人為的錯誤，強行改變韻字四呼。

43.〇〇哉〇資作〇榛斬簪〇曾臟〇遭鄒　齊（開）
44.〇〇〇賊〇〇祖尊〇鉆宗〇〇〇〇　撮（合）

如果音圖不推倒重做的話，唯一可以補救的辦法就是將"齊""撮"二呼改為"開""合"二呼。按44行"賊"字應置于上一行開口呼中，萬氏誤。對照《秘史》，音圖列字略有不足。一是在補添的韻字中，有些是見于《秘史》的音譯字而漏圈，如第4行月字原漏圈，其用例見于《秘史》第190節"月忽難"（人名）。二是《秘史》音譯有某字而《字括》有所遺漏，如第4行云字音位原作"揾"，而《秘史》無"揾"字，且"揾"非撮口字。《秘史》第244節"阿云"（怕）即是。三是所列韻字中有的是誤字，如第2行外字誤圈，《秘史》第201節"外格灰"（落的），實際上《四部叢刊》本"外"為"升"字之誤，《永樂大典》十五卷本如韓泰華本為"升"，其他作"落的"意義的詞都是作"升格"（凡八例），可證；或本有此字而誤作他字，如第6行洪字原作"紅"字，且未加圈。《秘史》中使用的是"洪"字，如第27節"洪失兀惕"，當替換。凡此種種，筆者別作校勘文字一篇，校正漏圈、誤圈及遺漏等50餘字，這些內容將另文發表。

四、《蒙古字括》與《秘史》音韻研究

根據研究，《元朝秘史》漢譯本的對音用字反映了元朝初期漢語語音的變

化情況，與《蒙古字韻》或《中原音韻》的音系基本上一致①。這種語音系統表現爲北方官話音系，是一種以民族融合爲特徵的漢語白話。而萬光泰所作的《蒙古字括》，則以音圖的形式隱括了這一語音歷史變化。一個簡單的音圖，里面包含了豐富的漢語語音史和《元朝秘史》的重要信息。下面根據音圖所列韻字，總結其音系情況。

首先，討論韻母方面的問題。

韻母方面，從《秘史》對音看，韻母系統最大的變化是入聲韻消失，對音字中用了大量的入聲字（計147個，全書音譯用字523個），這些入聲字的塞音韻尾實際上已經脫落，有些語詞入聲字連用，如果保留入聲韻尾就很難準確對音，一些入聲字與陰聲韻字的交互通用，亦可看出入聲韻的消失。如：

（1）額亦木 eyimü（這般，§82），額亦模 eyimü（這般，§110）

（2）脫窟木 töküm（地名，§157），脫古木 töküm（地名，§177）。

（3）扯舌兒必捏 čerbine（官名行，§210），扯舌兒必泥 čerbini（官名行，§191）。

（4）額你迭徹 endeče（自這裏，§184），額你迭扯 endeče（這裏，§106）。

例（1）"木模"交替，（2）"窟古"通用，（3）"捏泥"互用，（4）"徹扯"互用，皆爲入聲字與陰聲字的交互使用。

伴隨著入聲韻消失的是韻類簡化。萬光泰音圖將韻類簡化爲十六個，其中最顯著的變化是《廣韻》東冬鐘合爲一類，蒸登與庚耕清青合爲一類，江韻與陽唐一類。而麻韻已經分化爲家麻和車遮兩韻。萬氏音圖中"阿"（a）"額"（e）兩個韻類即是，蒙漢聲韻對照表中則直接分列麻韻和遮韻。車遮爲麻韻三等字，由于入聲韻的舒化，大量的入聲字歸派在其中，在萬光泰的額類韻中含有這樣一些字："額也月赫忽協隔國格決克客缺德迭忒帖捏勒列別撇篾者扯瑟薛雪"等，除少數字以外，絕大部分爲《中原音韻》車遮韻字，這些字大多由入聲演變而來。

---

① 《蒙古字韻》和《中原音韻》在音系内部上還存在一些差異，但不是本文討論的内容。

按車遮韻之產生，南宋時即已發生。毛居正在《增修互注禮部韻略》中言麻韻字當分爲二韻，亦即《中原音韻》的家麻和車遮二韻。其言曰："如麻字韻自奢字以下，馬字韻自寫字以下，禡字韻自藉字以下，皆當別爲一韻。但與之通用可也。蓋麻馬禡等字皆喉音，奢寫藉等字皆齒音，以中原雅聲求之，夐然不同矣。"① 這是正式記錄麻遮分韻的歷史文獻，其實際分韻的時間可能比這還要早。在宋代《禮部韻略》里，車遮等韻字雖然都屬于麻韻，但二三等分開排列的痕跡仍非常清晰。《元朝秘史》漢語對音反映的是元初北方官話音系，所謂"中原雅聲"，此時家麻音與車遮音的分野已經非常清楚，故在對音中很清晰地表現了這種分行。萬光泰的《蒙古字括》音圖就敏銳地捕捉了這一信息。

下面是十六韻類對應《秘史》的蒙古語音：

1. 阿 a　2. 額 e　3. 埃 ai　4. 爲 ui（uei）　5. 亦 i　6. 約 yo／yö
7. 兀類 ü／u　8. 恩 en　9. 安 an　10. 延 en　11. 翁 ung
12. 朕 ing／eng　13 昂 ang　14. 汪 öng　15. 敖 aw　16. 歐 ew／eü

就漢語來說，每個韻類都包含著開合洪細多個韻母。如恩類就有恩 en、溫 un、因 in、云 ün 四個韻母。由于蒙漢兩種語音上的差別，漢語韻母的開合洪細之差異，有時很難從對音中反映出來，加上所用對音字很少，才 520 多個，所以對音在表現歷史語音時難免會有所局限。

下面我們討論聲母方面的問題。

聲母方面，濁音清化是其中一個主要的語音現象。音圖中，曉匣字混列，群母字雜列于溪母之中，定母字雜列于透母中，並母字混列于幫母中，以及徹澄穿禪混列等。在音圖聲母排列中，全濁聲母字群、定、並、澄、床、從等以小字旁寫，附在相應的清聲母之後，相當于小字注釋，如見（群）、溪（群）、端（定）、透（定）等，實際上是取消了濁聲母。

下面是音圖所列例字，下加點者爲濁音字（右邊數字表示音圖的原行數）。

---

① 詳見該書卷一微韻後注，《四庫全書》本。

06. 豁忽槐灰○火呼渾桓歡洪○○晃○○，曉匣混列；

15. ○客楷○乞○○勤○虔○輕羌○巧邱，溪群混列；

21. 塔忒臺○○○○○壇探○騰唐○討偷，透定混列；

33. 巴○白備○孛步奔班般崩○邦○保○，幫並混列；

47. 察扯差○池綽○嗔潺○○成敞○超抽，徹澄穿禪混列。

萬光泰音圖還揭示了《秘史》音譯用字的一些重要現象，《秘史》中沒有使用群母仄聲字，定母仄聲字也用得很少，主要是用"迭"字及其因辨義需要而孳乳的變形字"咥绖跌垤"等，咥爲吃食（§162），絰爲衣服（§216），跌爲踢着（§137），垤爲地名（§161）。

另外，《秘史》也未用送氣滂母字及平聲並母字。

根據我們的觀察比較，《元朝秘史》漢字對音大致如《蒙古字括》音圖所列。例如在《秘史》中，曉／匣二母字對音均爲 h-：火豁 ho 忽 hu ／槐 hoy 桓 hon。[①]

漢語濁音清化的規律是平聲送氣，仄聲不送氣。音圖所列韻字，揭示了這一規律。如牙音群母平聲字"群虔"與溪母在一類，與 k- 對音，仄聲與見母在一類，與 g- 對音（《秘史》無仄聲群母字）；並母仄聲字"白備孛步"等與幫母字在一起，與 b- 對音；定母平聲字與透母字并列，與 t- 對音[②]。

下面舉幾組對音的例子：

（1）枯 kü 勤 kin 虔 ken //堅 gen 歌 gö 癸 güy 古 gü；

（2）丹 dan 荅 da 都 du 迭 de //塔 ta 唐堂 tang；

（3）白 bai 步 bu 備 bui 巴 ba 奔 bun 邦 bang。

例（1）組"勤虔"爲群母字，雙豎線右邊爲見母字，其中無群母字。例（2）組"迭"爲定母字，《廣韻》徒結切，另外還有"咥绖跌垤"四個同音

① 曉匣二母字《秘史》音譯多旁加"中"字，如果加"中"字，聲母則讀爲 q-，如"[中]忽"則爲 qu。

② 也有個別例外，如給《廣韻》徒亥切，定母仄聲，但在《秘史》中對音 t-，如 128 節"給察[舌]兒"taicar（人名），但在 201 節中又寫作"臺察[舌]兒"，臺定母平聲。此或語音變化，給讀作平聲。

字^①。例（3）組"白步備"爲定母字，其餘爲幫母字，沒有滂母和並母字。在《秘史》中，白 bai，又作伯，但伯爲幫母，清音，阿伯 abai（有來，9-1-8，§209），"白伯"同音。"沉白"（人名）又寫作沉伯，例見卷九第 219 節。這似乎可以說明，《秘史》濁聲母仄聲字與不送氣清聲母是一類，平聲與送氣聲母爲一類。在蒙語中，全清聲母讀音比較模糊，近似濁音，所以蒙語中 g-、d-、b- 等，都與漢語全清聲母和仄聲濁聲母對音，蒙語中的 k- 和 t-，與送氣的漢字對音^②。盡管如此，并不能掩蓋濁音清化的事實，因爲在近代漢語中只有送氣與不送氣的對立，沒有送氣與濁音的對立。因此，我們認爲，在《元朝秘史》音譯漢字中，濁音已經清化，只剩下送氣與否的對立關系。用現代音標描寫即：

古 gu=ku ∥枯 ku=kʰu；荅 da=ta ∥塔 ta=tʰa；步 bu=pu ∥普 pu=pʰu^③

如此，《秘史》在對音上就造成了這樣一種"假象"，以漢語的全清聲字對音濁聲，以送氣清音對音不送氣清音。

下面我們討論《秘史》齒音和唇音字使用問題。

齒音精清從心邪五母，《秘史》除擦音外，漢語塞擦音字基本不用。根據蒙古語專家學者的研究，在畏吾體蒙古文中，s- 所承擔的語音功能非常多，精清從心邪五個輔音音位都用一個 s- 記寫。如"集賢院"讀爲 sihenön，用 s- 記寫 dz-（集從母字）。又參政的"參"是清母字（tsʰ-），卻寫作 sang^④。現在我們就可以理解在《秘史》爲何沒有齒音精清從三母的字。

但《秘史》中經常出現"太子"一詞，該詞在《秘史》中共出現了 28 次。"子"即爲精組字（ts-），如第 50 節捏坤太子，170、171 節又有失列門

---

① 其例如：額ᵗ兒迭 erde（在前，3-4-7，§105），亦咥額 ideʼe（吃食，5-32-8，§162），經額ᵗ deʼel（衣服，9-20-2，§216），米跌ᵗ里周 miderijü（賜著，4-23-2，§137），額埕ᵗ兒 eder（地名，5-31-9，§137）。

② 這點可以參考巴雅爾《〈蒙古秘史〉原文續考》一文（《内蒙古師大學報》1992 年第 3 期）。該文曰："d 和 t、g 和 k，蒙古畏吾字是同形字（不能區別），其讀音用詞義去區別。"

③《秘史》無滂母字，"普"是借用以說明音韻問題。

④ 以上内容參見亦鄰真、白薩茹拉．元代漢字譯寫蒙古語音的慣例［J］．蒙古學信息，2004（1）：23-31．

太子等。餘大鈞先生校正爲捏坤太師，失列門太師，注曰："《元史·宗室世系表》作聶昆大司。《親征錄》作捏群大石。太師，爲遼朝封部族貴族、首領的官號。"① 如此，"太子"應爲"太師"，即 taisi。

《秘史》中重唇音滂母字未用，也就是說沒有送氣音。這也跟當時的蒙古語有著密切的關係。亦鄰真認爲，在蒙古語中，"用 b 字記寫幫滂並 [p、pʰ、b] 三個漢字聲母，也就是說蒙古語的 [b、p] 音，都用此字記寫。'平章'，bingjiang，朝廷大臣。這裏的 bing 具有 ping 的讀音"②。

輕唇音非敷奉微基本不用，只有少數幾個詞，如"撫州""宣德府"等漢語借詞，另外還有一個"夫"字，見於 253 節"夫中合訥"vuqanuu（人名）。蒙語無輕唇音，故此。夫府撫或讀 v，或讀 u（w），實際上都變成了零聲母③。

下面是《秘史》心邪母字和知照組字的例子：

（1）桑坤 sanggum（人名，§165），掃花 sauqa（人事，§114），中豁斡孫 qo'osun（空，§105），雪你 söni（夜，§28），宣德府 söndeivu（§247），毵失主兀 samšiju'u（廢耗了，§154），莎葛惕 sögöt（跪，§245），循 sün（生馬妳子，§105），也遂 yisüi（人名，§268）倉兀惕 sangut（倉每，§279）。

（2）札安 ja'an（告，§80），只池 jči（卻，§75），只卜失額兒抽 jbšierčü（整搬着，§173），勺卜 jöb（是，§20），綽黑臺 čoqtai（固姑，§115），輟額 čö'e（三歲，§12），啜延 čö'en（少，§109），čing（至誠，§230），成吉思 činggis（太祖），阿都兀臣 adu'učin（放馬的，§118），搠沉討兀 čočimtawu（驚怕，§66），豁搠兒出兀 qočorču'u（墮落了，§80），暑漣 šülen（湯，§124）。

例（1）組"桑掃孫雪宣毵莎"心母字，"循遂"邪母字，"倉"比較特別，《廣韻》七岡切，卻對音 s-，《秘史》僅有一例，見於 279 節"倉兀惕"。

---

① 餘大鈞. 蒙古秘史譯註［M］. 石家庄：河北人民出版社，2001：22.
② 亦鄰真，白薩茹拉. 元代漢字譯寫蒙古語音的慣例［J］. 蒙古學信息，2004（1）:23-31. 按"平章"，原作 bingang，疑有脱誤，今依《秘史》譯音慣例而補正之。
③ 阿爾達扎布《新譯集注〈蒙古秘史〉》後附拉丁文轉寫"夫中合訥"爲 fuqanu，又《蒙古字韻》八思巴字輕唇音非敷奉等讀 h，可參。

前面說過，古代蒙古語中，精清從母字並讀爲 s-。從上述例子中可以看出，心邪合流爲 s-。

第（2）組"札只勺"照母字，"勺"字兩讀之若切又市若切，"輟啜"知母（薛韻陟劣切），"抽"徹母，"綽出"穿母，"池"澄母，"誠成臣"禪母，"失暑"審母。"捌"字有點特別，本爲審母所角切，而對音卻爲 č-。可以看出，《秘史》對音中知組照組合併爲一套聲母：ǰ-（tʃ）、č-（tʃʰ）、š（ʃ）。

日母字在《秘史》中很少使用，"兒"字雖大量使用，但前面都要附加一個"舌"字，表示與真正的日母字讀音有別（這種用法的兒字共 4068 次）。另外有"沥峢"等，萬光泰將它們看成來母"里"字同音，如音圖說明文字曰："里外又有黎驪兒峢力。"另外有個"紉"字，《廣韻》真韻女鄰切，但《秘史》顯然是把它作爲泥母字使用的。例如蒙語 qonin 是羊的意思，漢語音譯爲 ᵗ豁紉（§19），但又常寫作 ᵗ豁你，如 ᵗ豁你赤（牧羊，§152），ᵗ豁你臣（放羊的，§234）。124 節 ᵗ豁紉ᵗ qonint（羊每），195 節寫作 ᵗ豁你ᵗ qonit（羊每）。所以萬光泰將"紉"字置于泥母系列。

濁音清化帶來的直接后果就是聲母的合併乃至簡化。根據萬光泰音圖所列，《秘史》音譯字的聲母系統大致爲 19 個聲母，那就是：影喻疑微合併爲一個影母 φ，曉匣合併爲 h，見溪群合併爲 k、kʰ，幫滂並合併爲 p、pʰ，端透定合併 t、tʰ，精組字合併爲 ts、tsʰ、s，知照組合併爲 tʃ、tʃʰ、ʃ，非敷奉合併爲 f，然後是泥娘合併，萬光泰將日母並於泥娘之中，那是《秘史》的特殊性所造成的，應當獨立爲一類，另外就是來母 l-。

萬光泰十九聲母與《早梅詩》基本一致，不同的是萬氏取消微母 v，而是將它合併到影母中去了。王力先生在《漢語音韻》一書中，採用羅常培的研究，認爲《中原音韻》聲母系統就是《早梅詩》二十字母①。即：

東風破早梅，向暖一枝開。冰雪無人見，春從天上來。

---

① 羅說見《中原音韻聲類考》，考訂《中原音韻》爲二十聲類，等韻三十六字母中全濁聲母十個及娘喻疑敷知徹凡十六母均不在其中，曰："若以《中原音韻》每類初見之字則爲：崩、烹、蒙、風、亡、東、通、膿、龍、工、空、烘、雍、鍾、充、雙、戎、宗、惚、嵩二十類。"（《論文集》第 100 頁）這二十類適與《早梅詩》一致。所以王力先生干脆用《早梅詩》二十字母代表《中原音韻》聲母系統。王力擬音與羅氏同，唯日母羅氏擬作

五、結語

　　以上我們對萬光泰《蒙古字括》內容及其語音史研究，做了比較詳細的介紹和分析。從中可以看出萬光泰在《元朝秘史》研究上的貢獻。利用《元朝秘史》漢字對音研究蒙元時代的漢語語音，是萬光泰一個開拓性的貢獻，至今尚未有學者有過此類研究。

　　萬光泰利用音圖平面地展現了《秘史》所隱含的語音現象，并揭示了其中很多不爲人知的語音問題，諸如《秘史》音譯中沒有使用齒音精組塞擦音字，沒有溣母字，也沒有使用群母仄聲字，定母仄聲字也用的很少，啓示我們研究當時蒙語與漢語的關系。萬光泰還指出了《秘史》的注音方式，《秘史》除了直接用漢字標音外，還用一些輔助性的文字說明蒙語的讀音問題，如旁加字"舌""中"等，以及下加字"克""勒""卜""黑""惕"等，都是很重要的研究成果。

　　最有語音史價值的是音圖部分。音圖揭示了漢語濁音清化的一個重要規律，那就是平聲送氣，仄聲不送氣。音圖中平聲濁音字與送氣聲母在同一行列，仄聲濁音字與不送氣聲母共置一行。而曉匣共存，疑母與影喻混列，所揭示的語音現象均與《中原音韻》一致。

　　在韻母系統上，萬光泰根據《秘史》用字情況，做了合理的簡化，十六組韻類的劃分也基本與《蒙古字韻》和《中原音韻》一致。由于《秘史》對音漢字字頻的數量有限，其中難免會帶來研究上的缺憾。在聲母研究上，萬光泰將《秘史》音譯字概括爲十九個聲母，與羅常培、王力所研究的《中原音韻》音系《早梅詩》二十個聲母基本一致。

　　在分析近代漢語語音結構時，萬光泰還引入了一組重要的四呼概念：開齊合撮。開齊合撮者，即開口呼、齊齒呼、合口呼和撮口呼。開齊合撮四呼是近代漢語的一個重要標志，其名稱的正式形成則在明末清初時期。根據現有歷史文獻，正式用開齊合撮四呼分析漢語韻母系統的，始于清初潘耒《類音》，而踵其后者則爲萬光泰《蒙古字括》。

用四呼分析漢語語音結構，是音韻學史上一個重要的學術進步。潘耒在談到四呼的重要性時曰："欲明音韻者，先明四呼，其餘自迎刃而解矣。"① 不唯音韻學家，戲劇學家也非常重視，與萬光泰同時的徐大椿著《樂府傳聲》，立"五聲""四呼"之目，反復強調熟悉四呼的重要性。曰："喉舌齒牙脣，各有開齊撮合，故五聲爲經，四呼爲緯。今人雖能知音之正，而呼之不清者，皆開齊撮合之法不習故也。"② 不過，萬光泰《蒙古字括》音圖分析的是元代語音，當時是否形成四呼意義上的開齊合撮，還需要做進一步的研究。關鍵是撮口呼的形成，複合元音 [iu] 是否變成 [y]，明初《洪武正韻》魚模分韻標志著撮口呼的正式形成，推想元代開齊合撮四呼已經形成，只是當時人們還沒有歸納出一個合適的名稱而已。

在《元朝秘史》音譯漢字研究上，萬光泰也有自己獨到的研究發現。他發現《秘史》用了大量的同音字，這些同音字都是爲滿足《秘史》音譯加意譯的需要而產生的。沐漣因水加，岘㟀因山加，萬光泰第一次揭示了《秘史》音譯字的表意特點。同時萬光泰還揭示了《秘史》音譯字的另一個特點：有些字因爲韻母讀音上相同相近的關系，可以交替使用，"吉"與"斤"，"乞"與"勤"，"兀"與"溫"，"忽"與"渾"，"格"與"堅"，"可"與"闊"之間等均可"通用"。

蒙漢聲韻對照表的制作，也是萬光泰勤奮與聰明的表現。它以圖表的形式再一次強化了音圖所表現的語音史框架，突出了蒙漢兩種語音在聲韻系統上的差異，在比較語音學的研究上具有重要的意義。

---

① 潘耒《類音》卷二《四呼圖說》，《續修四庫全書》經部第 258 册，第 16 頁。
② 徐大椿．樂府傳聲［M］．吳同賓，李光，譯．北京：中國戲劇出版社，1982：29．

《蒙古字韻》編撰與校勘情況[*]

一

《蒙古字韻》是研究近代漢語語音史的重要文獻，是現存完整的一部蒙漢對音形式的韻書，它編寫於元世祖忽必烈至元時期（見圖1）。其編寫形式非常特殊，全書用851個蒙古八思巴字母音節對音漢字音節，按照當時的漢語語音關係建立70個韻類，包括2120組小韻，9420多個漢字；[①] 韻本中沒有反切注音，也沒有音義注釋，只有一組組同音小韻字。

《蒙古字韻》是元朝政府爲了配合八思巴蒙古新字的頒布而編寫的，目的是幫助蒙古人、漢人及色目人學習漢語或蒙古語，具有教科書的性質。其編寫年代應當是至元十年（1273）前後，編撰者可能是亡金禮部官員，參照《新刊韻略》編纂而成。元世祖忽必烈中統元年（1260），命帝師八思巴制定蒙古新字，十年後的至元六年（1269）頒布，並於州縣設蒙古字學，教習生員。爲了檢驗這一套八思巴字母的實用性，於是編寫了《蒙古字韻》。

---

[*] 本文原載於《中國語言學報》2016年第17期，與田迪合作，收入本書時，略有刪改。
[①] 以殘本計算有818個八思巴字，其中有一個沒有實際意義，即蕭部最後一列寶字，表示"御寶上用此寶字"。有漢字9124個。根據甯忌浮（1997）的研究，麻韻殘缺部分可補34個八思巴字，65組小韻，300個韻字，所以兩者相加是851個八思巴字，加上其他補闕共有9430多個韻字。

它既可以作爲學校的教材使用,又可以作爲官方譯寫蒙漢兩種語言的文字參考,所謂"文移案牘,通行備檢之本也"。作爲配套教材,時人還編撰了蒙漢對音的《百家姓》和《至元譯語》,又以蒙語翻譯了《通鑒節要》等。另外,爲了輔助蒙語教育,元朝政府還組織人員用漢字音譯了《元朝秘史》。

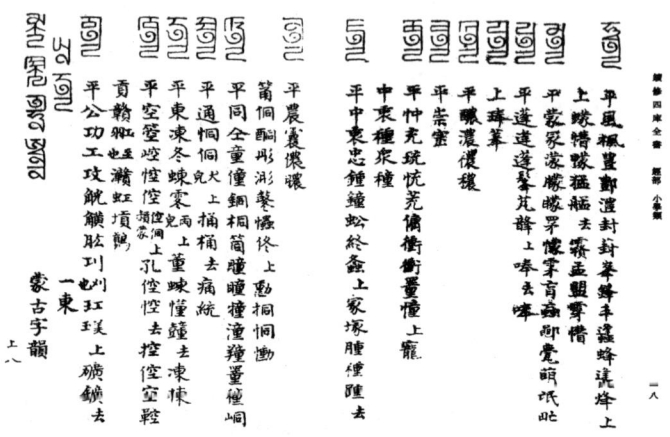

圖 1 《蒙古字韻》東部圖版(《續修四庫全書本》)

作爲對音形式的韻書,《蒙古字韻》摒棄了傳統韻書的編寫方式。傳統韻書有《廣韻》《集韻》及宋人《禮部韻略》及其各種增訂本等,此外,有金人《禮部韻略》及其增訂本如王文郁的《新刊韻略》等。這些韻書的音系到了金元時期發生了很大的變化,尤其是在北方中原地區。濁音清化及濁上變去,入聲韻消失,韻系合併簡化,牙喉音中零聲母擴大化等,成爲北方官話音系的主要特徵,而"沈約吳音"與當時所謂的"雅音"已經格格不入。爲了展現這種新的語音特點,編撰者費盡心思,採用八思巴字母對音的形式,按照三十六字母聲類順序,重新編排韻類,形成一部新的韻書,充分展現蒙元帝國文治武功的雄心與業績。當時北方的金國剛滅亡不久,蒙元帝國與南宋政權尚在對峙中,不可能有南宋文化官員參與編寫,只能是金國的禮部文化官員主持這項工作,以及蒙古太宗十年"戊戌選試"(1238)而錄取的文化官員等。出於對故國的感情,這些金朝遺民選用了金人《禮部韻略》修訂本《新刊韻略》作爲底本,進行韻字的改編。由於受傳統韻書的影響,編撰時往往牽拘於傳統三十六字母和原韻書的等次關係，在韻類的建立上仍存在一些不足，因此，《蒙古字韻》在音系上還不能完全反映當時的實際語音情況，如濁音清化及濁上變去等在其中就沒有表現，但與傳統韻書相比較，它形塑了一個比較新的語音系統，研究近代官話音系無論如何也繞不開它。

　　早在元太宗窩闊臺九年丁酉（1237），當時北方剛剛平定不到三年（金亡於1234年），就計劃實行科舉考試，於第二年的戊戌年正式舉行，本次選取儒士4030人之多。不用說，科舉制度沿用的是金朝舊例，考試韻書也應當是《新刊韻略》。何以見得？曰：此後的十五年，即元憲宗二年（1252），《新刊韻略》再版，曰《壬子新刊禮部韻略》，此所謂劉淵"平水韻"。根據研究，《蒙古字韻》韻字收錄基本上以王文郁《新刊韻略》為基礎，這是甯忌浮（繼福）先生的重大發現。然而兩書並不屬於一個語音體系，《新刊韻略》是《廣韻》簡寫本，韻系仍屬於《切韻》系統，而《蒙古字韻》僅僅是《新刊韻略》的韻字摘錄，將原來小韻重新做了組合，從實際語音出發，就其聲類、韻類作了必要的分合。它是一個新的語音體系。原來106部被重新歸納為15部，3130多組小韻被簡化成2120組小韻；入聲字被分派到陰聲韻的平上去三聲之後，中古語音沿襲下來的－p、－t、－k三大韻類的壁壘關係被打破，作為學習當時的蒙語漢語的教科書，作者必須這樣做。因此，《蒙古字韻》既不屬於《廣韻》韻系也不屬於《集韻》體系。

二

　　《蒙古字韻》元刻本已經失傳，現在我們見到的是根據倫敦大英圖書館收藏的照片影印的清抄本。全書分上下兩卷，卷首有元至大戊申年（武宗至大元年，1308）劉更序和朱宗文序，然後是校正字樣，列有各本誤字及重入漢字等，其後是總括變化之圖，次列三十六字字母，次則十五韻總目及篆字母九十八字，然後是韻書正文、回避字樣等。可惜下卷麻韻部分殘缺，卷尾回避字樣的上半頁亦殘闕不全。正文半頁10行，行16字不等。

因此書有朱宗文序校字樣，清人視之爲朱宗文撰，實際上是錯誤的。《四庫全書總目提要》即有如是說。如曰："《蒙古字韻》二卷，元朱宗文撰。"清人對此書評價不高，曰："清濁輕重，毫無分別。""又踳駁過甚，不足據爲典要。"結論是："竟付覆瓿可矣！"①

元時《蒙古字韻》刊本很多，朱宗文序校本卷首《校正字樣》提到湖北本和浙東本等，認爲爲利祿驅使，當時學習蒙古語的人一定很多，從元初李宏道編撰《蒙古韻編》教人學習事中亦可見之。②《古今韻會舉要》引述了大量的《蒙古字韻》內容，並且，根據我們的研究，該書卷首《禮部韻略七音三十六字母通考》（下簡稱《通考》）聲韻表即是熊忠等人參照《蒙古字韻》制定的，故兩書音系基本一致。明朝時代，朝鮮人申叔舟編《四聲通考》（已佚）、崔四珍編《四聲通解》也都引述了《蒙古字韻》音讀問題。③然而，盡管當時刊本很多，但內部之間差異甚小，因爲《校正字樣》所列舉的各種刊本異文不是很多，總共才十幾個韻字，主要是韻字聲母與八思巴字母拼寫問題。如湖北本"驃"字作幫母，而朱宗文將其校正爲並母，今韻本蕭部36列去聲正作並母；又如浙東本"炎"字作喻母，朱氏認爲其爲疑母，今韻本仍列其爲喻母；又如"蛇"字浙東本作禪母，而朱氏將其作澄母。這種差異主要表現在後來編校者對聲母變化的認識不一上。例如"驃"字作幫母者，可能是濁音清化（去聲笑韻毗召切，並母），仄聲不送氣而讀幫母。又如"蛇"字《廣韻》食遮切，船母三等字，唐宋時北方地區船禪不分，而《蒙古字韻》中船母字與澄母合流，凡船母字均在澄母之列。故浙東本爲禪母，而朱宗文校訂其爲澄母。

---

① 以上引文參見《皇朝通志》（卷十三六書略）和《四庫全書總目提要》等。
② 王義山《稼村類稿》卷五有《李宏道編蒙古韻類序》一文，詳載此事，所述韻書內容與今之《蒙古字韻》大致相同。
③ 崔世珍《四聲通解》在凡例中稱之爲"蒙古韻略"，在正文裏簡稱"蒙韻"，根據我們的研究其實就是指《蒙古字韻》。有些學者認爲是指另一本韻書《蒙古韻略》，臺灣學者鄭再發和韓國學者俞昌均先生等均有此說，本文不取。

三

《蒙古字韻》訛誤俗字甚多，至今也沒有一個完善的校勘本。早在 20 世紀 50 年代，羅常培先生就開始了對其的校訂工作，爾後 20 世紀 80 年代初照那斯圖與楊耐思先生合作，共同出版了《蒙古字韻校本》，書後附錄了比較詳細的校勘文字。但由於對《蒙古字韻》所依據的底本產生認識偏差，所以這次的校勘工作也留下許多缺憾。羅先生以爲《蒙韻》編排是參照《廣韻》進行的，所以在校勘韻字時，一以《廣韻》聲韻爲基準，而照那斯圖、楊耐思的校勘則以《韻會》爲參照，故誤校漏校甚多（舉例略）。後來甯忌浮先生經過深入研究，發現《蒙古字韻》是以《新刊韻略》爲基礎編排的，並由此進行了深入的校勘研究工作，創獲甚多。具體研究見《古今韻會舉要及相關韻書》等相關著述。甯先生的研究爲後人開啟了道路，雖然如此，但仍有遺漏之處，因此有必要重新啟動校勘工作，再則，甯先生校勘沒有與原本在一起，在使用上仍有不便之處。所以，我們嘗試進行新的校勘工作，給學界提供一個方便利用的新的文字版《蒙古字韻》。

《新刊韻略》併合《廣韻》206 韻爲 106 部，收韻字 9311 個，包括 "新添""重添" 等。這些韻字組合在 3136 個左右的小韻裏。但《蒙古字韻》並沒有將《新刊》韻字悉數錄入，而是有所刪汰和添入。原書收錄韻字大致爲 9317 個，與《新刊》原本字數基本一致。後來朱宗文等續添了 107 個韻字，所以《蒙古字韻》收有韻字 9424 個左右。

四

《蒙古字韻》的編排是個非常複雜的工作，因爲它完全打破了《新刊韻略》原書的編排順序，一組韻字往往跨越幾個韻部，尤其是對入聲韻的編排，需要按照新的音類特點重新組合並與陰聲韻對應成平上去入四聲關係。這需要編撰者有很高的審音辨韻能力和深厚的音韻學修養。例如四支部第9列知音節平聲一組小韻字：

【9】知蜘胝秖砥支卮梔枝肢禔氏泜鳲椥脂之芝

這組小韻字實際上包含了《新刊韻略》支脂之三個韻部五組小韻的字。

支韻：〇支（章移切）卮梔枝肢禔氏椥 // 〇知（陟離切）蜘；

脂韻：〇脂（旨夷切）秖泜砥 // 〇胝（丁尼切）；

之韻：〇之（止而切）芝 // 〇（之韻平聲無知母字）。

以上五組小韻"//"左邊是照組三等字，聲母皆爲照母；右邊是知母字，胝丁尼切是類隔。因爲聲母知照合流，所以合併成一組小韻。

又如支部第1列羈字音節的一組小韻入聲字：

【1】訖吃（迄）戟撠（陌）急汲給伋級（緝）殛恆亟諆襋棘（職）。

以上一組韻字橫跨四個不同的入聲韻部（見括號中標記），它們的韻尾收音皆不一樣。迄-t、陌-k、緝-p、職-k，但全金元時期，其韻尾脫落，所以變成了同音字。

舉上述二例意在說明，《蒙古字韻》的編撰是件非常複雜而又艱難的事情，它不只需要一般意義上的併合韻部，而是要從審音出發，對整個《新刊韻略》的小韻進行辨析，然後才可以併合一組組小韻。《蒙古字韻》的校勘工作，同樣是非常複雜而又艱難的工作，要把一組組小韻重新放回《新刊韻略》，一一核查其正誤、遺漏或增添情況，並非易事，沒有能夠潛下心來的耐力和一定的音韻學知識，是難以有效地完成這項工作的。因此，筆者非常佩服前輩學者甯忌浮先生做學問的精神和深厚的音韻學造詣。

五

爲了做好《蒙古字韻》的校勘工作，我們先是對《新刊韻略》進行了研究，先後完成了《〈新刊韻略〉研究》《金代〈禮部韻略〉及相關韻書研究》等論文。同時，我們對《新刊韻略》進行了校勘，將全書文字輸入計算機，進行 word 化處理，然後在此基礎上進行《蒙古字韻》的校勘工作。

《新刊韻略》有多種版本：臺北圖書館藏元大德十年中和軒覆刊本，北京圖書館藏影抄大德本以及上海圖書館抄本等。另外，我們還獲得了大量的朝鮮刊本《排字禮部韻略》，如明天順八年（1464）甲申本、嘉靖三年（1524）箕城本、萬曆四十三年（1615）仙岩書院刊本等，這些刊本都是《新刊韻略》的改版本，因此，可以用它們來校對《新刊韻略》。對這些版本我們都進行了比勘校對工作，爲《蒙古字韻》的校勘工作奠定了堅實的基礎。另外，我們對《韻會》引用的"平水韻"436 個韻字，以及崔四珍《四聲通解》引用的 400 多組"蒙韻"音類字也都做了考察，以參校《蒙古字韻》。

《蒙古字韻》的全部韻字除了添加的 250 多個韻字外，全部來自《新刊韻略》，甚至《新刊韻略》的誤字俗字也被沿襲下來。下舉數例說明之。

（1）魚部第 8 列初字音節上聲"憷"，《蒙古字韻》原從木作"楚"，《新刊》元大德中和軒本亦作"楚"，而注釋爲"痛也。"，依注當爲"憷"，朝鮮刊本《排字禮部韻略》（如仙岩書院本）和日本內閣文庫藏本《文場備用排字禮部韻略》等均作"憷"，可知《新刊》原本應爲"憷"，《蒙古字韻》蓋依誤本而爲之。

（2）魚部 14 列跗字音節入聲"泼"字，《蒙韻》原作泼，《新刊》亦誤作泼，注"寒冰皃"，當爲泼。《廣韻》《集韻》均不載"泼"，《重修玉篇》水部府伐切，注"寒也"。《蒙古字韻》或誤從之。或泼爲泼的後起替代字，編撰者抑或有意爲之。

（3）魚部 28 列渠字音節入聲"裋"字，《蒙韻》原作梮，《新刊》從衤旁，皆誤。《新刊》注"衣短"，當爲衣旁"裋"字。此《蒙古字韻》以訛傳訛，誤從衤旁形訛爲木旁。

（4）歌部 11 列娑字平聲"傞"字，《蒙韻》原作猻，《新刊》亦誤作猻，下注曰："舞不止皃，又千何切。"《蒙古字韻》誤從之，今按朝鮮刊本不誤，仍作傞。

這種"誤從"錯誤至少有十例以上，從中可以看出《蒙古字韻》與《新刊》的關係。

当然，也有《新刊》错误而《蒙韵》不误者，藉此可以校正《新刊》错误。如庚部 11 列呈字平声"燈"字，大德本《新刊韵略》误作燈，注"平也"。按朝鲜刊本作燈，不误。萧部第 2 列平声"祰"，《新刊》上声皓韵误作衣旁，注："祷也，又告祭也。"与注文不合，而朝鲜刊本不误。按《新刊韵略》有多种版本，先有《壬子新刊礼部韵略》（1252）即所谓"平水韵"。此后又有大德十年（1306）中和轩刊本，大德四年（1300）梅溪书院刊本，而朝鲜刊本属于梅溪书院刊本系列。《蒙韵》所据盖为早年刻本。

不仅如此，还可依据《新刊韵略》补正现存本《蒙古字韵》残缺漫漶之处。如先部 11 列骗字音节平声：扁辩，二字原书残缺不清，据《新刊》可补正其缺，铣韵䉬小韵薄泫切，下收扁字；狝韵辩小韵符蹇切，下收辨谝二字。又萧部 26 列劳字音节上声嫪㵎二字，27 列骄字音节入声蹻屩二字，原本漫漶不清，对照《新刊》相应韵部，知为嫪㵎二字和蹻屩二字。

六

依据《新刊韵略》，我们的校勘结果是：

《新刊韵略》106 个韵部，3136 组小韵（包括"新添"和"重添"字），收录韵字 9311 个。《蒙古字韵》15 个韵部，按残本计算有小韵数 2055 个，收录韵字是 9124 个，如果加上麻韵补阙部分 34 个八思巴字，65 组小韵，300 个韵字，原本韵书大致是 2120 组小韵，9430 个左右的韵字。

以残本校勘计算，今本《蒙古字韵》增添了韵字 267 个，添加的韵字有两种形式，一是原本添加的韵字，大致有 160 个（甯先生 86），一种是后来朱宗文等人续添的韵字，一共是 107 个。后一种续添的韵字一般有小字注释，如东部平声"刘（刘也）玒（美玉）"之类。但这 107 个韵字里面却有《新刊》12 字，实际增加字数为 255 个。另外，《蒙古字韵》删汰或遗漏了《新刊》130 个左右的韵字，其中重复省略 28 余例，据《新刊》可补缺 100 字；因原本模糊殘缺而補足者 30 餘字。綜上作校記文字 970 餘條。

　　缺漏韻字的原因很多：（1）刪汰合併小韻時重複出現的韻字，如支部 61 列醅字音節去聲：媚魅妹昧沬每瘺瑁眛。這一組小韻字來自《新刊》至韻、泰韻和隊韻三組小韻，其中泰韻和隊韻都有一個"眛"字，重複，於是省略其中一個。（2）可能是因語音調整而刪除，如《新刊韻略》"跧"字，分別出現在刪韻阻頑切和仙韻莊緣切。但《蒙韻》只是在寒部關字母韻下收錄了"跧"字，先部涓字母韻中並無此字。因爲先部中沒有照二組莊初崇山的字，孤零零的一個不符合語音結構原理。（3）有些意義偏僻或不常用的異體字可能被有意刪汰了，如魚部 44 列臚字音節入聲"勦"字脫缺，存殺戮字，勦，勦力。二者意義雖有別，但後多混用，且以戮力爲常。《蒙韻》編撰者或因此而省勦字。

　　添加的韻字大多來自《集韻》和《禮部韻略》包括後來各種增修本等，其中簡俗字爲多，或是一些姓氏、地名用字。如庚部第 11 列呈字音節去聲"嵊"，《新刊》無，《集韻》去聲證韻乘小韻："嵊，山名，在剡縣。"陽部第 4 列當字音節上聲"黨"字，《新刊》無，《廣韻》《集韻》不載，見於《五音集韻》，注黨項，虜名。按又姓氏，至元本《事林廣記》百家姓有此字。又陽部 8 列張字音節上聲"仉"，《新刊》無。《廣韻》上聲養韻掌小韻諸兩切，注："仉，姓，梁公子仉督後也。"按孟軻母仉氏，見《列女傳》。支部 52 列頯字音節去聲"譈"字，《新刊》無。《廣韻》隊韻憝之異體，怨恨。《禮部韻略》續降字（張貴謨奏添）。

　　添加字中也有少量忌諱字，如庚部收"崩"字，《新刊》和《禮部韻略》均不收載，此兇險忌諱字，崩者，天子駕崩也，歐陽德隆《押韻釋疑》把它定爲"暗諱"字，故官韻不載。又如支韻第 25 列"弑"字音節去聲收弑君之弑，《新刊》和《禮部韻略》均無，此凶險忌諱字，故禮韻不載。

　　俗字中最典型的是佳部"歹"字，《新刊》無，唐宋韻書字書均不載。《康熙字典》歹部歹字注云："《字彙》多改切，戴上聲，好之反也。《集要》悖德逆行曰歹。"此字除了表示"不好"的意義外，還多用於非漢族人名的音譯，而蒙古族的人名特多，《元朝秘史》漢字音譯中用歹字達 305 次之多，如"斡歌歹"（太宗名，《元史》作窩闊臺）、"伯牙兀歹"（第 15 節，姓氏）、"土古兀歹"（第40節，人名）、"巴阿裏歹"（第41節，種名）等，如此之類，書中隨處可見。

添加字中有很多是新產生的詞彙，如覃部增添的"站"字，在元朝是驛站的意思，掌管驛站的叫站赤，爲驛站服役或管理的人叫站戶，《元朝秘史》中多有載見。此詞沿用至今，如車站等。有時候很多韻字沒有用"正體"，而是用"簡俗字"，例如"樣式"之樣，正體爲扌旁"樣"字，而《蒙韻》作"樣"，村莊的"莊"字又收俗體"庄"等，這種簡俗字沿用至今。可見《蒙古字韻》不僅具有語音史的重要價值，在漢字史和詞彙史上也具有重要的研究意義。韻本中訛誤字甚多，大多爲形旁相似而誤。如扌旁與木旁土旁、礻旁與衣旁，目旁與日旁與月旁，艹頭與卝頭混淆等，比比皆是。以東部字爲例，第10列泥母襛字，從礻旁作禯，其本義爲衣厚貌，故從衣；第12列篷作蓬，艹頭與卝頭相混，且與前一字犯重；第13列盲作肓，而肓呼光切，曉母唐韻字；第21列撞字誤從木旁作樁，撞書容切，樁江韻都江切（知母類隔），聲韻不合；第37列去聲襡，原從礻旁，而韻書無礻旁字，又擁字，原從扌旁作擁，而擁在上聲。凡此之類必須校正。

形體訛誤俗寫類如東部第14列豐酆灃三字，被訛誤成"豊鄷灃"，因"豐"字寫成"豊"而致。元至順、至元本《事林廣記》百家姓鄷字書寫亦如此。又本列上聲覂，原下乏字作之，訛俗字。第24列絃字，誤作弦，玄與玄字形似而訛誤。又玒字，原作𤣩，《新刊》注："金玉未成器也。乎甞切。"𤣩，在去聲諫韻慣小韻古患切，與本音位不符。第40列"穎"，原左下角誤作示，爲穎字俗寫。如此之類，數不勝數，皆當時社會習俗所然。

七

有必要交代一下校勘體例。

第一，《蒙韻》書寫訛誤俗寫甚多，本次校勘盡可能校正之。凡脫缺之字據《新刊》補足者以方括號 [ ] 表示，如東部第5列去聲缺"洞"字，則補足爲[洞]。凡添加之字以＊號表示，如東部7列去聲"穜"字《新刊》無，則校補爲＊穜。朱宗文等續添之字，一般有注文，校勘時將注文括號表示，如第1列玒（美玉）之類。小韻重複省略例以〇表示。

第二，本次校勘僅校注韻本內漢語韻字正文，而於卷首校正字樣、總括變化之圖、三十六字母以及卷末回避字樣等，皆在省略之中。

第三，《蒙古字韻》編排按聲類順序，以八思巴字母對音一組組漢字，凡八思巴字母拼寫訛誤與否，亦不在校勘之列。考慮到排印上的困難，僅錄漢字而省錄八思巴字。

第四，每列韻字之前據八思巴字母譯寫聲母，以傳統三十六字母表示，至於字母訛誤之處，參照前輩學者研究徑直訂正之。需要說明的是，《蒙古字韻》卷首雖列有三十六字母，但不等於《蒙古字韻》的聲母系統。如非母與敷母在韻本中合二爲一，知徹澄三母與照穿床三母八思巴字母完全同形，韻本中知莊章三系實際上合而爲一，但校勘時，仍將其標爲"知章""知莊"型，如有莊系獨立者仍單獨標明之。以探明其源，有助於研究其音值。又如在《蒙古字韻》中，影母分出么母，匣母分出合母，疑母與喻三合口字組成魚母等，這些均與三十六字母不能吻合。故本文列寫聲母時，儘量按照八思巴字母譯寫。如⊠合母，⊠么母，⊠魚母等，這些名稱借用《通考》標識。又有"一"作零聲母標記者，韻書中有⊠（吾）⊠（阮）⊠（訛）三個音節，本爲疑母字的零聲母化，校勘時我們標記爲"○"聲母。

第五，《蒙古字韻》將2120組小韻概括在70個韻類之中，每個韻類相當於一個韻母，但又不完全等於韻母，因爲有些韻類語音非常近似可以合併。本次校勘時將每個韻類字頭圈出，如東部公字韻類和弓字韻類。

第六，凡聲類韻類不做擬音描寫，如端透定可以擬音爲t、t'、d，公類弓類可以擬音爲uŋ和iuŋ等，然而擬音是件非常複雜的工作，整個《蒙古字韻》的語音系統尚未被研究清楚，前輩學者的研究雖可供參考，但可商榷處甚多，在此情況下最好謹慎進行，先暫且放棄爲好，以免貽誤後學，以訛傳訛。至於其音系研究，我們將另文發表。本文宗旨是儘量做好韻字校勘工作。

最後需要說明的是，古籍校勘是件非常艱辛的工作，需要豐富的文字音韻知識。數年來，我們師生矻矻努力不辭辛苦才得以完成，而所有的工作都是在前輩學者研究的基礎上進行的，尤其是甯忌浮先生的研究，於後輩啟迪甚多，文內有些注釋沒有一一注明。由於我們對《新刊韻略》和《蒙古字韻》等相關韻書研究不深，校勘中難免會存在種種錯誤之處，挂一漏萬。祈盼有關專家學者不吝賜正。叩謝！①

---

① 校勘的《蒙古字韵》另行发表在《文献语言学》2016 年第二辑，曰《新校蒙古字韵》。

《韻會》引述劉淵《壬子新刊禮部韻略》性質考*

引論

　　王文郁《新刊韻略》金哀宗正大末著成后不久，金朝就滅亡了，可能王氏韻書在金朝還沒有投入使用。金朝滅亡是在哀宗天興三年（1235），三年后的丁酉年（1237）時，元太宗下詔在占領區實行科舉考試，考試于后一年正式實行，稱"戊戌選試"。這是金亡后蒙古人舉行的第一次科舉考試，當時科舉考試的方式無疑沿襲金朝舊例，其詩賦考試所用韻書也是金朝的《禮部韻略》或者是類似《新刊韻略》的私家修訂本。[①] 當時南宋還沒有滅亡，時值宋理宗嘉熙二年（1238），不可能使用宋朝的《禮部韻略》。

　　《禮部韻略》向來以簡略見稱，觀宋人《禮部韻略》即可知金人官韻如此，所以才會有各種私家增修本。如宋人官韻增注本有無名氏《附釋文互注禮部韻略》，毛晃父子的《增修互注禮部韻略》和歐陽德隆《押韻釋疑》等，金人官韻也是如此，王文郁《新刊韻略》即其中之一。許古序有言："稔聞先

---

* 本文原載於《山西大學學報》2018年9月第41卷第5期，收入本書時，略有刪改。
① 元朝正式實行科舉考試是在仁宗延祐元年（1314），距首次開考相隔77年。今《新刊韻略》卷首所載《聖朝頒降貢舉三試程式》等考試程式皆爲仁宗皇慶年間制定。

禮部韻，或譏其嚴且簡，今私韻歲久，又無善本。文郁累年留意，隨方見學士大夫，精加校讎，又少添注語，既詳且當。不遠數百里敬求韻引，僕嘗披覽，貴于舊本遠矣！"可見金人官韻有多家私人修訂本，而王文郁韻書則爲其中之善者。

窩闊臺實行科舉取士實在是籠絡金朝知識分子的一個重要舉措。金朝剛剛滅亡，蒙古人急須在思想文化上軟化人心，尤其要針對知識分子這一國家和社會的中堅力量。在科舉利祿政策鼓勵下，臣服于蒙古人的金朝讀書人又看見了希望，因爲科舉是一個人走向仕途的重要途徑之一。于是王文郁的韻書得到重視，元憲宗二年壬子（1252），也就是宋理宗淳祐十二年（1252），王文郁《新刊韻略》被刻印，這就是《古今韻會舉要》（下簡稱《韻會》）所說的江北平水劉淵《壬子新刊禮部韻略》，簡稱《平水韻》。此爲《新刊韻略》最早版本之一。是否爲官家許可下的刻印，現在還不好說。爾后有《排字韻》（敦煌出土本殘葉）刊刻，爾後有成宗大德四年（1300）梅溪書院《排字禮部韻略》刊印，今日朝鮮刊本《排字禮部韻略》是它的傳承本。大德十年（1306）中和軒《新刊韻略》，至英宗至治年間覆刻中和軒本，今北京和上海圖書館藏有清影抄本。仁宗皇慶二年（1313）下詔實行科舉取士，從此《新刊韻略》被指定爲元朝的"禮部韻略"。今存世的至治年間覆刻本《新刊韻略》卷首所載《圣朝頒降貢舉三試程序》等可以說明這一點。

劉淵"平水韻"自清代錢大昕以來，尤其是現代學者，研究考辨文章甚眾，逐步弄清了兩個問題：（1）并韻106部或107部不始于劉淵；（2）劉淵的平水韻就是王文郁《新刊韻略》的改版。但還有一些重要內容沒有被辨正清楚，甚至以訛傳訛，就是是否有作者劉淵其人，到今天仍有研究之必要。

一、劉淵平水韻之正名

根據《韻會》敘述，《平水韻》作者似乎是劉淵，凡例言曰：

江南監本免解進士毛氏晃增修《禮部韻略》，江北平水劉氏淵

《壬子新刊禮部韻略》，互有增字。今逐韻隨音附入，注云毛氏韻增、平水韻增，凡二千一百四十二字。

毛氏增一千七百二十字，平水韻增四百三十六字。

甯繼福（忌浮）先生做了件非常有意義的工作，將《韻會》所引《平水韻》436個韻字與現存《新刊韻略》一一比照，兩者相差無幾，包括"新添""重添"韻字以及它的注釋情況等（少數韻字的字體或注釋略有差異，見下），從而回答了清儒錢大昕等人的疑問："豈淵竊見文郁書而翻刻之耶？""淵所刻者，殆即文郁之本？……然某究以未見劉書，不敢決其然否。"后道光年間江蘇常熟人張金吾對《韻會》所引的《平水韻》436字與《新刊韻略》做了比較，其結論就是："淵書今不可見，就《韻會舉要》所引考之，蓋襲取文郁之書而稍有增損者也。"張金吾《藏書志》今人見之甚少，所以最后論證劉淵《平水韻》與《新刊韻略》關係的，此功當屬甯繼福先生。

清人研究及甯繼福先生研究，今日可成定讞。然而"劉淵"之名卻大可推敲。從《韻會》著述年代看，我們認爲"劉淵"并非實有其人，而是熊忠假托之作者。

考史，劉淵字符海，西晉末人，本是西漢時期匈奴首領冒頓單于的后裔，漢高祖劉邦以宗室之女嫁給冒頓單于，相約爲兄弟，其后子孫都以劉氏爲姓。晉惠帝永安元年（304），劉淵自稱漢王，建年號爲元熙，追尊劉禪爲孝懷皇帝，國號爲漢（史稱漢趙、前趙）。晉永嘉八年（308）劉淵稱帝，由此揭開了"五胡亂華"之序幕，劉淵也就成爲十六國時期前趙政權開國皇帝。[①]唐人有言："元海傑然，首亂華夏。中原喪沒，凡數百年。"[②]因此，"劉淵"便成爲蠻夷政權僭帝稱號的代名詞。

考《韻會》撰作，是在宋末元初，劉辰翁序作于元世祖至元二十九年壬辰（1292），熊忠序言寫于元成宗大德元年丁酉（1297）。作序時間總是晚

---

① 以上内容參見《晉書》卷一百一《載記》。
② 李昉編《文苑英華》卷五百六十八杜牧《賀平党項表》。

于著述時間，所以我們推測《韻會》於宋末就開始著述。黃公韶宋末度宗咸淳元年（1265）進士及第，《韻會》寫作也當在此年之後。《韻會》內容實質就是在宋代《禮部韻略》基礎上而進行音義上的重新修訂和編排，一是增加注釋、訂正音義訛誤，二是采用107部框架按聲類編排。入元以後，黃公韶隱居不出，此時《韻會》編寫工作基本上也完成了。其餘增補工作是由館客（可能是門生）熊忠等人完成的。其初黃公韶所著書名曰《古今韻會》，后來熊忠在此基礎上刪繁就簡，增加韻字，遂名曰《古今韻會舉要》。熊氏序曰：

> 仆辱館公門，獨先快睹，且日竊承緒論，惜其編帙浩瀚，四方學士不能徧覽。隱屏以來，因取《禮部韻略》增以毛、劉二韻及經傳當收未載之字，別為《韻會舉要》一編。雖未足以紀綱人文，亦可以解舊韻之惑矣。

序言說得很清楚，熊氏工作主要是增以毛晃和劉淵二韻，以及經傳當收未載之字，當然還包括增收宋朝廟諱字，重新編寫了韻例。此外，熊氏做了一件重要的工作，以元朝政府剛剛頒布的《蒙古字韻》音系為參考，編寫了《禮部韻略七音三十六字母通考》聲韻表（以下簡稱《通考》）。此書名應讀為：《禮部韻略》七音三十六字母通考，即以"七音三十六字母"分析《禮部韻略》的聲韻結構。它包括兩個密切相關的概念："七音"和"韻母"。①當然，這個聲韻表還不完全等同於韻圖，也沒有體現諸如《切韻指掌圖》的聲韻對應關係，而是引進了時音的內容，將《禮部韻略》聲韻系統做了恰當的分合，特別是用"字母韻"的方式標記了這種分合關係。例如《禮部韻略》規定，一東獨用，二冬與三鍾同用，但實際語音中，一東二冬三鍾其韻基本相同，東韻"公"與冬韻"攻"，東韻"弓穹窮"與鍾

---

① 《通考》序曰："韻書始於江左，本是吳音，今以七音韻母通考韻字之序，惟以雅音求之，無不諧叶。"

韻"恭銎蛩"，二者完全同韻。所以可以用"公"字母韻概括前一組，可以用"弓"字母韻概括後者，甚至庚韻的字如"觥盲甍諻訇橫"等，它們的韻母也讀如"公"字母韻，這樣就可以字母韻的形式將它們串聯起來。但這樣做必須有依據，這個依據就是《蒙古字韻》，所謂"中原雅音"。《蒙古字韻》就是這樣編排的，如《蒙古字韻》東部的"公功工攻觥韃肱刊玒"一組小韻字，它們來自不同的韻部，除東韻冬韻字外，還有其他韻部的字，其中"觥韃"，庚韻；"肱"，登韻，《韻會》與《通考》皆屬于公字母韻。這是熊忠的一個大膽的創舉，等于是將《禮部韻略》音系納入了一個新的語音框架。這樣，從音系上說，《韻會》含有新舊兩個音系，一個是以《禮部韻略》爲主線的舊音系，一個是以《蒙古字韻》爲主線的"雅音"音系。這種雅音系統實際上就是當時的中國北方地區官話音系。這是《韻會》不同于以往韻書的地方。

　　黃公紹編寫《古今韻會》時，南宋尚未滅亡，所以他只能在宋《禮部韻略》的基礎上進行音義方面的修訂，而熊忠改編時南宋已經滅亡，元朝南北統一。在這種情況下，作爲元朝子民，熊忠可以不顧忌宋朝廟諱等制度（補錄避諱韻字等），當然也不會顧忌金朝避諱，但必須考慮《韻會》的編寫形式和編寫內容等。當時八思巴蒙古新字和《蒙古字韻》均已頒布，而且元朝政府規定學校生員也必須學習之。在這種形勢下，如果熊忠還是在宋人舊韻基礎上修修補補，顯然就不適合形勢了，爲了便于《韻會》在元統治之下的中國地區廣泛傳播，熊忠在韻書中揉進了《蒙古字韻》的音系內容[①]，以適合當時的政治形勢。

　　或曰：《韻會》爲什麼不直接從《蒙古字韻》中增加韻字呢？爲什麼要從平水韻中增加韻字呢？這一是因爲《蒙古字韻》的韻字直接來自《新刊韻

---

① 但在聲組疑母上《韻會》仍有所保留，所謂"兩存"之。如麻韻牙字注曰："牛加切，角次濁音。蒙古韻入喻母。……案吳音牙字角次濁音，雅音牙字羽次濁音，故蒙古韻略凡疑母字皆入喻母。今案七音韻牙音爲角，則牙當爲角次濁音明矣。今兩存之。餘見前卷韻凡例內。"其凡例言曰："吳音角次濁音即雅音羽次濁音，故吳音疑母字有入蒙古韻喻母者，今此類並注云蒙古韻音入喻母。"

略》，二是因為《蒙古字韻》沒有反切注音和釋義，在音切上不好把握。① 所以，在增加韻字的時候熊忠就直接從《新刊韻略》中挑選了一些韻字。又或曰：熊忠爲什麼不叫"新刊韻略"卻言"平水韻"呢？作者名爲什麼不叫王文郁而叫"劉淵"呢？這正是熊忠的苦衷和障眼法。

首先，王文郁的《新刊韻略》當時可能不叫這個名字，因爲王文郁的韻書是對金朝《禮部韻略》的修訂加工，類似宋朝的毛晃《增修互注禮部韻略》之類，它當時的名字可能就是在"禮部韻略"之前冠以"增注""增修"之類的詞語。從《韻會》引述的劉淵《壬子新刊禮部韻略》名稱看，完全可以這樣斷言。當時刊刻時刪去了"增注"之類的詞語，而易之爲"壬子新刊"字樣，以提高刻本的權威性。

其次就封建王朝而言，宋朝是正統，其他夏遼金都是割據王朝，蠻夷番邦非正朔也。元朝天下南北統一，亦爲正朔。故熊忠敘述毛晃韻書和劉淵韻書時用了非常含糊的語句表達：

江南監本免解進士毛氏晃增修《禮部韻略》，江北平水劉氏淵《壬子新刊禮部韻略》，互有增字。

當時南宋疆域主要是在江南，說江南監本《禮部韻略》，人們很容易理解，這是指宋朝《禮部韻略》；而說江北平水《禮部韻略》，細心的人就會想到這是指北方金顏氏統治下的金朝《禮部韻略》，作爲宋朝，哪來"江南""江北"兩部《禮部韻略》呢？

---

① 也許正因如此，熊忠在《韻會》中提到《蒙古韻略》（兩次），《四聲通解》（凡例）時也如此。其實《蒙古韻略》與《蒙古字韻》是一本書，認爲在《蒙古字韻》以外還有一本《蒙古韻略》，是不恰當的。《禮部韻略》以韻字少注釋少而稱"略"，《蒙古字韻》以無音切注釋而稱"略"。《禮部韻略》是科舉取士韻書，而《蒙古字韻》是蒙漢對音教科書。如果還有《蒙古韻略》，元朝政府就不會選用《新刊韻略》作爲科舉考試用書，這些可以互爲反證。元朝人的《禮部韻略》其實就是《新刊韻略》及後來增修本《文場排字禮部韻略》之類，這點毋庸置疑。也許熊忠把《蒙古字韻》看作元朝的《蒙古韻略》，但這屬於熊氏的個人看法，不是客觀事實。

但熊忠故意混淆了一個概念：宋韻與金韻。既然是兩部性質不同的官韻書，又何來"互有增字"呢？正因如此，明清時期很多學者誤以爲劉淵"平水韻"爲宋代《禮部韻略》的修訂本，等同于毛晃的《增修互注禮部韻略》。如李光地主編的《音韻闡微》凡例曰："韶興末衢州進士毛晃取《禮部韻略》增修之，爲《增修互注韻略》。淳祐間平水劉淵有《壬子新刻韻略》，乃并《禮部韻》之同用者爲一百七韻。"

叫"平水韻"可以理解，因爲山西平水在金朝是主要刻書之地，也許《壬子新刊禮部韻略》卷內或卷末有牌記文字，表明刻書坊名。旁證有《新刊韻略》在大德年間的刻印牌記，成宗大德四年梅溪書院《排字禮部韻略》，卷內牌記文字爲："大德庚子良月梅溪書院刊行。"又有大德十年中和軒《新刊韻略》，其牌記文字爲："大德丙午重刊新本/平水中和軒王宅印。"頗疑《韻會》引述的《壬子新刊禮部韻略》也有"平水"之類的牌記文字，所以才叫"平水韻"，以刻本地望稱韻是可以的。

但"劉淵"這個名字卻值得深究，考史，元朝有劉淵者，始爲南宋將領，后降元，與"平水韻"無關，可以查證。

如《宋史》卷四百四十九《忠義列傳》：寶祐六年（1258），"（北兵）至順慶，帥守段元鑒城守，麾下劉淵殺之以降。"① 又如《元史·憲宗本紀》八年（1258），"乙酉，帝次於運山，大淵遣人招降其守將張大悅，仍以大悅爲元帥。師至青居山，裨將劉淵等殺都統段元鑒降"②。兩史能相互印证。

《韻會》言劉淵韻書名曰《壬子新刊禮部韻略》，則出版是在壬子年，即元憲宗二年（1252），而歷史所載劉淵當時還是宋將，不可能著述"平水韻"書。當時是否還有重名者，史無查證。因此，我們認爲，所謂"平水韻""劉淵"者，實際上是金朝《禮部韻略》的代稱。上文說過，五胡亂華之劉淵爲匈奴后裔，雖建立前趙政權，但只是僭越稱帝而已。故"平水韻"之劉淵者，實在是一個子虛烏有的名字。熊忠在當朝不敢直言金人《禮部韻略》，而是委

---

① 見《宋史》，中華書局標點本，13243 頁。
② 見《元史》，中華書局標點本，52 頁。

婉地以"平水""劉淵"言之，其褒貶之意也就非常清楚了。

二、《壬子新刊禮部韻略》（平水韻）版本特徵

《壬子新刊禮部韻略》雖今日不見，但《韻會》引述了"平水韻"436字，通過這436字與現存《新刊韻略》比較，也就可以考見大概了。

既然書名爲"新刊"，那就說明它還有舊本。這個舊本應該就是當時王文郁《新刊韻略》原本，只是當時有可能不叫這個名稱而已。許古序作于金哀宗正大六年（1229），那可能是王文郁《新刊韻略》最后完稿的時間，距離《壬子新刊禮部韻略》（1252）有二十多年。中間是否刊刻過現已無從可考，它有很大可能是最初的版本。如果太宗戊戌年（1238）科舉使用并且刊刻了《新刊韻略》，壬子本也算是較早的版本了。所以，"劉淵"一名既非作者名亦非刊刻者名，自明清數百年來，人們以訛傳訛，誤將"劉淵"看作平水韻作者，又將平水韻訛誤成宋朝《禮部韻略》，實在是大謬，[①]爲熊忠障眼法迷惑而已。而歷史上的"平水韻"，應當被正名爲《壬子新刊禮部韻略》，金朝官韻書，蒙元時期刻印。

既然"平水韻"就是王文郁的《新刊韻略》，此個韻書有哪些特點呢？

首先從版本形式看，大德十年中和軒本是它的延伸，大德中和軒原刻本不見，現在保留的英宗至治年間覆刻中和軒本，其刻本今藏臺灣圖書館，其次是國家圖書館收藏的影抄本，還有上海圖書館收藏的影抄本等。全書平上去入五卷，韻目標寫與韻字編排包括注釋和韻藻等，應當與至治中和軒覆刻本一樣。如平聲一東韻（括號內爲注釋）：

一東獨用（春方也動也德紅切大｜潮｜易｜河｜山｜遼｜自｜）
凍（凍凌又都貢切）蝀（蠬蝀虹也又音董）○同（齊也共也輩也合

[①] 如毛奇齡《西河集》卷十六《辯毛稚黄韻學通指書》："至若今所行一百七韻，則宋理宗朝平水劉淵合併《廣韻》，名《壬子新刊禮部韻略》，而今遵用之。"這種看法清儒甚多，茲不贅述。

也律曆有六同徒紅切大丨和丨會丨雷丨攸丨混丨異丨道丨）仝（古文）童（獨也言童子未有室家也終丨狨丨黃丨兒丨不丨頭丨洞丨）僮（僮僕又頑也癡也家丨）銅（金之一品青丨標丨）桐（木名月令曰清明之日桐始華華丨絲丨焦丨孤䟿丨）峒（崆丨山名）筒（竹丨又竹名射桐）瞳（目丨舜重丨）罿（車上網又音沖）犝（犝牛無角）箽（竹箽）……

韻字采用散字編排的形式（與排字相對應），注釋中重復出現的韻字用"丨"杠代替。

從至治覆刻本看，卷首附錄的《壬子新增分毫點畫正誤字》和《壬子新雕禮部分毫字樣》，應當爲《壬子新刊禮部韻略》的原書附錄。正是有了這兩個材料，才有壬子之名。當時是否存有許古序，不好說。因爲歷史上刻書一般會保留序言后跋，尤其是著作者序言，以示對原著和原作者的尊重，除非是當時官方刻印。元初時期的熊忠，既然得到《壬子新刊禮部韻略》這部韻書，他肯定知道這是金朝人韻書且知道著作者信息，只是出於政治上忌諱而加以隱諱而已，而別之爲"劉淵""平水韻"云云。試想，如果《壬子新刊禮部韻略》沒有許古序言，大德本的許古序言又從何而來？

至于中和軒覆刻本卷首《圣朝頒降貢舉三試程序》和《章表回避字樣》等都不是壬子本所有，其中回避字樣是大德本內容，[①]御名廟諱、考試程序和試期等，是延祐設科以后書坊覆刻時添入的，其稱英宗爲今上皇帝，則覆刻本爲至治年間印本。

其次，從版本內容看，《韻會》所引"平水韻"436個韻字，除了平聲五歌"瘸"字沒有在《新刊韻略》相當的位置被筆者查到外，其餘435個均能被查到。其中包括《新刊韻略》中9個新添韻字和28個重添韻字。有些韻字不同只因為互為異體字，在釋義及注音方面絕大部分相同，其中釋義完全相

---

① 據《元典章》卷二十八《進表》，回避字樣在世祖至元三年（1226）四月頒佈。無疑，這個《章表回避字樣》是大德本增加的內容。延祐元年（1314）解除回避字樣，"元禁字樣太繁，今擬除全用"。

同或基本相同的有 200 多處。其他 200 餘處注釋內容基本一致，只是《韻會》增加了一些內容，或表述方式不一樣。由於《韻會》的編排體例，作者在引述"平水韻"時，會在注釋上相應地增加一些內容，如增加注解出處、典籍釋例、增加釋義項、增加字形說明等。這些增加內容不應被看作"平水韻"的內容。另外，"平水韻"反切與《新刊韻略》不同的有一二處，另外有十四處韻字與《新刊韻略》不同，這些韻字表現爲異體字。詳見下文討論。

三、《韻會》所引"平水韻"與《新刊韻略》差異辨正

《韻會》所引"平水韻"在注釋、反切和韻字方面，與現存《新刊韻略》略有差異。這些差異能否說明《壬子新刊禮部韻略》原本如此呢？我們認爲，不完全如此。但需要辨正之，以免造成不必要的誤解。

（一）注釋差異問題

下面僅列舉五例分析之。引用格式：《韻會》//《新刊韻略》。

（1）去聲四寘韻荔字：荔支，又薜荔，草名，《楚辭》被薜荔兮帶女蘿。①○平水韻增。// 荔支。

（2）去聲二十八勘韻菳字：菳菳，心欲秀也。又花蘂。○平水韻增。// 苗菳心欲秀也。

（3）入聲屋韻鱐字：魚名，鮀母也。一曰魚臘。又尤韻。○平水韻增。// 魚臘。

（4）入聲屋韻鵚字：鵚鶖，鳥名。《集韻》或作雉，通作禿。○平水韻增。// 鵚鶖。

（5）入聲五勿韻忔字：《博雅》喜也。○平水韻增。// 喜也。

上述五例《韻會》雖保留了核心義項，但內容增加不少。左邊《韻會》注

---

① 被薜荔兮帶女蘿，原誤引作"被薜荔分女蘿"。《新刊韻略》寘韻荔字注"：荔支"，霽韻注"薜丨香草"。注釋與《韻會》所引不完全同。其他例也如此。

釋非常豐富，右邊《新刊》非常簡單。例（1）水果荔支名增添草名薜荔，並引《楚辭》書證；例（2）苔字增加花藥義項；例（3）增加鮀母一詞；例（4）鵁鶄字，補充了"鳥名"，又引述了《集韻》的解釋（比較《集韻》原文："鵁鵵，鵁鶄，鳥名，或從隹，通作秃。"）；例（5）增加注釋出處《博雅》，都可以被看作《韻會》作者添加的內容。所以《韻會》注釋部分決非"平水韻"原來所有的。

《新刊韻略》編撰，其韻字和注釋來自《廣韻》，添加的韻字有少量雖然採自《集韻》，但文中不出現"集韻"一詞。如去聲證韻乘小韻食證切甸字就來自《集韻》，《廣韻》無，注曰："六十四井爲甸，又堂練切。"與《集韻》注釋相同。又如上聲等韻新添繁字，注釋與《集韻》同。但《新刊韻略》一般不直接引述《集韻》，全書沒有出現過"集韻"一詞。①從體例上可知這些內容爲《韻會》作者所加，而非原本所有。一個重要的旁證，就是《韻會》據毛晃韻增加的韻字，注釋往往與毛韻不同。例如東韻空小韻苦紅切下，毛晃增添"椌""倥""箜"三字，注釋文字簡略（括號內）。如下：

《增韻》：椌（器物樸。又江韻。增入）倥（無知。《揚子》倥侗顓蒙。又董送二韻。增入）箜（箜篌，樂器。增入）

而《韻會》"箜"字注釋："箜篌，樂器。《釋名》師延所作，言空國之侯所好靡靡之音。《風俗通》一名坎侯。…○毛氏韻增。"增加文字近百。所以，僅從《韻會》注釋文字，很難說明"平水韻"版本與今存《新刊韻略》的異同情況。

（二）反切差異問題

《韻會》引平水韻中有時反切音不一樣，但爲數極少，只有五例。其中既有《韻會》編排體例下的反切體系問題，又有《新刊》中金主廟諱問題，不排除《韻會》引述錯誤，不能被看作《壬子新刊禮部韻略》與《新刊韻略》異文如此。

---

① 《楚辭》僅出現兩次，《博雅》只在卷末出現一次。注釋中主要是《說文》，出現139次。

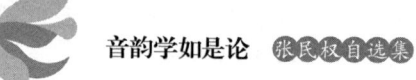

（1）《韻會》上聲馬韻拓字，引平水韻作慈也切，從母。《通考》亦作從母。《新刊》在姐小韻茲野切，《廣韻》同。此類有可能是《韻會》作者的有意移置。

（2）《韻會》去聲宋韻引平水韻鞯褦作鞯褦，於用切。《新刊》渠用切，這是因爲金主完顏雍，避諱改於用切爲渠用切。

（3）顑頷，二字《韻會》去聲勘韻憸小韻引平水韻作徒濫切，在定母。《新刊》賧小韻吐濫切，透母。《韻會》顑頷二字置於憸小韻徒濫切不確，應置於賧小韻吐濫切下才是。

（4）《韻會》屋韻蓄小韻敕六切引平水韻，徹母。《新刊》畜小韻初六切，《蒙古字韻》亦在初母。《韻會》徹母與初母合併，蓄敕六切和俶昌六切，《通考》都在徹母。《韻會》作者不計較其中差別，遂將畜二字置于蓄小韻下，應置于俶昌六切下才是。

（5）《韻會》入聲屋韻娖字："后宮女官名，通作淑。○平水韻增。"此字爲孰小韻神六切，船母。但《新刊》殊六切，禪母。此差異是因爲《韻會》反切體系用的是《集韻》和《禮部韻略》反切，船禪不分；而《新刊》承襲《廣韻》反切，船禪有分。如"熟孰淑塾璹娖"這些韻字，《集韻》和《禮部韻略》皆神六切，而《廣韻》殊六切。所以這不是《壬子新刊禮部韻略》與《新刊韻略》的差異，而是《韻會》編排體例所致。

以上五例，只有例（1）才算是異文，因爲拓字在《韻會》獨立爲一個小韻，不排除《韻會》有誤置現象。

（三）韻字形體差異問題

《韻會》引平水韻與《新刊》不同者主要有14例，均爲異體字，先列表如下，然後再作相應考釋（見表1）。

表1 《韻會》引平水韻與《新刊》不同者字例

韵部	虞	皆	灰	删	先	豪	宋	宋	陷	屋	觉	觉	铎	锡
新刊	欤	摭	挼	瘌	霹	獠	鞯	褦	赚	蹴	皃	嗷	爆	癳
劉韻	煦	抈	捼	痫	麂	燈	鞯	褦	赚	敂	貌	欻	爀	瘫

以上14例有的字形差別還比較大，如摭與抣、藔與荳等，它們是否互爲異體，還需要做一番考證。

（1）《新刊》虞韻欨字，《韻會》引平水韻作煦，注曰："煦，《說文》本作欨，吹也，從欠句聲。……今作煦。○平水韻增。"《集韻》欨煦二字爲異體，注曰："《說文》吹也，一曰笑意，一曰欠也。或作煦。"

（2）《新刊》皆韻摭字，注："以拳加物，丑皆切。"《韻會》引平水韻作抣，注："抣，打也，又以拳加物。《集韻》或作摭。○平水韻增。"可見摭抣二字互爲異體。

（3）《新刊》灰韻㛆字，《韻會》灰韻引平水韻作㛄，注或作㛆。

（4）《新刊》刪韻癇字，《蒙古字韻》從之，《韻會》刪韻引平水韻癇作癎。按《新刊》俗字，《廣韻》作癎。

（5）《新刊》先韻字，《韻會》引平水韻作麊，異體。

（6）《新刊》豪韻字，野豆。《韻會》引平水韻作荳，異體字。《韻會》注曰："荳，野豆謂之荳，形如大豆而小，色黃，蔓生。《集韻》或作藔。○平水韻增。"

（7）（8）《新刊》宋韻褈二字，《韻會》去聲宋韻引平水韻作䡬襊。

（9）《新刊》去聲陷韻字，按《韻會》引平水韻作賺。《集韻》作賺。《韻會》注曰："賺，直陷切，音與虥同。《廣雅》賣也，《廣韻》重買也。又市物失實。○平水韻增。"按《廣韻》作賺。

（10）《新刊》屋韻蹴字，《韻會》屋韻子六切引平水韻有欨字，注曰："《說文》怒然也，引《孟子》曾西欨然，一曰悲貌，通作蹵。今《孟子》作蹵，曾西蹵然不悅。○平水韻增。"《韻會》以爲欨字異文爲蹵。《集韻》："蹴，蹋也，逐也，或書作蹵。"如是，欨字爲蹴之異體。

（11）《新刊》觉韵皃字，注曰："皃人類狀。本莫教切。"《韵会》引平水韵作貌，注曰："容也，本作皃。注见效韵。又描画人物类其状曰貌。"与《新刊》注释类似。

（12）《新刊》覺韻嗽字，《韻會》引平水韻作欶，注或作嗽。《廣韻》欶嗽二字異體。

（13）《新刊》鐸韻爆字，注："迫于火也。"《韻會》引平水韻作煿，注曰："火干也。或作爆。一曰熱也。○平水韻增。"《集韻》爆煿二字爲異體，注曰："爆煿，火干也。一曰熱也，或作煿。"此字或據《集韻》添入。

（14）《新刊》錫韻瘛字，《韻會》錫韻引平水韻作瘈，今按朝鮮《排字禮部玉篇》並作瘈。這種筆畫上的差異是允許的。

以上14例基本上可以確定爲異體問題。有些異體字從字形筆畫上很容易看出來，但有些形體之間差別很大，如撅與扢、踽與䠶、蹴与欼、爆與煿等，而且其中有些是很生僻的字，如䠶、欼、煿三字，當時《壬子新刊禮部韻略》是否有這些韻字，值得懷疑。其中一個重要的懷疑理由，就是今英國倫敦抄本《蒙古字韻》收錄的韻字與今存《新刊韻略》非常一致，并無諸如"平水韻"之類的異體字。《蒙古字韻》編撰於元世祖忽必烈至元十年（1273）前後，所據《新刊韻略》本子也是很早的版本，且一定是很權威的刻本。除非熊忠所據《新刊韻略》是個很糟糕的翻刻本，這個很糟糕的刻本爲求新求異，添加或替換了一些韻字，或者在注釋說明了其異體字。當然，也有一種可能是熊忠等人為求新求異而添改了異體字。

有一例值得注意，《韻會》戈韻瘸字，引平水韻增。《新刊》無瘸字，《廣韻》戈韻："瘸，腳手病，巨靴切。"《蒙古字韻》麻韻有瘸字。似乎《新刊》原有瘸字，大德本重刊時刪汰抑或遺漏？存疑于此。

《新刊韻略》的韻字錯誤在"平水韻"中得到糾正。此舉一例。《新刊》梵韻重添俺小韻於劍切下裺字，注："衣寬也。"而誤寫作示旁"禣"字，大德中和軒刊本及朝鮮刊本均如此錯誤，裺字《廣韻》無，《集韻》琰韻奄小韻衣檢切："裺，襟也。"按《韻會》引平水韻作裺，不誤。

四、餘論

金人《壬子新刊禮部韻略》被《韻會》引用，被稱作劉淵"平水韻"，它是《新刊韻略》的早期刊本，元大德間重刊時改名爲《新刊韻略》。蒙元人進入中原地區乃至統一中國南北后，將它用作本朝科舉考試的《禮部韻略》。

"劉淵"只是一個假托的人名,用以指代女真族完顏氏建立的金朝。熊忠爲了調和南北《禮部韻略》之差異,在宋朝《禮部韻略》的基礎上,除增收毛晃增加的韻字外,再從《壬子新刊禮部韻略》中酌情挑選一些,共436字,這樣,熊忠就把南北《韻略》集于一爐。爲了做到這一點,熊忠又參考《蒙古字韻》音系,建立《禮部韻略七音三十六字母通考》聲韻表,并努力在韻書正文中體現之,一是用字母韻的概念區別韻類,二是以"音同"的概念并合韻類。這樣做,一方面是出于當朝蒙古人統治下的政治考慮,一方面也是出于對傳統韻書編撰上的革新要求,以適應語音的時代特點。

例如,平聲江韻字,《廣韻》《集韻》和《禮部韻略》反切下字除江字古雙切外,其餘十六個小韻(禮部韻略14個小韻)都是以"江"作反切下字,說明它們的韻母并沒有發生什么變化。但金元時代,漢語語音發生了很大的變化,首先江韻知莊字產生了合口呼,其聲母變成了 tʂ、tʂʻ、dʐ、ʂ 系列,牙喉音顎變化爲舌面音 tʃ、tʃʻ、dʒ、ʃ、ʒ 系列,相應地韻母也要發生變化,與知莊字的韻母也就不一樣。同時與唇音字"邦胮龐龓"等韻母也自然不同。因此,在江韻中,就有三個不同的字母韻:江字母韻、光字母韻和岡字母韻,而《韻會》正是這樣分析的:"已上屬江字母韻""已上屬岡字母韻""已上屬光字母韻"等。一個江韻分化成三個韻母,而《蒙古字韻》正是如此。

又如《韻會》四支韻部,羈居宜切,饑居狋切,姬居之切,它們本屬《禮部韻略》支脂之三個韻部的小韻字,但金元時代其音已經合併,《韻會》則在饑姬二字后注"音與羈同"。不僅如此,微韻開口字亦與之合流,如機小韻居希切,注曰:"音與支韻羈字同。"《蒙古字韻》四支部"羈羇畸奇饑肌姬基朞其箕幾譏几犧饑機璣機"均爲同一組小韻,屬于"羈"字母韻。就這樣,《韻會》運用字母韻將"音同韻異"不同韻部的小韻字系聯起來了。

同時,在聲類上,作者據《蒙古字韻》將知照二組合併爲知組聲類(《通考》),正文內則通過語音注釋體現出來,如知珍離切,注釋爲"音與支同"(支,照組三等字)。《蒙古字韻》匣合分立,疑魚分立,影幺分立,于是《韻會》于傳統三十六字母外發明了"合""魚""幺"三個聲母,爲遷就這一聲類現象,《韻會》又將這些聲類的"舊韻"反切加以調整改動,以求與《蒙古

《字韻》一致，盡管有削足適履之嫌也不在乎。

《韻會》如此而爲，絕不僅僅因爲語音方面的問題，而是出於政治形勢下的考慮。因此，將《壬子新刊禮部韻略》隱晦地稱作"劉淵平水韻"，也是有深層次的含義的。

與現存《新刊韻略》比較，《韻會》引述的"平水韻"在韻字注釋、反切和字體上有些參差。這主要是因爲《韻會》有自己的編寫體例，添加韻字時必須盡量符合這一體例，所以才產生了這些差異。這些差異難以說明"平水韻"也就是《壬子新刊禮部韻略》在版本內容上與現存韻書有很大的差別。

有些差異很可能出于《韻會》作者個人"誤改"行爲，如担字《韻會》上聲馬韻引平水韻作慈也切，而《新刊》從《廣韻》兹野切（又才也切），精母。而《集韻》上聲有精、清、從、邪四種聲母的讀音，也許是《韻會》作者取南方某方言讀音而置于從母系列。《音韻闡微》就將担字置于從母四等，汢口."《集韻》慈野切，今用集野切。"明代宋濂編、屠龍訂正的《篇海類編》卷八手部五畫担字，除標注側加切外，又標注"從濁，慈也切"，或許此字以讀濁音爲常，故《韻會》改之。

有些較生僻的異體字有可能是熊忠添改的韻字。如鐸韻爆之異體煿字，其字義與炙烤食物或藥物有關，歷史文獻以醫學古籍用之最多。《龍龕手鑒》卷二火部："煿，補各反，迫于火也。與爆亦同。出《川韻》。"《六書故》卷三："煿，伯各切。著釜中煿熟也。"《朱子語類》卷十八《大學五》："便是藥料，它自有個炮爁炙煿道理。"但"煿"字《廣韻》不載，比較生僻，《新刊韻略》編寫主要以《廣韻》爲主，所以原本應當是"爆"。除非原本是"煿"而大德本刊刻時改爲"爆"。在炙烤迫于火之意義上，"煿"是正體，而"爆"是通假字（常用義爲爆開、爆發等），或許正因如此，《韻會》作者將爆改作煿。

《新刊韻略》的兩種板式：排字本和散字本，可參見圖1和圖2。

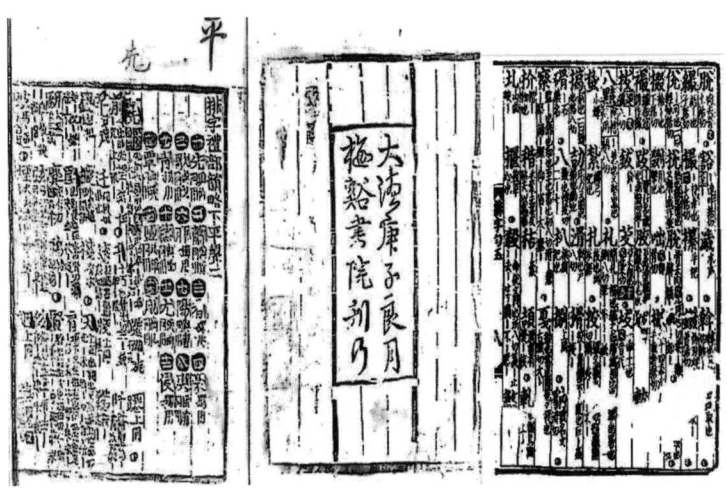

圖 1　大德梅溪書院《排字禮部韻略》（韓國國立中央研究院藏本）和敦煌出土殘頁

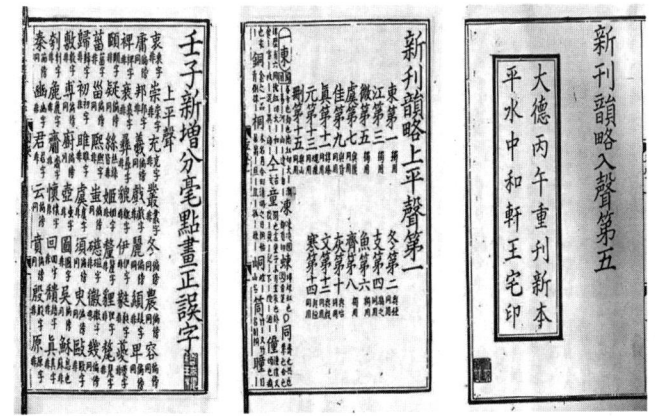

圖 2　大德中和軒本《新刊韻略》書影，覆刻本，北圖藏影抄本

古音研究方法論

論韻譜歸納法在古韻部研究中的意義和作用[*]

引論

　　大凡學術進步，一在觀念更新，二在研究方法改進，觀清儒以來乃至近人黃侃、王力等前輩學者的古音研究，無一不是如此。儘管古音研究有多種形式和方法，或考證漢字上古音讀，或以《切韻》爲參照劃分古韻部。但無論採用何種形式，都離不開對《詩經》古韻的研究。清代以前，人們一般只是停留在對某些漢字的古音考訂上，還沒有科學的《詩經》古韻部類研究。直到顧炎武運用離析《唐韻》法，區分古韻爲十部，從此才有了比較科學的古韻分部研究，而傳統古音學也由零碎的字音考訂轉向有系統的部類劃分的研究階段。這是一個重要的歷史轉折點。

　　總結清代古音學成就，不外乎三點：一是由顧炎武發明的離析《唐韻》法，二是《詩經》韻譜歸納法；三是《說文》諧聲歸納法，也就是段玉裁所說的"同諧聲者必同部"。離析《唐韻》，《詩》韻與《說文》諧聲互相求，再佐之以文字假借及漢儒讀若訓詁等，即可得古韻之大概，此清儒研究古韻所超越於前人者。所謂"韻譜歸納法"就是通過《詩經》韻字繫聯而成一個個韻譜。觀念更新與科學的研究方法相結合，必然會在古音研究上帶來新的

---

[*] 本文原載於《古漢語研究》2013 年第 1 期，收入本書時，略有刪改。

突破。

《詩經》韻譜歸納法研究，我們以前討論得很少，它在古韻部劃分上的重要意義並沒有引起足夠的重視。我們知道，顧炎武雖以離析《唐韻》的方式劃分古韻部，但他的研究仍然是以歷史文獻考證法爲主，還沒有自覺地運用陳第的"本證法"歸納《詩經》韻譜，並以此分析《詩經》古音部類問題，而江永的研究也是如此。正如段玉裁所言："顧氏《詩本音》、江氏《古韻標準》，雖以三百篇爲據依，未取三百篇之文部分而彙譜之也。"① 一語中的，即顧炎武和江永的研究之缺陷均不知類聚《詩經》韻字，"部分而彙譜之"。要推進古音學的深入發展，在觀念更新以外，更重要的是研究方法的改進。

繼顧、江之後，段玉裁在古韻研究上繼續拓展。段氏做了兩件重要的工作，一是諧聲歸納，二是將《詩經》及群經用韻進行譜類分析。其曰："玉裁紬繹有年，依其類爲之表；因其自然，無所矯拂，俾學者讀之，知周秦韻與今韻異。"（《六書音均表》）此段氏製作《詩經韻分十七表》之目的，也是段氏在古音研究中所總結出來的一個重要方法。不僅如此，段玉裁製作了《群經韻分十七部表》，與他的《古十七部諧聲表》一起，撐起了段氏古音學的基本框架。這是段玉裁聰明過人和卓越前人的地方。段氏《寄戴東原先生書》云：

> 又細繹其平入之分配，正二家（按指顧江二家）之踳駁，迻書《詩經》所用字，區別爲十七部。既考其出入，而得其本音；又詳其斂侈，而識其音變。又察其高下遲速而知四聲古今不同，又觀其會通而知協音合韻自古而有。於諧聲推測其條理，於假借轉注默會其指歸。薀縕千年，一旦軒露。成《詩經》韻譜、群經韻譜各一帙。

以上皆爲段氏對《詩經》韻譜歸納法的重要意義和作用的討論。韻譜既成，既可"觀其會通"，又可"於諧聲推測其條理，於假借轉注默會其指歸"，

---

① 段玉裁《六書音均表》，附於《說文解字注》之後。

其作用大矣。然而，段氏爲"古無去聲說"和"平入合用"說所拘，終不肯將其韻譜中的第十二部（真部）的入聲部分獨立，以及第十五部（脂部）入聲獨立，是爲其古音觀念之制約。後來王念孫完成了這項工作，在其古韻譜裡將段氏真部入聲獨立爲至部，脂部入聲獨立爲祭部。在韻譜中，至部與真部、脂部與祭部在《詩經》用韻或群經用韻中界限分明。但是，王念孫的缺陷是未能進一步從祭部中獨立未部。至部、祭部和未部實際上就是王力先生的質部、月部和物部，正好與真部、元部和文部形成古韻對轉關係。現在我們知道，在段、王之前，萬光泰完成了這項研究。

古韻分部工作，經過乾嘉學者的共同努力，終於將顧炎武的古音十部推闡爲二十二部，"遂令後世無所增損"。①

然而在顧炎武與乾嘉學者之間，有一個鮮爲人知的學者萬光泰，運用新的研究理論和研究方法，突破顧炎武古音十部的藩籬，將古音十部再析爲十九部。其中最重要的理論和方法就是堅持《說文》諧聲與《詩經》用韻一致性觀點，運用陳第的"本證法"全面分析《詩經》用韻，類聚韻腳字，最終萬光泰通過韻例的細密分析區分部類，制作古韻譜。我們可以把這種研究方法稱爲"韻譜歸納法"，或"韻字譜類分析法"。萬氏韻書稿本《九經韻證》就是這樣一部著作。在此，我們將結合萬氏書稿內容，著重討論韻譜歸納法在研究《詩經》古韻部中的意義和作用問題。

一、《九經韻證》內容編排與文獻版本問題

《九經韻證》是萬光泰的一本重要韻書。其編寫體例以古音十九部爲綱，按韻部類聚韻腳字，注明經文篇目章次，間雜注釋說明文字。其性質如同段玉裁的十七部《詩經》韻譜及群經韻譜，以及王念孫的二十一部《毛詩群經楚辭古韻譜》（載《高郵王氏遺書》），是一部不可多得的古韻譜著作。書稿藏

---

① 夏炘《詩古韻表廿二部集說》集顧炎武、江永、段玉裁、王念孫、江有誥五家古韻說而成古韻二十二部。"遂令後世無所增損"之語見王國維．周代金石文韻讀序[M]// 王國維．觀堂集林・卷八．北京：中華書局，1959:400．

於南京圖書館，不分卷，無作者或他人序跋文字。前面數頁稍有破損，沒有裝幀性書皮保護。烏絲欄，首頁欄外題寫書名而無作者署名，下有"乾隆甲子六月"一行文字，此為著作時間，即乾隆九年（1744）。

書稿首頁下方鈐有"江蘇省立第一圖書館藏書"和"錢唐丁氏正修堂藏書"兩枚印章。稿本紙張為私人專制，有線條豎格和版心魚尾標記，版心處有"小澆花亭"四字。據萬氏另一書稿《元秘史略》自序，"小澆花亭"為天津查為仁、查禮兄弟私家園林水西莊之亭閣。考史，查氏為乾隆年間津門富商，水西莊為當時著名私家園林，據《天津縣誌》，乾隆皇帝曾慕名四次駐蹕於此。查氏兄弟生性好客，喜結交天下文人墨客。萬光泰與之交情甚篤，長期館客其家，故得其稿紙資助。本書稿《詩經》部分的文字書寫以行楷相間為主，並兼有草書風格，有塗乙改寫之處，字跡與《元秘史略》及本書稿後附的《經韻餘論》《春秋傳續經補》等相同。群經韻譜部分以行草為主，塗乙尤甚。蓋《詩經》用韻集中，便於類聚抄寫，而群經則不同，用韻分散，類聚起來費時費力，若有遺缺則時有補充，故塗乙甚多。書稿後附有《經韻餘論》一文，主要討論《詩經》韻例問題，可以被看作對《九經韻證》的一個補充性研究。

是書雖然沒有題寫作者姓氏名望，但據書稿內容及相關文獻版本信息可以認定為萬光泰所著。首先，從研究內容上，其古音十九部的名稱及其內容與萬氏《古音表考正》和《經韻諧聲》一致，另外，萬氏在《古音表考正》序言中也曾提及此書，曰："若乃遠溯離合之原，旁徵離合之實，非關暗解，獨具苦心，則予又自有《諧聲錄》《九經韻證》二書存。"其次，從文獻版本信息看，是書所用稿紙與萬氏其它幾本書稿的紙張一樣，版心處都有"小澆花亭"字樣，如萬氏《元秘史略》自序後署曰："乾隆戊辰五月十二日錄于津門查氏之小澆花亭秀水萬光泰。"正因如此，圖書館才把它確定為萬光泰的著作。

此書稿清儒鮮有提及者，今人曹述敬先生主編的《音韻學辭典》"萬光泰"條曾言及此書，曰："另有《九經韻證》附《經韻餘論》未刊，稿本尚在。"但未能介紹書稿內容及其價值。筆者後查得民國初趙鴻謙《松軒書錄》

亦載有對此書稿內容的記敘，曰：

《九經韻證》，不分卷，清秀水萬光泰撰。烏絲欄，版心下有"小澆花亭"四字。按是書分東、支、脂、之、至、未、廢、魚、真、諄、元、蕭、肴（權按，萬氏原書作宵）、歌、陽、耕、蒸、侯、侵十九類，後附《經韻餘論》《春秋傳續經補》《五代史十國世家年譜續》三稿，均未署名。惟《春秋傳續經補》前有識語六行云："……乾隆乙丑萬光泰述。"又《韻證》首葉版匡右線外有"乾隆甲子六月"六字，蓋先後二年所著稿也。初檢閱此本，不知何人所著。……及讀是識語，方知為萬先生手稿也。①

趙先生此段文字非常重要，也就是說，早在民國初就有人注意到這本書稿及其內容，可惜沒有人將其學術價值揭櫫於世。

韻譜編寫以《詩經》用韻為主，次以《易》《書》《左傳》《禮記》《語》《孟》等韻字，"九經"以外諸子《國語》《楚辭》等不在其中。韻譜內部韻段排列以經文篇章為序，四聲一貫，凡合韻字以⊿標示。其體例與段玉裁、王念孫的古韻譜一致，不同的是，段王二人韻字正文大寫在前，篇名章次注文小寫在後，萬氏則相反，篇名用正文大字書寫，而章次及韻腳字則雙行小注書寫（本文引錄時作單行處理）。如東類一《詩》韻譜：

采蘩二章中宮三章僮公　草蟲首章蟲螽忡降　行露三章墉訟從　羔羊三章縫總公　小星首章東公同　何彼襛矣首章襛雖　騶虞次章蓬豵　擊鼓次章仲宋忡　谷風六章冬窮　式微二章躬中　旄丘三章戎東同　桑中一章中宮二章三章同　三章葑東庸上非韻…

在《詩經》韻腳字的類聚及韻例分析上，是書嚴謹而周密，筆者就此比

---

① 趙鴻謙《松軒書錄》，《中央大學國學圖書館年刊》，1929年。

勘段王二家韻譜，除少數韻例分析有出入外，各個韻部的歸納基本一致。這是因爲，儘管萬、段、王三家韻部劃分疏密不一（段十七部，萬十九部，王二十一部），而《詩經》用韻客觀，尤其是三家在分韻立部的看法上基本一致，如支脂之三分、真文元三分、魚侯分立、幽宵分立等，又至部、祭部獨立，萬光泰與王念孫兩家一致，因此，韻譜的歸納自然是"閉門造車，出門合轍"。群經用韻的歸納略有參差，蓋群經用韻分散，類聚起來有一定的難度，有些語段用韻與否則存在個人主觀上的差異。例如脂部，《禮記》中的《曲禮》篇："若夫坐如尸，立如齊。"《中庸》篇："柔遠人則四方歸之，懷諸侯則天下畏之。"《表記》篇："故君子之接如水，小人之接如醴。"此三處語段段玉裁以爲無韻，韻譜中不見其韻段的歸納，而王念孫和萬光泰的脂部韻譜中有這三處韻段：尸齊、歸畏、水醴。

相對而言，在《詩經》和群經取韻上萬光泰密於段玉裁而疏於王念孫，但王念孫的《占韻譜》是在段玉裁的基礎上修補而成的，[①] 而萬光泰幾乎是在個人摸索下做出來的，其艱辛就可想而知。在這個意義上，萬光泰的研究可謂開闢臻蕪。在《詩經》韻例分析及韻字歸類上，萬光泰有許多可取之處，一些經典的韻例分析和看法值得今人學習和借鑒。

二、韻譜歸納法在古韻部研究中的意義和作用

《九經韻證》研究價值首先表現在它的研究形式上。通過韻字系聯，類聚《詩經》及群經用韻而成韻譜形式，確立古韻部範圍，是上古音研究的一項重要發明。後人在研究某個時代的漢語語音時，基本上是將古人詩文用韻進行排比分析，製作韻譜。如于安瀾《漢魏六朝韻譜》、王力《南北朝詩人用韻考》、羅常培、周祖謨《漢魏晉南北朝韻部演變研究》等，均爲這種形式，但開拓者是萬光泰。

自宋元明清以來，學者研究古音，主要是通過考證的方法，觀察某些漢

---

① 參見陸宗達《王石臞先生〈韻譜〉〈合韻譜〉遺稿後記》，《國學季刊》5 卷 2 期，1935 年。

字的古音或古韻部情況，還不懂得以完全歸納法將《詩經》韻腳字加以系聯類聚，劃分古韻部並將其製作成古韻譜的形式。那時，古韻部的研究並不深入，人們還是停留在吳棫古韻通轉說的認識水準上，還沒有形成科學的古韻部類研究，直到顧炎武之後，古韻部類的劃分才有了科學的研究方法，而韻譜歸納法才得以由此產生。

　　韻譜歸納法的基礎是歸納詩文用韻，宋代吳棫《韻補》從歷代韻文中考察古音韻問題，已開風氣之先，但它還不是一個斷代的古韻譜研究。明代陳第《毛詩古音考》發明"本證""旁證"之法，類似吳棫《詩補音》而不是專書的韻譜歸納法。顧炎武著有《詩本音》和《易音》，那只是隨韻注釋，雖然在破除宋人叶韻音釋上有著矯枉過正的作用，但未能將《詩經》韻字分部類聚，在古韻部類的劃分上難免存在糾葛不清的缺陷。之後毛奇齡著《古今通韻》等書，隨意掇拾先秦兩漢乃至唐宋古詩用韻，以說明他的"五部三聲兩界兩合"之說，無韻譜可言。其他人的研究著作也是如此，如柴韶炳《柴氏古韻通》、潘咸《音韻源流》等，雖偶爾引用《詩經》用韻為證，但僅停留在舉例的性質上，還談不上韻譜。大概與萬光泰同時期的，有江蘇太倉人張敘，著《詩貫》一書，其中《詩音表》按他的古韻九部類聚《詩經》韻腳字，具有韻譜的規模。其書著成於乾隆十八年（1753），但該韻譜的缺點在於，歸納並不是窮盡性的，有的韻部缺省甚多，故韻部分析難免粗疏寬緩。在乾嘉學者中，以韻譜形式研究《詩經》古韻者，當首推萬光泰。

　　以韻譜形式研究古音韻的好處是多方面的。

　　首先，它可以全面系統地觀察古韻與今韻（《廣韻》）的分合情況。就《詩經》而言，在韻部的框架下將《詩經》韻字類聚，分部別居，醒目而便於讀者更細緻地觀察和進一步地剖析：某個部類《詩經》中有哪些韻字，某字與某字協韻與否，以及這些韻字在《廣韻》中的部類關係如何，一目了然，不至於是個混沌的"古音十部"。

　　其次，在古音歷史層次上有個比較清晰的時間概念，有助於觀察《詩經》音在秦漢以後的流變，不致於將《詩經》音與漢魏以後的語音流變混淆在一起。顧炎武著《詩本音》和《易音》，劃分古音為十部，但他少做了一項重要工作，那就是將所有入韻的字歸納成韻譜。他把侯韻的字歸入魚部，就是因爲受到漢代音的影響，同時，他未完全意識到侯韻字在《詩經》裡只是與《廣韻》中的虞韻字叶用，而不與魚模韻字押韻，彼此之間，界限分明，這清楚地反映在《詩經》韻譜中。

第三，當韻譜製作好以後，還可以拿韻譜中的每個韻部的字與《說文》諧聲系統比較，分析兩者的一致性以及音變問題；同時，可以反照古韻今韻關係，例如，拿《廣韻》比照，古韻支部的入聲字主要來自梗攝麥昔錫三個韻部的字，古韻之部的入聲字主要來自曾攝職德二韻及屋韻一部分字，此疆彼界，犁然清晰；從韻譜上我們還可以進一步看出，這兩個韻部的字都不與臻攝和山攝的入聲字即質術櫛物迄月曷沒薛點屑薛等韻字發生用韻關係，這樣，我們就有理由將古韻支、脂、之三部分開。

借助韻譜歸納，可以使韻例分析更加細密而完善，從而使古韻部的劃分更具合理性。例如，《靜女》詩第三章：“自牧歸荑，洵美且異。匪女之爲美，美人之貽。”通過韻譜分析就會發現，"荑美"二字並不與之部字發生叶韻關係，"異貽"二字也從不與脂部字發生叶韻關係，由此可以斷定此詩並非句句用韻，而是交互用韻，它們應該分屬脂之兩個韻部。顧炎武和江永把它們看作通章一韻是錯誤的。

又如下列詩章，若不借助韻譜分析，我們在韻例分析時就會糾纏不清而影響對整個部類的劃分。

《大雅·瞻卬》五章：“天何以刺，何神不富？舍爾介狄，維予胥忌。不吊不祥，威儀不類。人之云亡，邦國殄瘁。”

全詩兩兩交互用韻，韻例非常整齊。而顧炎武《詩本音》把它分析爲三個韻段並歸入兩個韻部：支部和陽部（支部韻字：刺富忌類瘁；陽部韻字：祥亡）。很明顯，顧炎武繞開了"舍爾介狄"一句，"狄"字沒有入韻，這樣分析就破壞了整章詩韻的整齊性。在顧炎武看來，前四句詩句句用韻而第三句不用韻，後四句隔句互韻。而萬光泰將它們分成四個韻段：刺狄、富忌、祥亡、類瘁，並分別歸之于支類、之類、陽類、未類四個韻部，這樣就體現了原詩韻例的整齊性。

這還可以在韻譜歸納中得到印證，因爲在《詩經》韻譜中，支部、脂部、之部乃至未部用韻畛域分明。顧炎武將《廣韻》支脂之微齊佳皆灰咍及去聲祭泰夬廢等數韻歸爲一部（其中支韻析出一半在歌戈部），所謂支部，恐怕最大的缺失是沒有作韻譜分析這一項工作，江永的缺失也在此。段玉裁能夠成功地分析出支脂之三部，也主要是得益於韻譜歸納法的研究。對此，段氏也有所討論（見上文引述），其論三部分用曰：

> 五支六脂七之三韻，自唐人功令同用，鮮有知其當分者矣。今試取《詩經》韻表弟一部、弟十五部、弟十六部觀之，其分用乃截然。且自三百篇外，凡群經有韻之文及楚騷諸子秦漢六朝詞章所用，皆分別謹嚴，隨舉一章數句無不可證。(《六書音均表·今韻古分十七部表》)

段氏《詩經》韻表第一部、第十五部、第十六部即古韻之部、脂部、支部。由此可見韻譜歸納法幫了段玉裁很大的忙。

三、韻譜歸納法與韻例分析的辯證關係

韻譜歸納法的關鍵是對《詩經》韻例的正確分析，二者互爲補充，辯證統一。

研究古音部類，一項重要的工作就是對《詩經》及群經諸子韻文進行用韻分析，然後在韻字系聯的基礎上歸納其部類範圍。在此之前，要對其每一組韻段進行客觀有效的分析，總結其用韻例式，所謂韻例。韻例分析正確與否，直接關係到古韻部的劃分。因此，清代學者在這方面非常重視。江永《古韻標準》前附錄《詩韻舉例》一文，總結《詩經》用韻特點，其言曰："不明體例，將有誤讀韻者，故先舉此以發其凡。自是而古韻可求，其非韻者

亦不致強叶誤讀矣。"孔廣森《詩聲類》後附《詩聲分例》一文，其意也是如此。段玉裁、王念孫等雖未著文以闡釋之，但他們心知其奧，並能嫻熟地將其運用於韻譜分析中。《詩經》韻例豐富，且句韻位置變化靈活，分清其中韻與非韻，是一項非常複雜的工作，雖淹博之家也難免識斷難、精審難，故精審韻例是正確劃分《詩經》韻部的關鍵所在。

韻譜歸納必須全面，否則，就難以反映古人用韻的真實面貌。萬光泰在編撰《九經韻證》之前，曾有《古韻原本》一書，分古韻為十三部，也有十三部古韻譜。但該書韻譜歸納並不全面，多有遺漏，且在韻例分析上不夠精審乃至訛誤甚多，故古音分部粗疏。《九經韻證》改正了原有的缺點，對每一處韻段都進行了詳審，韻例分析細密，歸納全面。以《詩經》而言，不僅那些常見的韻例在其分析之中，一些特殊的韻例如句中韻等，萬光泰也做了很好的歸納，與後來的王念孫歸納的古韻譜基本一致。此外，在韻例與部類關係上，對一章中鄰韻的分用處理也是本書研究中一個非常成功的地方。敘述如下。

（一）句中韻的處理

在《九經韻證》十九部韻譜裡，有大量的句中韻歸納，其《經韻餘論》也有討論，如言曰："瑣兮尾兮、萋兮斐兮、哆兮侈兮、薈兮蔚兮、婉兮孌兮、優哉游哉、蓼彼蕭斯之類，皆一句中有二韻。"句中韻者有一句自韻者和上下句中互韻者兩種。

一句之中自韻者，如《邶風·柏舟》五章"日居月諸"一句"居諸"相韻（《日月》詩同），《北風》一二三章"其虛其邪"自為韻，《曹風·候人》四章"薈兮蔚兮，婉兮孌兮"二句，"薈蔚"一韻，"婉孌"一韻；《小雅·巷伯》首章"萋兮斐兮"平上為韻，二章"哆兮侈兮"自為韻，《商頌·那》"猗與那與"一句中"猗那"相韻。

上下句中相韻者，如《召南·草蟲》一章"喓喓草蟲，趯趯阜螽"二句，"喓"與"趯"叶；《邶風·匏有苦葉》二章"有瀰濟盈，有鷕雉鳴"，上下句"瀰"與"鷕"叶，"盈"與"鳴"叶；《小雅·車舝》首章"間關車之舝兮，思孌季女逝兮"二句，"關"與"孌"叶；《大雅·卷阿》八章"菶菶萋萋，雝雝喈喈"二句"萋雝"爲韻。

應該說，《詩經》中這種特殊的韻例是存在的，這要看上下句中韻字是否形成了一種對等的節奏關係，詩人在吟唱時以其自然形成的節拍而產生韻律上的停頓；同時，要看詩歌中上下句意的連貫一致性以及語言結構的對稱性。如《魏風·陟岵》三章中，每章都有類似"父曰嗟予子行役"的詩句，三章分別以"嗟予子""嗟予季""嗟予弟"語詞的變換，與後面詩句協韻，首章"子"與"已""止"韻，二章"季"與"寐""棄"韻，三章"弟"與"偕""死"韻。用韻如此縝密，決不是巧合。茲錄原詩如下：

陟彼岵兮，瞻望父兮。父曰嗟予子行役，夙夜無已。上慎旃哉，猶來無止。①

陟彼屺兮，瞻望母兮。母曰嗟予季行役，夙夜無寐。上慎旃哉，猶來無棄。

陟彼岡兮，瞻望兄兮。兄曰嗟予弟行役，夙夜必偕。上慎旃哉，猶來無死。

萬光泰將這些特殊詩韻一一歸納，在《詩經》古韻部研究上具有一定的意義，不僅擴大了《詩經》韻字範圍，同時給古韻部的劃分提供了更多的參考資料。如"會"聲之字，如果不以句中韻考慮，在《詩經》乃至群經《楚辭》中並不入韻，萬光泰以《候人》四章"薈兮蔚兮"句中取韻，並將"薈蔚"二字歸屬在他的未類（物部），這樣就增加了會聲字的古韻歸屬內容。至於歸類是否得當，尚待進一步討論。

---

① 王力《詩經韻讀》採取江有誥《詩經韻讀》的斷句方式，將本詩三章中的"行役"二字屬於下句，以"子""季""弟"三字斷句取韻，則不屬於句中韻。但唐宋以來《詩經》學著作中，此詩三章六句，均以"行役"爲句，如江永《古韻標準》卷首《詩韻舉例》，其"句中韻"下即以《陟岵》詩爲例。顧炎武《詩本音》卷三本詩下引清人李因篤言："李因篤曰：父曰、母曰、兄曰皆至行役爲句，而子、季、弟于句半爲韻，各協下音，猶之半句爲讀也。《擊壤歌》帝何力於我哉，力字與上息食爲韻，與此正同。"

王念孫古韻譜對句中韻一般都有歸納，與萬光泰基本一致。段玉裁則較少注意此類特殊用韻，上述舉例中只有《匏有苦葉》和《陟岵》兩詩作了句中韻歸納。王力《詩經韻讀》對句中韻也略有關注，如《邶風·式微》"式微式微"《王風·揚之水》"懷哉懷哉"《唐風·采苓》"采苓采苓"、《小雅·賓之初筵》"有壬有林"《周頌·豐年》"豐年有黍有稌"等，均作了句中韻處理，但比起萬光泰、王念孫二人韻譜，數量還是有限。

（二）正確處理一章中鄰韻分立的問題

萬光泰將顧炎武的支部分析爲支脂之三部和至未廢三部，魚部分出侯部，宵部分出蕭部，元部離析爲真諄元三部，這些都得益於對《詩經》韻例的嚴密分析，而正確處理一章中鄰韻分立與否是他成功的關鍵。下面不妨以萬氏《經韻餘論》一段言論說之，爲便於敘述，我們將各個例句編上序號。其曰：

（1）"芄蘭之支"首章"支觿知"與"遂悸"各爲一韻，（2）"自牧歸荑"一章"荑美"與"異貽"各爲一韻，（3）《載馳》之首章"驅侯"與"悠漕憂"各爲一韻，（4）《采苓》之首章"苓巔"與"言然旃"各爲一韻，（5）"小戎俴收"一章"收軜"與"驅續轂馵玉屋曲"各爲一韻，（6）"交交黃鳥"首章"棘息特"與"穴慄"各爲一韻，（7）"缾之罄矣"一章"恥久母恃"與"恤至"各爲韻，（8）"祭以清酒"一章"酒牡考"與"刀毛臂"各爲一韻，（9）"亹亹文王"一章"已子"與"世世"各爲一韻，（10）"帝省其山"一章"拔兌"與"對季"各爲一韻，（11）"維此王季"一章"類比"與"悔祉子"各爲一韻，（12）"敬天之怒"一章"怒豫"與"渝驅"各爲一韻，（13）"天何以刺"一章"刺狄"與"富忌"各爲一韻，（14）"禮儀既備"一章"備戒告止起"與"尸歸遲私"各爲一韻，（15）"公車千乘"一章"熾富背試"與"大艾歲害"各爲一韻。

以上均爲一章之內換韻的例子，除例（3）和例（5）外，其餘詩章顧炎武《詩本音》均作通韻處理，而萬光泰視爲換韻，分析可取。例（1）、例（2）、例（6）、例（7）、例（9）、例（10）、例（11）、例（13）、例（14）、例（15）十章詩韻，基本上屬於支脂之三部分用以及至未廢三部獨立的范例。例（3）和例（5）爲侯蕭（幽）分用，江永將顧炎武的侯韻字歸於幽部，視此二章爲通韻，非是。例（8）爲蕭宵分用，例（12）爲魚侯分用，例（4）爲真元分用。

在前面所列的"十章詩韻"中，均屬於顧炎武和江永的支部，而根據韻式和韻譜歸納的結果可以分析爲不同的韻部。例（1）爲支部與未部分用（"遂悸"二字，段玉裁、王念孫、江有誥脂部，王力質部），例（2）脂之分用，此爲《靜女》第三章詩，交互韻，例（14）也是脂之分用。例（13）爲支之分用，例（6）和例（7）爲至部（質部）獨用不與之部及其入聲字叶韻，例（9）和例（15）是廢部（月部）獨用不與之部及其入聲字合用，例（10）爲廢部與未部分用（對季二字王力歸在質部）。

萬光泰爲什麼能夠將這些"鄰韻"合用現象分開？用王力的話說，就是"韻式與韻部的互證"（《詩經韻讀》）。換言之，就是韻例分析與韻譜歸納的相互印證，因爲通過韻譜歸納部類範圍以後，一章中換韻的兩組韻字在韻譜中分別有不同的協韻關係。以例（12）魚侯分立爲例，它出自《大雅·板》詩末章，原詩八句，兩句一韻，界限非常清楚。如下：

　　敬天之怒，無敢戲豫（魚部）。敬天之渝，無敢馳驅（侯部）。
昊天曰明，及爾出王（陽部）。昊天曰旦，及爾遊衍（元部）。

如果將前面四句處理爲一個韻段，顯然破壞了其韻例的整齊性，這是出於韻例上的觀察；如果從韻譜歸納上看，"怒豫"爲《廣韻》魚韻（去聲）字，"渝驅"爲虞韻字，儘管今音近似，但它們在韻譜中顯然各有各的歸屬。"怒豫"只與古魚部字叶韻，而"渝驅"二字只與古侯部字押韻。如萬氏韻譜魚類和侯類字：

《干旄》二章：組五予。《小明》二章：除莫庶暇顧怒。《常武》四章：武怒虎虜浦所。

《羔裘》一章：濡侯渝。《山有樞》一章：樞榆婁驅愉。《皇皇者華》二章：駒濡驅諏。

不僅詩韻如此，諧聲關係也是如此，於是我們得到魚侯分立的一條基本界限，凡《廣韻》侯韻字與虞韻字相韻相諧者爲古韻侯部字，其它魚模二韻及虞韻之半則爲魚部字（還包括麻韻之半），這就是所謂"韻式與韻部的互證"。在此基礎上我們還可以進一步將侯幽兩部劃清界限，於是《鄘風·載馳》之首章"驅侯"與"悠漕憂"應爲兩個韻段，《左傳·僖公四年》繇詞："專之渝，攘公之羭；一薰一蕕；十年尚猶有臭。"也是侯幽換韻，江永和戴震視之爲幽部通韻是錯誤的。

四、結語

從以上例子中可以看出來，韻譜歸納與韻例的精密分析對於古韻部的劃分是非常重要的。萬光泰之所以能夠建立古韻十九部系統，成功地將支脂之三分，真諄元三分，魚侯分立，蕭宵分立等，都是基於他對《詩經》韻例的細緻分析和韻譜歸納法的使用。

在韻例分析中，萬光泰還成功地解決了一些合韻與諧聲音變的問題。《詩經》部類劃定之後，其間必有合韻現象，正確地對待合韻問題是古韻家的韻識所在，否則，爲一二合韻現象牽拘，部類劃分含混不清，彼此通轉，毫無界限可言。如萬氏宵類（△爲合韻標記）：

《載驅》四章：滔△儦敖。《七月》四章：葽蜩△。《鴟鴞》四章：譙翛△翹搖嘵。《公劉》二章：舟△瑤刀。

其中"滔""蜩""翛""舟"均爲蕭類（即幽部）字，在此合韻；如以通韻視之，蕭宵二部就難以切開。故韻譜中凡屬合韻字一般都會標記△，以明示其合韻關係。與此相應的是諧聲音變問題，如每聲字《詩經》用韻在之部，但侮字在《詩經》中三次與侯部字叶韻，是合韻關係還是其音變如此，需要審定。萬氏視之爲音變現象，歸在侯部，其言曰："按不否皆之類，而音入侯；母每皆之類，而侮入侯，亦古韻漸轉漸異之勢。"（《經韻諧聲》之類每聲注釋）就《詩經》古韻部而言，有本韻，有合韻，有音變，不因爲某些韻字的合韻關係而泯滅部類之間的界限，也不因爲音變現象而否定諧聲系統"同聲必同部"的古音原則。這是一個古韻學家所必須具備的古音觀念。

在韻例分析中，萬光泰也有一些處理不當的地方，主要是刻意求密，少數非韻的詩句取韻不當，反而弄巧成拙；其次是有極少數可以平入分開或有合韻關係的韻段，他沒有處理好。這在所難免，總體而論其韻例分析還是比較縝密精審的。此書之不足，若以段王二家韻譜較之，是韻譜沒有按照平上去入四聲分列，其他大關節似無可議之處。以《九經韻證》十九部韻譜置於段王二家韻譜之間，沒有遜色之議，只有伯仲之贊。

論傳統古音學的歷史推進及其相關問題*

　　傳統古音學由宋代吳棫開創，發展至今，已有近千年的歷史。其中有很多問題值得我們研究和總結，溫故而知新，總結過去有助於現代的古音學研究。然而，就目前研究來說，其中還有許多問題我們沒有完全弄明白，尤其是學術史的傳承關係，我們有的僅知其一，不知其二。隨著近年來對歷史文獻材料的發掘，我們對以往一些問題又有了更多的認識，因此，有必要對傳統古音學歷史進程中的問題重新加以討論，以澄清其中一些是非問題。漢語古音學的發展經歷了一個漫長又曲折的發展過程，其中如古韻分部以及現代古韻構擬等，問題很多且非常複雜，本文在此難以具述，只能就傳統古音學發展的幾個方面敘述一二。

一、協韻音釋：宋代古音學興盛的歷史基礎

（一）宋代古音學的興起及其性質問題

　　傳統古音學的興起與發展雖說在宋代，但自漢魏以來，隨著漢語語音的歷史變化，學者們對古今音異問題就有所注意。如鄭玄給《毛詩》作箋時，就提出了"填塵"同音的問題。《豳風·東山》"烝在桑野"，《毛傳》："烝，寘也。"箋云："古者聲寘填塵同也。"陸德明《釋文》進一步解釋說："寘填塵依字皆是田音。陳完奔齊以國爲氏，而《史記》謂之田氏，是古田陳聲同。"這

---

* 本文原載於《古漢語研究》2011 年第 1 期，收入本書時，略有刪改。

是關於"古無舌上音"的最早記載。自魏晉以後，隨著反切的發明及其廣泛應用，單純的經典詞義訓詁發展為詞義與讀音相結合的音義注釋，於是，為《詩經》等經典注釋的音義著作疊起，大家輩出。而為《詩經》注釋必面臨一個古今音異的問題，若以今音注釋，《詩經》諷誦殆不可讀。為解決這一問題，經師們嘗試著以兩種音讀方式注釋，一種是以今音注釋，以解決文字讀音問題；另一種是以"協韻"或"叶音"（"叶"為"協"之古文）方式注釋，以解決《詩經》諷詠問題。根據陸德明《經典釋文》的記載，晉代徐邈有"取韻"之說，梁代沈重有"協句"音釋。至隋唐時期，以協韻方式注音《詩經》《楚辭》《文選》等典籍蔚然成風。陸德明《經典釋文》、顏師古《漢書注》、李賢《後漢書注》、李善及"五臣"諸家《文選》音釋等，時可目見。如《召南‧采蘋》詩"宗室牖下"，《釋文》："下如字，協韻則音戶，後皆放此。"前者是今音讀，後者是協韻讀音，以與本章末句"有齊季女"協韻。又如晉潘岳《西征賦》："成七國之稱亂，翻助逆以誅錯；恨過聽而無討，茲沮善而勸惡。"《文選》卷十李善注："錯七故切，今協韻七各切。"

但是協韻注釋並不等於古音研究，儘管經師們在確定協讀音時隱含著對古音的認識（如"下"協讀戶而不將"女"字協讀他音，是因為"下"字在《詩經》中均與魚模韻發生協韻關係），但沒有形成一種自覺的有意識的研究，他們對個別語音現象的留意並不等於理性意義上的語音規律的歸納和總結，更沒有從語音系統的角度作出某種解釋。正如陳第所言："顏師古、太子賢豈不稱博雅之士，但未嘗力稽於往古，合併乎群書。"[①] 即未能作全面的協韻方面的考察。陸德明甚至明確地反對協韻注釋，針對沈重的"協句"注音，他提出過一個著名的理論解釋："古人韻緩，不煩改字。"《邶風．燕燕》第三章詩："燕燕於飛，下上其音。之子於歸，遠送于南。瞻望弗及，實勞我心。"《釋文》："南如字，沈雲協句宜乃林反，今謂古人韻緩，不煩改字。"然而，陸氏之說是自相矛盾的，第一章"遠送於野"句與上下句"羽""雨"協韻，陸氏注曰："野，如字，協韻羊汝反。沈云協句宜音時預反。後放此。""後放此"一句則表明，在《詩經》中所有的"野"字在與魚模韻相韻時，都應當按照協韻關係

---

① 見陳第《屈宋古音義序》，臺灣影印文淵閣四庫全書本。

讀羊汝反或如沈重讀時預反。可見陸氏"不煩改字"之說也沒有貫徹到底。

如果說，在不明古音情況下，以闕疑精神對待之，"不煩改字"說有一定的道理，但是，如果要研究《詩經》古音，就必須"恢復"其古讀，故以今日古音學觀之，"不煩改字"說是錯誤的，因爲它束縛了人們對古音的深入探討，掩蓋了《詩經》的古音原貌。儘管如此，"古人韻緩"說對明清時期古音學卻產生了深刻的影響。在古音觀念上，孔穎達還提出了"詩必有韻"的觀點，其曰："詩之大體，必須依韻。其有乖者，古人之韻不協耳。"① 這種觀點對於宋代吳棫等人的古音研究有著非常重要的啓發意義。

正是隋唐人的協韻注釋及其古音說啓發了宋人的古音研究，成爲宋代古音學的歷史基礎。其開拓者就是吳棫，其標誌性成果是《韻補》和《詩補音》。

傳統古音學有兩個重要的特徵，一是有意識地從文獻上考證漢字的古音，二是從系統上分析古今音韻的不同，即從部類上考察古今音韻的分合關係，所謂古音分部。能夠做到這兩方面結合的是宋代的吳棫，其《韻補》和《詩補音》爲奠基之作。《韻補》從歷史文獻上考證古音，並以通轉的形式劃分了古韻部；《詩補音》則從歷史文獻上考證《詩經》古音，以歷史事實說明《詩經》叶韻的語音依據。在吳棫的開拓下，宋代古音學得到蓬勃發展，出現了一大批的研究專著，或以吳棫考證的古音爲《詩經》注音，如朱熹《詩集傳》、王質《詩總聞》等；或在吳棫的基礎上重新劃分古韻部，如鄭庠《詩古音辨》劃分古音爲六部；或總結古人詩文用韻特點，如程迥《古韻通式》，將古人詩文用韻概括爲"四聲互用"和"切響通用"兩條。人們不僅對《詩經》古韻進行研究，而且對《楚辭》《周易》等群經用韻均有研究，如林至《楚辭補音》、黃子厚《楚辭協韻》、趙淵《古易叶韻》、黃彬《經語協韻》等，可惜這些著作絕大部分失傳了。《詩經》《楚辭》等專書音韻研究及對其古韻部的劃分，是宋人爲傳統古音學所作出的巨大歷史貢獻。

古韻通轉叶音說是宋代古音學的主流。吳棫《韻補》以今音爲參照，按照《廣韻》鄰韻相近的原則，將古韻劃分爲十四部（四聲相承，陽入一類。其中"通"者九部，"轉通"者五部），這種研究以後人眼光視之顯然是錯誤的，簡單

---

① 見《毛詩正義》，《十三經注疏》，中華書局，1980 年影印。

地合併難以反映古韻的真實面貌，只有像後來顧炎武那樣以"離析"的方式去看待《廣韻》的部類問題，古韻研究才會走向科學的道路。吳棫的缺陷主要是沒有將這些具有"古音"協讀的字分析到某個相應的韻部中，而是以靜止的眼光認為這些韻字今音一讀以外還有"古音"一讀（如"江"字古音本在東部，但他只是認為古代有東韻一讀），"古音"在他心中可能還是一個比較模糊的概念，缺乏一個比較明確的歷史層次界限，但是歷史的探索者只能如此，彎路和錯誤在所難免，我們難以用現代古音學的觀念和思想去要求古人。影響深遠的還有朱熹的《詩經》叶音說，朱熹以吳棫考證的古音全面注釋《詩經》，凡《詩經》用韻與今韻四聲不協的韻字全都標上"叶某某反"，如《關雎》詩，吳棫考證詩中"服"字蒲北切，"采"字此禮切，"友"羽軌切，而《詩集傳》標注為"服叶蒲北反"，"采叶此禮反"（後改為此履反），"友叶羽己反"。意在告知人們：此處韻字要按照協韻關係讀如某音，但這樣很容易產生一種誤導，"服"字究竟是古音為蒲北反呢，還是叶韻關係而讀為蒲北反呢？對此，朱熹本人恐怕也沒有弄清楚，從朱熹整個叶音體系看，朱熹心裡想的可能還是以後人之答案為主，否則，就不會有明代焦竑、陳第等人極力宣導的"古詩無叶音"說。

2. 朱熹《詩集傳》的叶音性質與吳棫《詩補音》的關係

由於吳棫《詩補音》不傳，朱熹《詩集傳》的叶音性質以及與《詩補音》之間的關係，是我們至今還沒有弄清楚的問題。經過數年來筆者艱苦的考證和輯佚，此問題才有一個初步的解決。

就《詩經》三百篇而言，筆者輯佚到了《詩補音》兩百篇430個左右的韻字音釋。比照朱熹《詩集傳》的叶音，相同者大致有80%以上（有的反切用字不一樣，但音系一樣）。可見朱熹《詩集傳》的叶音注釋基本上本之于吳棫《詩補音》。[1]

---

[1] 以宋刊本計算，《詩集傳》所注叶音1590餘次，不計算重複韻字則為700餘字。比照《補音》輯佚到的430個韻字音釋，《集傳》有340例以上韻字的反切語基本上一致，另有90餘例不相同。其中切語不同者55，一字二音者15，取韻不同者20。切語不同者如《祈父》牙，《補音》訛胡切《集傳》叶五胡反；《吉日》禱，當口/丁口；《節南山》居，居氣/居例，等等，音系是一致的。有意識改動者並不是很多，如《關雎》友，羽軌/羽己；《陟岵》母，滿罪/滿彼；《澤陂》枕，知輂/知險等。

朱熹說過："叶韻多用吳才老本，或自以意補入。"又說："叶韻乃吳才老所作，某又續添減之。"① 比照之下，朱熹所謂"以意補入"者，主要有這樣幾種情況：一是才老認爲古韻寬緩無須叶讀者，如《廣韻》效攝字在一起押韻時未作叶讀；二是才老苦於沒有證據而不作協讀音者；三是朱熹與吳棫取韻不同，如《騶虞》詩"虞"字兩叶，《行露》詩"家"字兩叶，皆朱熹所補而《補音》原無者；四是朱熹不同意吳棫的叶讀音，如《常棣》"外禦其務（侮）"與"戎"字叶，才老讀"務"如蒙，謨蓬切，而朱熹讀"戎"如"汝"，叶而主反；五是反切語與原韻字聲韻不符，則改讀，如《澤陂》詩"枕"字，才老作知荏切，閉口韻（-m）與抵齒韻（-n）相混，而朱熹作知險切，則不混。

梳理清楚兩者關係的意義在於：（1）可以澄清朱熹《詩集傳》叶音注釋的歷史本原問題。近來，有的學者拿《詩集傳》叶音與陳第和顧炎武的古音研究作比較研究，得出結論說："陳第乃至"顧炎武古音學成就有不如朱熹者"，② 如果作者瞭解宋代古音學的形成與發展，就不會有如此"驚世駭俗"的結論。（2）可以從宋代語音史的角度研究《詩集傳》叶音中所隱含的時音因素，辨別其語音性質，以更好地研究近代漢語史的歷史發展。詳見後論。

3. 附論吳棫、朱熹協韻音釋與宋代語音史的關係

從吳棫《詩補音》《韻補》以及朱熹《詩集傳》的協韻音釋中，可以間接地發現一些時音的因素，因爲他們都是用今音注釋，難免會夾雜一些時音甚或個人方音色彩。由此，我們可以從中研究宋代語音史問題。這是宋代學者在研究漢語古音時給我們留下的一筆豐厚的歷史遺產。早在20世紀七八十年代，臺灣學者許世瑛先生和大陸學者王力先生就根據朱熹叶音研究宋代語音史問題。③ 後來，又有許多學者在這方面有所研究，如邵榮芬先生和同學劉曉南教授等都曾利用吳棫和朱熹的音釋材料研究宋代閩方言問題。但這裡面產生了一個語音史定性問題的分歧，王力認爲，朱熹叶音反映的是宋代通語問

---

① 見朱熹《朱子語類》卷八十《詩》類，四庫全書本。
② 見陳鴻儒《〈詩本音〉所考古音與〈詩集傳〉注音》，《語言研究》2003年第3期。
③ 研究論文有：許世瑛《朱熹口中已有舌尖前高元音說》，王力《朱熹反切考》等。

題，而邵先生等後來學者均認爲這反映了閩方言的問題。① 其癥結主要在於吳棫的籍貫以及《詩集傳》與《詩補音》的關係。

關於吳棫籍貫地及其生平活動，筆者做了多方面的考證，其考證結果寫在拙著《宋代古音學與吳棫〈詩補音〉研究》一書中。簡而言之，吳棫祖籍是閩北地區的福建建安，但吳家祖上遷居內地至吳棫寫作《韻補》時間相距大致有140年。而吳棫在五十歲之前，其生活範圍主要是在中原官話區、江淮官話區和吳語區。五十歲以後才添差通判泉州，閩語對他的影響可想而知。因此，筆者認爲，在討論吳棫、朱熹叶音與宋代語音史的關係時，應當以宋代通語的眼光視之，王力的一些基本結論是正確的，"閩方音"說是錯誤的。在研究歷史韻書時，不應當將其語音性質簡單地與作者籍貫掛鉤，還應當充分考慮其母語出生地及其生活環境等因素。筆者就吳棫《韻補》協韻音釋做了全部系聯及其研究工作，它所反映出來的語音現象與宋代其他語言材料所反映出來的語音現象具有一致性，已敷衍成論文《吳棫〈韻補〉與宋代語音史問題》，發表於《中國語言學》第二輯，讀者可以參閱。

二、古音觀念的轉變：元明時期《詩》無叶音說的歷史形成問題

任何一門學科的歷史進步，都不外乎思想解放、觀念更新和研究方法的改進，否則，很難有所發展，傳統古音學的發展也是如此。宋代吳棫、朱熹等人雖然建立了古韻通轉叶音說，但觀念上是錯誤的，他們的學說並沒有真正揭示《詩經》古韻的實際面貌，理論與研究都存在缺陷，尤其是朱熹《詩經》叶音說，後來更是受到人們的懷疑甚至抨擊。因此，傳統古音學經過了理論創新和觀念更新這一歷史階段，對其的思辨則是從宋末元初開始的。

蒙元人自入主中原之後，延祚不過百年，在漢語古音的本體研究上，元

---

① 代表作有：邵榮芬《吳棫〈韻補〉和宋代閩北建甌方音》，劉曉南《詩集傳支思部獨立獻疑》，蔣冀騁《朱熹反切音系中已有舌尖前高元音質疑》，金有景《漢語史上[ɿ](ɿ, ʅ)音的產生年代》等。

人不如宋人，因爲主宰元代人的古音觀念是吳棫、朱熹的古韻通轉叶音説。在政治思想上，元代人主要以程朱理學爲宗，經學更是以朱熹經説爲鵠的，並將之貫徹於後來的科舉考試之中。因此，浸淫於程朱理學下的元代人在古音學上很難有所發展。

自朱熹以叶音注釋《詩經》以來，隨著朱熹政治地位的提高，叶音説便成爲神聖不可動搖的古音學理論。叶音説是錯誤的，它是站在今音的立場上來看待《詩經》古音問題。儘管叶音中隱含著某些古音成分，有識者也可以從中體會古音的遺存，但一般人往往被其誤導，以爲《詩經》叶韻如此而非本音如此。細繹朱熹叶音本意，初衷並不是要説明《詩經》古音如此，而是從協讀一致的原則出發，儘量使詩章中某個韻段的協讀與今韻四聲一致，以便吟哦諷誦。① 於是在"叶韻"原則下，《詩集傳》中凡遇《詩經》與今韻四聲不諧處便注上叶音某，有時不明韻例，往往一字多叶而無定準。這就不能不令人生疑：叶音説正確嗎？

因此，自宋末元初以來，不斷有學者對叶音説的合理性提出疑問。如宋人林駉在《古今源流至論》裡明確提出，不能以今韻來強律《詩經》古音。其曰：

> 然嘗觀上世之《書》《易》，近世之詩歌，皆有叶韻者。而後知《詩》無有不叶，第古今之字異耳，音韻異耳。……嗟夫！尋古人之音，不能求古人之字，反以沈約四聲、西域七音後來紛紛等作，以強律之古，豈不過哉！②

---

① 朱熹有言："只要音韻相叶好吟哦諷誦，易見道理，亦無甚要緊。"（《語類》卷八十）關於朱熹叶音性質問題，江永有一段言論，堪稱經典，曰："唐人叶韻之叶字亦本無病，病在不言叶音是本音，使後人疑詩中又自有叶音耳。"按，江永在此實際上指的朱熹叶音，因諱言朱子而言唐人。又説："叶韻者，詩中之末事，朱子取《韻補》釋詩，所以便學者誦讀，意不在辨古音。"（《古音標準例言》）所謂"叶字無病"者，此古音觀念問題；"便學者誦讀"者，此言朱熹叶音之目的。江永所言極是，可匡正今人種種回護曲説。

② 見林駉《古今源流至論》，《後集》卷九字音，《四庫全書》本。

所謂"沈約四聲",是指《切韻》或《廣韻》,由於《切韻》不傳,宋元人往往將陸法言《切韻》視爲沈約《四聲譜》的傳本。其中謬誤,毋庸辯説。在《詩經》叶音問題上,戴侗的立場也非常鮮明。《六書故》説:

> 《書》《傳》行皆戶郎切,《易》與《詩》雖有合韻者,然行未嘗有協庚韻者;慶皆去羊切,未嘗有協映韻者。如野之上與切,下之後五切,皆古正音,與合異,非合韻也。①

"合韻"即"叶韻"之意,蓋諱言朱熹"叶音"而以顏師古"合韻"言之,顧炎武《音論》引此段文字即作"叶韻"(其中略有異文)。此段文字被清儒廣泛引用,並作爲反對叶音説的一個重要的理論觀點。而明確地提出以"古音"代替"叶音"者是元末人劉玉汝。劉氏著有《詩纘緒》一書,其論曰:

> 《傳》叶音於某字下云叶某反。愚按《詩》音韻反切,古今不同。宋吳氏才老始爲《叶音補韻》,其考證諸書最爲有據。朱子取而用之於《詩傳》,其間有未安者,又從而釐正之,使讀者音韻鏗鏘,聲調諧合,諷詠之間,誠深有助。然古人淳厚質實,當風氣未開之時,其言語聲音皆得天地自然之聲氣,而合於天地自然之律呂。自唐虞至於秦漢,凡聖賢君子,民俗之言語,文章歌謠詞曲之見於經史子傳百家之書者,莫不相合。蓋古人之正音也。……今吳氏《補韻》以正音爲叶韻,則是以後來之俗音爲古人之正音,豈其然哉!今叶音之"叶"字,竊謂當以"古"字易之,如友下云"古羽己反"。謂之"古",庶幾人知古韻之正,以復先王之舊,以本天地聲氣之初,以終朱子釐正未盡之説。而未知然否也。②

---

① 戴侗《六書故》卷十六"行"字注文,《四庫全書》本。
② 劉玉汝《詩纘緒》卷一《周南·關雎》詩注,《四庫全書》本。

劉氏所言以"古"字易"叶"字者，在古音觀念的轉變及其古音研究上有著極其重要的意義，顧炎武的《詩本音》即如此。當然劉氏不敢直斥"朱子"，而是委婉地將叶音錯誤歸咎於才老。可惜劉氏在其書中並沒有用"古音某"注音，仍以朱熹叶音注釋之。"未知然否也"，即是他的顧慮之言。

明代楊慎也反對叶音說，他用轉注說解釋《詩經》與今音的關係，著有《轉注古音略》等著作，但他的解釋仍然沒有揭示《詩經》古音的實質問題，清代人批評說："慎書仍用叶韻之說而移易其名於轉注，是朝三暮四改爲朝四暮三也。"[①] 以爲其說仍等同于叶音說。因此，其說不爲人們所接受。至明中葉之後，焦竑與陳第高舉"古詩無叶音"的大旗，極力反對叶音說，提出語音的時地發展觀，人們才開始廓清叶音說的錯誤。

焦竑言論見於《焦氏筆乘》卷三"古詩無叶音"條。其言曰：

> 詩有古韻今韻，古韻久不傳，學者于《毛詩》《離騷》皆以今韻讀之，其有不合，則強爲之音曰：此叶也。予意不然，如《騶虞》一虞也，既音牙而叶葭與豝，又音五紅反而叶蓬與豵；"好仇"一仇也，既音求而叶鳩與州，又音渠之反而叶逵，如此則東亦可音西，南亦可音北，上亦可音下，前亦可音後，凡字皆無正呼，凡《詩》皆無正字矣！豈理也哉！

這段話揭示了叶音說的本質錯誤。後來，他在爲陳第《毛詩古音考》作序時，又再次強調了他的觀點。但焦氏對古音缺乏本體研究，故其說傳播不廣，以上言論顧炎武《音論》都未曾引用。對後來影響最大的還是陳第，他不僅在理論與觀念創新方面有所建樹，而且在語音史的本體研究方面也卓有貢獻，所著《毛詩古音考》和《屈宋古音義》成爲漢語史上的經典之作。在研究方法上，他還發明"本證""旁證"之法，考證《詩經》《楚辭》古音。他說："列本證旁證二條，本證者，《詩》自相證也。旁證者，采之他書也。"

---

① 永瑢《四庫全書總目》經部《轉注古音略提要》，北京：中華書局，1965年影印。

下面是大家所熟悉的他的一段著名言論：

  蓋時有古今，地有南北，字有更革，音有轉移，亦勢所必至也。故以今之音讀古之作，不免乖刺而不入，於是悉委之叶。夫其果出於叶也？作之非一人，采之非一國，何母必讀米，非韻杞韻止，則韻祉韻喜矣。（《毛詩古音考序》）

後來人們將此歸納爲"古音時地說"，這是古音研究的一個基本理論原則，至今我們還在遵循著這一原則。顧炎武接過這個口號，發展爲《詩》本音"說，在《詩》本音說的指導下，顧炎武改進研究方法，大膽地離析唐韻，改變入聲韻的舊有分配方式，倡言"古人四聲一貫"，分古韻爲十部，至此，宋人通轉叶音說才從根本上得到糾正。

三、埋沒與發現：清代古音學中的幾個歷史結論性問題

在古音觀念的更新和研究方法的改進上，清代人較之元明人均有長足的進步，清代古音學也由此得到全面發展，至乾嘉時代的段王之後，成鼎盛之勢。這裡面討論的問題很多，下面就"同聲必同部"的研究方法及古韻分部問題作一些必要的評述。

（一）段玉裁"同聲必同部"研究的歷史推演問題

利用《說文》諧聲偏旁考訂《詩經》古音，吳棫《韻補》和《詩補音》已啟先路。如《詩補音》討論《詩經·卷耳》詩"觥"字曰："姑黃切，《說文》觥以黃得聲，俗從光。"《芣苢》詩"有"字注曰："羽軌切，《說文》'痏洧鮪'皆以有得聲。"《羔羊》詩"皮"字注曰："蒲禾切，《說文》'波坡頗跛'皆以皮得聲。"[①] 雖沒有上升到理論的高度，但在研究方法上已開啟先路。

---

① 參見張民權.宋代古音學與吳棫〈詩補音〉研究［M］.北京：商務印書館，2005年.

對此徐蕆總結曰："殊不知音韻之正，本諸字之諧聲有不可易者。如霾爲亡皆切，而當爲陵之切者，由其以貍得聲；浼爲每罪切，而當爲美辨切者，由其以免得聲；有爲云九切，而賄洧洧鮪皆以有得聲，則當爲羽軌切矣；皮爲蒲糜切，而波坡頗跛皆以皮得聲，則當爲蒲禾切矣。"（《詩補音序》）陳第在考證《詩經》古音時，也注意到了《說文》諧聲與古音的關係，恕不舉例。

清代以諧聲系統歸納古韻部者首推顧炎武。顧炎武離析唐韻，將《廣韻》支韻、麻韻、尤韻、庚韻等一分爲二。如《唐韻正》分析支韻曰"凡從支、從氏、從是、從兒、從此、從卑、從虒、從爾、從知、從危之屬皆入此（脂之）"，"凡從多、從爲、從麻、從垂、從皮、從肯、從奇、從義、從罷、從離、從也、從差、從麗之屬皆入此（歌戈）"。但顧炎武從他的《詩》本音思想出發，他的古韻十部並沒有嚴格地按照《說文》諧聲分部。

全面以諧聲偏旁歸納古韻部者後來有潘咸，他在《音韻原流》中按諧聲偏旁關係分古韻爲十八部，陰陽入三分。下面是他的罌部諧聲表。

【罌部】

登、曾、恒、爭、正、貞、冫、平、并、名、正、冉、乘、升、賏、盈、興、夌、令、丁、甹、凼、冥、青、嬴、觲、需、幸、壬、并、省、并、亙、丞、敬、殷、夰、厷、弘、朋、曹、同、弓、頃、熒、黽、耿、囧、皿、夒、詰、凭、鳴、晶、肯、秉、鼎、孕、竟、豢、灵、嬰。

但是，潘氏在古音分部上多有瑕疵，例如他的罌部實際上合併了顧炎武的耕部和蒸部，略有不足，然而他完全以諧聲偏旁分部的做法，值得肯定。另外，潘氏古韻部名稱一律用影母字即無輔音開頭的字命名，如東部爲翁，陽部爲央，耕部用罌等，也有可取之處。戴震古韻九類二十五部名稱的命名原則也是如此，此可謂最早的古韻部音值構擬。

潘氏之後有萬光泰。萬氏研究真正體現了《詩》韻與《說文》諧聲系統相結合的原則，其《古音表考正》有古韻十九韻部諧聲表（見下舉例）。可見古韻"同聲必同部"的研究，在段玉裁之前就已經有人踐行，而且做得比段玉裁還要好。

毋庸置疑，在《說文》諧聲與《詩》韻關係的理論闡釋與本體研究上，段玉裁的貢獻是非常大的，因爲潘咸和萬光泰的書稿均未刊佈，世人知之甚少，而段玉裁在顧炎武等人的研究基礎上，能夠對諧聲與古韻的關係進行全面的歸納，影響深遠，功不可沒。

（二）清代古音二十二部中一些結論性問題

清代學者從顧炎武到江有誥爲止，完成了古韻二十二部的研究。先是顧炎武離析唐韻，改變入聲舊的分配模式，分古韻爲十部，以後人韻部言之，就是東部、支部、魚部、元部、宵部、歌部、陽部、耕部、蒸部、侵部。其中，《廣韻》江韻（舉平賅上去）歸於東部，支韻半在歌部，侯韻在魚部，麻韻半在魚部半在歌部，尤韻之半離析在支部，其餘部分與蕭宵肴豪合成宵部，庚韻半在陽唐半在耕清；元部包含真文以下十四個韻部，侵部則包含侵談以下九韻及其入聲，是爲古今音韻分合之大勢。古韻十部的劃分奠定了清代古音學的基礎，後來人所作都是在此基礎上推闡加密。后是有江永將顧炎武的元部分成真元二部，將侵部分成侵談二部，然後將侯部從魚部分離與尤韻之半及蕭宵肴豪之半組成幽部，成十三部。段玉裁又在江永的基礎上進一步分析爲十七部，即支脂之三分，真文分立，侯部獨立。孔廣森分十八部，東冬分部是他的主要貢獻。稍後，王念孫和江有誥均分出二十一部，王念孫的貢獻是將至部和祭部獨立，侵談二部入聲獨立。江有誥也發現了祭部獨立和侵談二部入聲獨立，並採用了孔廣森的東冬分立的主張，所以古音分部還是二十一部。戴震研究古音在段玉裁之前，但成書在段氏之後，他的貢獻是陰陽對轉理論以及古韻九類二十五部體系之中的祭部獨立（他說，若入聲附于陰聲韻則爲十六部）。但後來的古韻學家只承認他的陰陽對轉說，而不採用他的祭部獨立，因爲他的祭部與王念孫、江有誥的祭部概念內容並不一樣。

清道光年間，安徽當塗人夏炘集顧炎武、江永、段玉裁、王念孫和江有誥等五家古韻分部說，成《詩古韻表廿二部集說》二卷，將清代古音學總結爲

163

二十二部。並認爲此二十二部，"增之無可復增，減之亦不能復減"，"別乎王先生之說者皆異說"。王國維也說："然古韻廿二部之目，遂令後世無所增損。"①

下面，我們按照顧炎武古韻十部的順序，參考江有誥等人古韻部名稱列寫二十二部如下：

1 東部，2 冬部，3 支部，4 脂部，5 之部，6 至部，7 祭部，8 魚部、9 真部，10 文部，11 元部，12 幽部，13 宵部，14 歌部，15 陽部、16 耕部，17 蒸部，18 侯部，19 侵部，20 談部，21 緝部，22 葉部。

根據新的文獻資料，在顧炎武之後江永之前，有一位傑出的學者萬光泰（1712—1750），他早在乾隆九年（1744）就完成了古韻十九部的研究，見於其《九經韻證》一書。② 十九部名稱及順序如下：

東類一 支類二 脂類三 之類四 至類五 未類六 廢類七 魚類八 真類九 諄類十 元類十一 蕭類十二 宵類十三 歌類十四 陽類十五 耕類十六 蒸類十七 侯類十八 侵類十九

以《廣韻》韻目爲古韻部命名者，萬光泰是第一人，其命名與後人命名基本一致。至類即王念孫的至部，廢類即王念孫和江有誥的祭部，未類諸家皆未劃分，相當於章太炎的隊部。諄類後人一般稱爲文部，蕭類即後人所言的幽部，其它部類名稱基本相同。

十九部是在顧炎武古韻十部的基礎上分析而來，除東類、陽類、耕類、蒸類、侵類、歌類六部與顧炎武相同之外，其餘十三部都是萬光泰的發明。其貢獻有五：

（1）支脂之三部獨立；（2）脂部的去入聲字中獨立爲至未廢三部；（3）魚

---

① 見王國維.周代金石文韻讀序［M］//王國維.觀堂集林·卷八.北京：中華書局，1959：394.
② 見張民權.萬光泰《九經韻證》校注［J］.勵耘學刊，2010（1）：146-194.

侯分立；(4) 幽宵分立；(5) 真文元三分。

其中，支、之、魚、侯、幽、宵六部劃分及其入聲字的分配，無懈可擊，與王念孫、江有誥及今人研究密合無爽。至未廢三部獨立是萬光泰的一個重要發明，它相當於王力的質、物、月三部，實際上是收 –t 尾的入聲韻獨立。這三部獨立與收 –n 尾的真文元三部達成了結構上的平衡。

就研究時代而言，乾隆九年，王念孫（1744—1832）剛剛出生，段玉裁（1735—1815）也僅僅是一個 12 歲的小孩，而江有誥（？—1851）可能還沒有出生！由此可見萬光泰古音十九部研究成果的歷史意義。

下面是萬光泰《古音表考正》中的至、未、廢三部諧聲表。

至類五（王力質部）

凡諧一、至、壹、質、日、實、失、七、黍、匹、吉、疾、逸、栗、畢、弼、必、即、血、徹、穴——諸聲皆至類。

未類六（王力物部）

凡諧未、棄、既、四、季、类、位、豙、貴、尉、利、孛、肆、會、對、退、內、叀、戾、執、愛、隶、夬、孔、卒、乞、弗、勿、出、由、蕝、术、聿、喬、叟、突——諸聲皆未類。

廢類七（王力月部）

凡諧祭、兌、制、曳、世、厲、愒、叕、匄、帶、乂、貝、大、市、外、丰、拜、吠、最、昇、寽、戌、欮、折、舌、韧、列、伐、发、夽、八、犮、戉、月、舌、奎、辥、乎、杀、彗、截、役、桀——諸聲皆廢類。

從萬光泰的未部獨立中，我們還可以得出這樣一個結論：清代人的古韻分部不只是二十二部，而是二十三部。唯一缺憾的是微部没有從脂部分離，這項工作直到進入民國以後，才由現代學者曾運乾、王力二君子完成。

四、脂微分部：傳統古音學的最後總結

脂微分部是現代學者古韻部研究中的一項重要貢獻。根據現有資料，完成這項研究的是王力和曾運乾二人，他們幾乎是在各不相知的情况下，"閉門造車，出門合轍"。但是，由於相關文獻資料的發掘和傳播途徑等原因，漢語史上一般認爲脂微分部是王力先生發明的。王力在1980年完成的《漢語語音史》中説："脂微分立是王力的發現。他從章炳麟早年在《文始》中把'佳壘'等諧聲偏旁歸入隊部這一件事得到啓發，並在他所寫的《南北朝詩人用韻考》中得到證明，脂微兩部直到南北朝時代還是分立的。"①

曾運乾（1884—1945），字星笠，晚年自號棗園，湖南益陽人。其《詩經》脂微分部説今見於他的《音韻學講義》，該書《廣韻學》之第五章《廣韻補譜》第九節《齊韻分爲兩部》有所討論。曰：

> 考古韻部分，脂微齊皆灰當分二部，《詩》三百篇雖未分用劃然，固已各成條例。齊之入爲屑質櫛，灰之入爲沒術迄物黠，則固豪不相溷也矣。齊與先對轉，故陸韻以屑配先，灰與混痕對轉，故陸韻以沒配痕，最合音理。今試分舉兩部聲母及《詩經》韻，爲證於次……②

以下曾氏所列即脂微二部的入聲質部、物部的諧聲表和《詩經》用韻譜。可見，曾氏首先是從古韻陰陽入對轉的角度發現了這一問題，然後求證於《説文》諧聲與《詩經》用韻。曾氏分古韻爲三十部，陰陽入對轉，其規模與

---

① 見王力.漢語語音史［M］//王力.王力文集·第十卷.濟南：山東教育出版社，1987:47.
② 見曾運乾.音韻學講義［M］.北京：中華書局，1996.

王力三十部相當，只是韻部名稱不一樣。陳新雄先生對此有所比較，曰："持曾氏三十攝與王力晚年三十部相較，竟若析符之復合，其非知者之所見略同耶，因爲表而出之。"① 曾氏將脂部稱爲衣攝，微部稱爲威攝，三十部名稱全以零聲母命名，以顯示它們的讀音關係。下面是他的脂微兩部諧聲表。

甲、齊脂皆微（之半）部（衣攝）
喉声：衣 伊 肙 医
牙声：皆 几 禾 卟 豈 幾 系 希 匸 癸 启 □ 火 毇
舌聲：示 夷 旨 尼 犀 屖 氐 黹 夂 屍 豕 利 ※ 爾 豊 弟 矢 二 履 盩
齒聲：厶 齊 師 虒 耆 此 次 兕 死 妻
唇聲：匕 比 米 美 尾

乙、灰（全）脂皆微（之半）部（威攝）
喉聲：威 畏 委
牙聲：鬼 歸 夔 褢 回 虫 贇
舌聲：遺 自 靁 妥 隹 水
齒聲：衰 夊 崔 奞 皋 罪
唇聲：飛 枚 非 眉 妃 肥 敝

從以上所列兩部諧聲偏旁來看，它們與王力的脂微兩部的範圍略有出入。王力將衣攝的衣聲、豈聲、幾聲、希聲、□聲（即韋聲字）、火聲、毇聲、尾聲等分在微部。蓋作者以爲這些韻字在《詩經》中與脂部合韻較多，如《汝墳》三章"尾燬燬邇"、《靜女》次章"煒美"、《碩人》一章"頎衣妻姨私"、《蓼蕭》三章"泥弟弟豈"、《大田》二章"穧火"等，都被曾氏歸在他的衣攝韻譜裡。另外，威攝的眉聲被王力歸爲脂部。

---

① 見陳新雄．古音研究．第二章．古韻研究［M］．臺北：五南圖書出版有限公司，1999：292．

曾氏完成此項研究的具體時間，根據時建國先生的研究，是在1926年東北大學任教時期，該年曾氏在《東北大學週刊》第九期發表《聲學五書序》一文，其中《切韻補譜》（即《音韻學講義》之《廣韻補譜》）即已把齊半脂半皆微開口並爲一部，名曰衣攝；把灰韻與脂半皆微合口並爲一部，名曰威攝。跟衣攝相配的入聲爲屑質櫛部，跟威攝相配的入聲爲沒術迄部。[①]1940年，曾氏在湖南大學執教期間又以《古本音齊部當分二部說》爲題作文，將其發表于湖南大學《文哲叢刊》卷一。該文今《中國語言學論文索引》（甲編）失載，今中華書局出版的《講義》雖附載其內容（第187頁），但未說明其發表時間，後來查證爲1940年。楊樹達先生1938年3月31日的日記亦述及此事，曰："曾星笠來談，謂擬定古韻爲三十部。于黃季剛二十八部外，取其豪、蕭部分出入聲一部，此與黃永鎮、錢玄同相同者也。其它一部，則取微部分爲二：一爲齊部，開口之字如衣、伊等屬之，以與屑、真爲一組，其餘合口之字則仍分爲微部。《詩經》中齊、微二部雖偶有交錯，大致劃分云。"[②] 據此可保守地認爲，曾氏進行脂微分部的研究是在1926年至1937年，稍早於王力。王力發現脂微分立的標誌是他于1937年7月發表的《上古韻母系統研究》一文，曰："因爲受了《文始》和《南北朝詩人用韻考》的啓示，我就試把脂微分部。"[③]

從《詩經》用韻看，脂微分部以及質物二部還有一些合韻問題仍需要進一步討論，有些韻字的部類歸屬尚須進一步斟酌。

---

① 時建國.曾運乾古韻三十部說略［J］.古漢語研究，2009（2）：11-15.
② 司馬朝軍，王文暉.黃侃年譜［M］.武漢：湖北人民出版社，2005：232.
③ 王力.上古韻母系統研究［M］//王力.王力文集·第十七卷.濟南：山東教育出版社，1987：182.

觀念更新與科學的方法論[*]
——傳統古音學的回顧和現代古音學的展望

一、傳統古音學的建立及其主要特徵

真正的古音研究，是從宋代吳棫開始的。吳棫著《詩補音》和《韻補》，標誌著傳統古音學的誕生。他的研究，主要是以《廣韻》爲分合點，以《詩經》《楚辭》和《說文》諧聲爲主要材料，並參考古今方音和漢儒訓詁材料，極力從文獻上考證某字的古音，並劃分古韻部，以重建古韻模式。他的研究一開始就建立在歷史考證法和歷史比較法的基礎上。現代古音學引進了音位學理論，以描寫音值作爲它的主要任務，同時在研究材料上更注重於域外對音和親屬語言的同源詞比較。但這一切必須建立在傳統古音學的基礎上，離開了傳統古音學的古音考證和對"韻類"的劃定，再好的"韻值"描寫也是沙漠上的建築。

回顧學術史的發展，就其核心思路而言，不外乎兩個主要的思想，一是觀念更新，二是研究方法的改進。二者結合，推動著學術研究的不斷深入和發展。作爲漢語史研究之一的古音學也是如此，這兩個思想影響著它的產生、發展乃至現代古音學的建立。

---

* 本文發表於2004年浙江大學舉辦的中青年學者論壇，後收入《21世紀的中國語言學》（二），商務印書館2006年版，收入本書時，略有刪改。

古音學萌芽於六朝人的《詩經》韻讀，當《詩經》音與時音有所出入時，經師們便改讀其音，以求和諧。徐邈的"取韻"和沈重的"協句"即如此。"改讀"原本相當於訓詁學意義上的破讀。爲解釋文獻典籍中的文字通假和四聲別義等，漢魏諸儒多有此例。而作爲音韻學意義上的"改讀"，完全是爲了解決韻文中因古今通塞而造成的誦讀不和諧問題。到了隋唐時期，隨著訓詁學的不斷發展，儒師們對《詩經》《楚辭》《文選》以及班馬史書廣加注釋，而韻文中古今音不和諧問題暴露無遺，協讀問題不能回避。於是釋道騫注釋《楚辭》、李善、公孫羅以及呂延濟"五臣"注《文選》、顏師古注《漢書》、李賢注《後漢書》等都有大量的協讀音。而陸德明認爲，"古人韻緩，不煩改字"。他先是在《毛詩》釋文裡提出這一看法，後來又在《左傳》釋文中一再重申這個觀點。① 陸德明雖然不贊成"改讀"，但在《釋文》中對《詩經》和《左傳》中的繇辭多有協讀音注釋。古今音變，其勢不得不如此。

陸德明"韻緩"之說雖然揭示了古今音韻的一些特點，並且對後人古韻分部也有一定的啓發，但其"不煩改字"之說，卻客觀上阻礙了古音韻研究的發展。

關鍵在於觀念的轉變，而宋人經學疑古和詩韻復古主義思潮的興起，促使了古音觀念的轉變。首先懷疑陸德明之說者爲吳棫。吳棫在他的《詩補音序》中寫道："少聞元城宰臧謀之言曰：《詩》韻無不協者，如來之爲釐，慶之爲羌，馬之爲姥之類。《詩》音舊有九家，唐陸德明始以己見定爲一家之學今《釋文》是也。至開元中修《五經文字》，'我心慘慘'書爲懆，音七到反；伐鼓淵淵'書淵爲鼘，音於巾反皆與《釋文》音訓有異。乃知德明之學，在當時亦未盡用。而《詩》音之亡或有所自矣。"② 何況孔穎達也說過《詩》之大體，必須依韻。其有乖者，古人之韻不協耳"③。既然如此，爲什麼不可以援引

---

① 《左傳·昭公十二年》："投壺，晉侯先。穆子曰：'有酒如淮，有肉如坻。寡君中此，爲諸侯師。'"據《正義》："劉炫以爲淮坻非韻，淮當爲濰。"而陸德明認爲："淮舊如字，四瀆水也。學者皆以淮坻之韻不切，云：淮當爲濰。……古韻緩，作淮足得，無勞改也。"
② 轉引自章如愚《群書考索》卷十一《詩經》，頁十九。明正德年間刻本參四庫全書本。
③ 見《毛詩正義》卷一《關雎》詩注。

隋唐諸儒的協韻注釋的方法，再從文獻上加以考證、分析、比較和歸納，以尋求古音之原貌呢？於是吳棫著《詩補音》，考稽經傳諸子及漢魏以來韻文材料、《說文》諧聲讀若和先儒訓詁材料，印證《詩經》古音，以充分的事實說明《詩經》古音不同於今音。又著《韻補》，博考六朝以來文獻典籍中有異今於韻之"古音"，然後再以"通""轉"的方式解釋古今韻部之間的關係，對陸德明"韻緩"之說做了更具體的理論闡釋。作爲音韻學研究的歷史考證法和歷史比較法就這樣形成了

在吳棫的啟發下，宋儒或對《詩經》之外的典籍諸如《周易》《楚辭》和《文選》等再作古音上的考證，以補吳棫研究上的不足；或運用吳棫古音考證的成果，直接以叶讀音的方式注釋《詩經》和《楚辭》，朱熹《詩集傳》和《楚辭集注》便是其中代表作。①

任何一門學科的建立乃至一個學說的提出，都有它的歷史意義。作爲古音學的建立者，以吳棫和朱熹爲代表的學者廣傳宋代古音通轉叶音說在當時無疑是有著積極的意義。如果在觀念上不破除陸德明的"不煩改字"之說，古音學就無法建立起來。也正是吳棫基於歷史考證法的古音"改讀"，才露出了《詩經》古音的冰山一角；同樣也正是吳棫《韻補》通轉理論的提出，才有了古韻部類的劃分，古音研究也終於跨出了唐人"韻緩"說的門檻。但是，隨著研究的不斷深入，通轉叶音說便漸漸成爲古音研究上的桎梏。因爲"通轉"說難以正確地解釋古今韻部之間的界限和關係，而"叶音"說則被人理解爲一種可以隨意轉讀的協韻方式，從而抹殺了古音的真正面目。尤其是朱熹的政治地位一旦確立，人們便把通轉叶音說奉爲金科玉律，不敢越雷池一步。從此，以考據學爲基礎的古音研究遂蛻變爲一種純粹的叶音注釋。人們舍本求末，只言《詩經》叶讀，而不追究這種"叶音"背後的歷史淵源。因此，元明兩代古音學之研究，一直徘徊在"朱子"的陰影中而不能走出低谷。這是程朱理學"性命"之說及當時社會的政治思想高於學術思想的產物。

---

① "叶"爲"協"之古文，皆爲協和之意，而宋儒爲區別起見，遂用"叶"字專表詩文協韻之義。

平心而論，朱熹當時雖以"叶音"注釋《詩經》，但也強調"知叶韻之所由來"，①然而人們習於苟安，迷信勝於懷疑，將這一句話的精神全忘掉了。這是歷史的悲哀，也是學術史的悲哀。

二、傳統古音學的繼續發展

學術的發展離不開觀念的更新和研究方法的改進。明中葉之後，陳第與焦竑力唱"古詩無叶音說"（宋元之時也有人提出這樣的看法，如林駉、戴侗、劉玉汝等），②但在研究方法上沒有突破，古音研究仍然沒有進展。從今天輯佚到的《詩補音》材料看，陳第著《毛詩古音考》和《屈宋古音義》等書，雖然運用"本證"與"旁證"的方法，考證了《詩經》和《楚辭》的一些古音，但他的研究並沒有突破吳棫《詩補音》的範圍（今天我們完全有理由說明這一點）。也就是說，他的研究還只是停留在個別字的古音考證上，至於古今音韻之間的分合關係，仍然沒有給出一個明確的回答。他只認識到了朱熹叶音說的錯誤，而於吳棫古韻通轉說的錯誤仍缺乏一個正確的認識。楊慎的研究也是如此，他雖然寫了那麼多的古音著作，諸如《古音從目》《古音獵要》《古音餘》和《轉注古音略》等，然而充其量仍未脫離吳棫《韻補》窠臼。他也反對宋人叶音說，然而觀其述作，則有過之而無不及。

真正動搖宋儒通轉叶音說根基的是顧炎武。這是時代和學術發展的歷史必然。當明代人"感悟良知"的美夢被清人的鐵蹄徹底踏碎之後，宋明心學也隨之受到人們的懷疑。於是許多人從舊的營壘中殺出來，反思明朝滅亡的歷史原因。這是學術思想史上一個新舊交替的世代，也是一個產生思想與巨人的時代，顧炎武、黃宗羲、王夫之是其中傑出的代表人物。顧炎武以經學救國為己任，視古音研究為恢復"王道"事業的一部分。於是顧炎武接過陳

---

① 參見朱鑒《詩傳遺說》。原文為："看《詩》須並叶韻讀，便覺得他語自整齊，又更知叶韻之所由來，甚善。"卷六，頁二十三。四庫全書本。
② 參見張民權.清代前期古音學研究·第一編·古音學史［M］.北京：北京廣播學院出版社，2002.

第的口號,將"古詩無叶說"進一步發展爲"《詩》本音說",並在研究方法上進行了大膽的突破,那就是從《詩經》用韻出發,離析唐韻,改變入聲原配格局,分古韻爲十部。從此,傳統古音學才有了真正的突破與進展。

然而,顧炎武對宋儒通轉叶音說並沒有作一個簡單的否定之否定。他的研究也是建立在考據學的基礎上,沒有廣博的歷史文獻的考證,就談不上離析《唐韻》,也就根本談不上離析意義上的古韻分部。凡是讀過他的《音學五書》的人,無不"驚怖其博"(段玉裁語),"非嘔數升血讀之不可"(閻若璩語)。從此,"離析《唐韻》"成了研究古音的一個最基本的方法。

雖然如此,傳統古韻學並不因爲顧炎武的研究而被終結,這裡面仍需要觀念的更新和研究方法的改進。就古韻分部而言,顧炎武從他的古音觀念和研究出發,認爲古韻只有十部。而隨著人們研究的深入,《詩經》古音的實際情況並不完全如此。

顧炎武之後,乾隆時代產生了兩個重要的人物。一個是萬光泰,一個是段玉裁,兩人都在研究方法上作了很大的改進。只是因爲萬光泰的古音系列著作當時未能出版,使他的古音學成就埋沒至今。

他們都繼承了顧炎武的古音學說和一些基本的原則和方法,但捨棄了顧炎武觀念中"古人韻緩"說的不合理性。他們共同的特點是,嚴格地從《詩經》用韻與《說文》諧聲系統出發,考察入聲韻與陰聲韻的關係。於是他們在顧炎武古韻十部的基礎上,支脂之三分真文元三分,侯部獨立,幽宵分立,入聲韻與陰聲韻相配。但萬光泰在這方面做得比段玉裁更精細,他進一步從脂部的去聲和入聲中分出祭部、至部和未部,[①] 未部其實就是章太炎的隊部,今人稱之爲物部(黃侃稱之爲沒部)。這三個韻部在群經諸子及諧聲系統中是有區別的。但萬光泰沒有將侵談兩部分開,所以他認爲古韻只有十九部,而段玉裁認爲古韻僅有十七部。段玉裁也看出了至部(即質部)與祭部的離合關係,但拘于他的古無去聲說,不肯將祭部獨立,又不願將祭部與至部混在

---

① 萬光泰的祭部和至部與王念孫同,祭部內含後人的月部,至部主要爲入聲,相當於後人的質部。

一起，所以將至部歸併于陽聲韻的真部中，被王念孫譏爲"自亂其例"。因爲顧炎武認爲，入聲韻除侵覃九韻外，僅與陰聲韻相配。

顧炎武關於入聲韻的"兩歧之見"，能不能被修正？答案是肯定的。這時候王念孫與江有誥幾乎是在各不相知的情況下，將侵談二部的入聲韻分開。根據他們的考證，侵談二部與它們的入聲韻在《詩》韻和諧聲關係上並沒有什麼聯繫，二者宜應分開。他們相信，在《詩經》乃至群經諸子中，入聲韻是不與陽聲韻相押的。這樣，顧炎武的古音觀念得到更新，而清代古音學也由此前進了一大步。

至此，清儒古音學的成就如果不考慮萬光泰和戴震等人的研究，以考古派眼光視之，則有古韻二十二部，夏炘《詩古韻表二十二部集說》作了初步的總結，所謂"增之無可復增，減之亦不能復減。凡自別乎五先生之說者皆異說也。"① 然而民國初章太炎先生從考證出發，再從段玉裁的脂部中分出隊部，相當於萬光泰的未部，這樣《詩經》古音分部就有二十二部，這也是所謂"考古派"的最後的結論。

然而這個結論只是建立在對先秦韻文進行客觀歸納的基礎上，是陰陽兩分的格局，入聲韻並沒有完全被從陰聲韻中分離出來。如果從語音系統上看問題，入聲韻與陰聲韻和陽聲韻之間，應當是相互平行（且相互制約又相互影響）的語音結構體系。因而在此基礎上仍有深入研究的必要。此時黃侃先生集前賢研究之長，深入開掘，使傳統古音學得以不斷延伸。

三、傳統古音學的延伸與現代古音學的開始

學術研究要求得自身的發展，就必須改變既成的觀念，同時在研究方法上要有所改進。既然清儒認爲入聲韻只與陰聲韻結合，而歌部又無入聲，且清儒在研究中又不自覺地將質部、祭部及侵談二部入聲分離，章太炎先生又將物部字獨立出來，脂部字實際上就沒有入聲了，剩下的只有支之魚侯幽宵

---

① 五先生之說，指顧炎武、江永、段玉裁、王念孫和江有誥五家之說。

六部入聲沒有被分離出來。① 根據陰陽對轉說的原理，入聲韻是可以獨立的，因爲入聲是陰陽對轉的樞紐。於是黃侃先生在參考清儒研究（如戴震、劉逢祿）的基礎上，從審音出發，將古韻整理爲陰陽入三分格局的二十八部。這是觀念更新與研究方法改進的結果。然而黃侃先生也爲自己的古音觀念即古本韻理論所限，未能將幽部入聲即覺部分離出來，後來他的學生黃永鎮再析出肅部即覺部，於是終成古韻二十九部。② 王力先生晚年接受了黃侃的學說，受章太炎的隊部（主要是物部字）獨立的啓發，在二十九部的基礎上再從脂部中分出微部，是爲傳統古音學的古韻三十部。③ 這是如今絕大部分學者所能接受的古韻分部。④

就古韻分部而言，傳統古音學取得了輝煌的成就。但它遠沒有結束自己的歷史使命，它所研究的領域仍然很寬廣，它所體現的原則精神和研究方法並沒有過時。就古韻三十部而言，仍然有討論的必要。例如，王力先生從段玉裁古無去聲之說，因此不贊成月部中的去聲祭泰夬廢等韻獨立，而以歌部配月部和元部。然而根據清儒研究，歌部與入聲月部的關係疏遠，因此歌部無入聲，這是清儒一致的看法。而歌部與入聲相配顯得非常牽強，實際上如果將月部中的祭韻等獨立就可以避免這一尷尬。周祖謨先生主張祭部獨立，認爲《詩經》古韻有三十一部，大概也是出於這種考慮。⑤ 實際上，承認古無去聲，就必須承認古韻四聲發展的不平衡性。也就是說，有些古韻部，其四聲是不全的。否則，我們就無法解釋中古時代的祭泰夬廢四韻的來源。

現代古音學由於引進了音位學理論，尤其是隨著普通語音學研究的深入，

---

① 考清儒古音研究，入聲韻獨立成部者江永之前有柴韶炳和潘咸，之後有江永、戴震、姚文田、劉逢祿等，但諸家分部的出發點及部類數目不一，在當時也沒有被人們廣泛接受。
② 參見黃永鎮．古韻學源流［M］．北京：商務印書館，1934.
③ 但王力先生主張，先秦古韻爲二十九部；同時認爲，如果從分不從合即冬侵分立則爲三十部。
④ 關於《詩經》古音分部，有些學者還有一些不同看法，如陳新雄先生主張在王力三十部的基礎上，再從葉談二部中分出帖部和添部，成古韻三十二部。參見《古音學發微》和《古音研究》等。
⑤ 參見周祖謨．詩經韻字表［M］//周祖謨．問學集：上冊．北京：中華書局，1966:255-256.

人們在傳統古音學的基礎上，可以借助普通語音學理論來描寫上古漢語的聲韻結構及其音值，以便說明那些所謂"音同韻異"的韻部之間的區別問題。同時，人們更借助域外對音材料和親屬語言材料來進行比較研究。

四、現代古音學研究與科學的方法論

應該說，現代古音學在研究的領域和研究的深度上都比傳統古音學前進了一大步。但是，如果現代古音學脫離甚至違背傳統古音學的原則和方法，研究就會走向歧途。因為：第一，音位學理論也不是萬能的，在描寫某個聲韻的音值時，免不了帶有研究者的主觀色彩，因為它不是一個完全的考據學意義上的歸納法；第二，關於漢語與親屬語言的歷史淵源關係，以及歷史音變的過程，我們的研究並不成熟，到目前為止，還沒有取得令人滿意的研究成果。而恰恰在這一點上，可能還存在著許多誤區。有些人在研究中隨意地拿幾個親屬語言或民族語言中的同義詞比附，就以為是在做同源詞比較。殊不知所謂漢藏同源，是針對整個語言系統而言的而不是孤零零的幾個同義詞的比較，而同義詞並不等於同源詞，這是語言學的基本常識。因為在兩種語言當中，找出幾個音同音近的同義詞或近義詞，並不是很難的事情。更有甚者，是將那些與漢語根本就沒有瓜葛的語言定為有親屬關係的語言，進行所謂的"遠端構擬"。這種研究新鮮是新鮮，恐怕會落個"皇帝的新衣服"之美名，只有"聰明"的人才看得見。

在這方面，我們應當充分吸取傳統古音學的教訓。例如清初顧炎武運用離析唐韻的辦法，分古韻為十部，各韻部之間沒有通轉的關係。可是毛奇齡卻胡攪蠻纏，為攻擊顧炎武，拋出一個所謂"五部三聲兩界兩合"的荒謬理論，以為古韻無所不通。按照毛奇齡的說法，古韻只有五部，五部之間無所不通，無所不轉。不僅平上去三聲可以相通，陰陽兩界還可以相通，如果三聲兩界不能相通，還可以通過叶音相通。總之，古韻之間沒有界限，處處可以相通。稍稍粗通一點古韻的人都知道，如果從今韻出發（毛奇齡用的是平水韻），確實能在古詩中能找到很多"處處相通"的例子。例如在《詩經》

中,《廣韻》東韻"風"字與侵部字用,青韻"零苓"及去聲"令"字與真部字用,登韻"能"字與"又"字韻(《小雅·賓之初筵》)等。然而古今有別,古韻自有部分,僅通其所可通。如"風"字古韻本在侵部,"零苓"等字古韻本在真部,"能又"二字古韻本在之部。而毛奇齡不知,胡亂比附,只看表面現象而不問歷史音變,又抓住古今詩文中一些合韻或例外韻的例子大做文章,甚至不惜以《洪武正韻》為證,兜售其說,不遺餘力地攻擊顧炎武,最後只能是貽笑柄于後人而齒冷於學界。①

　　歷史是一面鏡子。傳統古音學也並非像一些人所認為的,如祭後之芻狗,篋衍已陳,無所復用。它的基本原則和精神不僅是我們現在所必須遵循的,而且是我們子孫後代都必須遵循的。那就是:嚴格的(還應加上"嚴肅"二字)歷史文獻考證法和歷史比較法(此法並非西洋人獨擅),在研究中必須從語音的系統性出發,而不是像"產品抽樣法"那樣隨意抽取,必須區分語音的時地關係,既尊重語音的現有平面事實,又必須充分考慮它的歷史音變層次。否則,我們的研究就會陷入當年毛奇齡那樣通轉無方的境地。如果我們不分時地關係,不考慮它的歷史音變等因素,上下幾千年,縱橫數萬里,將古音今音牽強比附,甚至將那些"八竿子打不著"親屬關係的語言牽扯在一起,這樣擬測出來的"古音",不僅今人不信恐怕古人更會不服!漢藏語同源說僅僅是一種未經證實的假說,學術研究需要假說,但不能把假說當作研究的結果,或曰歷史的現實。

　　從民族語言和親屬語言的關係上去探討漢語的上古聲韻問題,確實不失為一個好的方法。但這是一個非常浩大的研究工程,需要幾代人的不懈努力,而不是靠幾個人在數夜之間就能悟出的東西,也不是單靠幾本民族語言詞典的"轉譯音"就能完成的。其中需要的是"顧炎武",需要的是乾嘉學派那樣踏踏實實的考證,更需要有黃侃、王力這樣的學術集大成者,站在學術史的高度,對前代人的研究作出歷史性的總結。我們期待著這樣的學術

---

① 如時人李光地言:"毛大可作書駁寧人韻書,淺陋至甚,不自知分量者。"《榕村續語錄》劉維謙批評毛氏曰:"乃不自知其鹵莽而反笑前賢,則妄者真妄,而怪者真怪!"(《詩經叶韻辨訛》卷四)

巨人。

　　黃侃先生順利地將傳統古音學這根接力棒交給了後人。從王力先生的角度來說，他不僅僅是傳統古音學的集大成者，也是現代古音學的建立者（可能有些人不同意這個看法），因為建立者不等於最後的完善者。就像吳棫開創了宋代古音學，顧炎武開創了清代古音學，他們也有缺點，也有不足，而學術的發展和進步，是一個長期的歷史積累過程，哪怕是一點點進步，都凝結了幾代人的努力。何況一個人的生命有限，一個人的研究視野有限，他不可能將後來人所能使用的方法和發掘出來的材料都一一包攬無遺。在材料的性質還沒有被弄清楚以前，他寧可不說，以免誤導後學。而這正是古往今來一切有成就的大學者在學術研究上的嚴謹之處。

　　作為上古音韻研究者，前代人為我們積累了豐富的研究成果繼承這些寶貴的歷史遺產，對它們進行好好的總結和梳理，並在此基礎上推陳出新，是我們這一代人的歷史責任。就周秦以來的漢語歷史語音而言，其中還有很多我們不清楚的東西，還需要我們去作進一步的梳理。例如，在過去幾十年的漢語語音史研究中，曾先後出現過"三點一線式"的框架和"九點一線式"的框架，最近，何九盈先生在此基礎上又提出"散點多線式"的框架設想。① 何先生的這個理論架構給我們的啟示就是：漢語語音的歷史發展是個非常複雜的過程，它在眾多因素的影響下，或分或合；它在一個大的中心軸下，有沒有幾個平行的大的方音在起作用？如果有，其語音特點又是什麼？它與現代各地方音又是一種什麼關係？而各個方言的歷史淵源及相互之間錯綜複雜的關係又是如何？諸如此類的問題，都需要我們去作認真的思考和研究。這又牽涉觀念的更新和研究方法的改進問題。歷史傳承下來的文獻也還有很多，可是我們對這些文獻的研究和發掘工作還遠遠做得不夠。曾有人斷言，漢語古音的文獻研究已經過時，而應該轉向"活的語言"研究。這種看法是片面的，研究古音應當結合現代方言抑或親屬語言的研究，問題是我們怎樣才能

---

① 參見何九盈.漢語語音通史框架研究民俗典籍文字研究：第一輯［M］.北京：商務印書館，2003.

找到一個恰當的結合點。我們提倡學術研究上的觀念更新，但絕不是對傳統的否定，也不是對前代人的研究一概否決。學術發展是一個個鏈條，一環扣一環。如果我們脫離傳統和脫離基礎的一味"求新"，抑或像宋元人那樣，空談性命，棄五經而游談無根，那只能是在沙漠上建大廈而已，它遲早會坍塌的。同時，我們更提倡科學的方法論，觀念更新必須與科學的方法論結合起來，這樣的研究才會有所發展，有所進步。這個科學的方法論，我們認爲，就是傳統古音學千百年來所形成的基本的原則精神和研究方法。

長江後浪推前浪，這是古往今來學術史發展的必然。我們滿懷信心地展望現代古音學在傳統古音學的基礎上，開出更絢麗的花朵。

漢藏語同源問題

漢藏同源假說與古音研究中的若干問題[*]
——漢藏同源的譜系關係及其研究方法討論

漢藏同源及其譜系關係是個非常複雜的歷史問題，到目前爲止，還是一個未經證實的假說。在這個假說基礎上進行漢語上古音系的構擬，必然會面臨許多難以克服的困難和阻力。目前一些比較構擬的研究成果還不是很成功，其中問題很多。主要原因在於對漢藏語系及其性質還沒有認識清楚，在同源詞的比較上缺乏一個嚴格的語音對應規則，在音系構擬上嚴重脫離漢語事實而乞靈於外部比較，因此，關於漢藏同源及其比較構擬問題有必要作一番檢討，正本清源，勢在必行，以推進漢語上古音研究的健康發展。

我們認爲，如果真的要從漢藏親屬語言出發去研究漢語上古音，首要的工作是將漢藏親屬語言的譜系關係及其歷史範圍弄明白，包括漢族與周邊民族的歷史接觸等，然後才談得上同源詞的歷史比較與上古音系的構擬。

這項巨大的工程，至少包含了三個相關方面的研究工作：

Ⅰ．具有親屬關係的語言調查工作，在國內往往表現爲少數民族語言的調查描寫；

Ⅱ．漢語譜系關係的研究工作；

Ⅲ．從漢語的親屬語言出發，通過同源詞的比較構擬漢語的上古音系。

第一項研究工作，就國內研究來說，我們的民族語言學的專家學者在這方面做了大量的工作，成績斐然，這從近年來少數民族語言志的編輯出版可

---

* 本文原載於《山西大學學報》2012 年第 5 期，收入本書時，略有刪改。

以看出來，其次是相關的研究著作的出版。這些研究成爲以下兩項研究工作的基礎，沒有民族語言的調查描寫就無從討論譜系關係和上古音的比較構擬。

第二項研究工作雖然已做了百年之久，但至今爲止，中外歷史語言學家並沒有取得令人信服的研究成果。各家異詞，所有的假設都是猜想，由於歷史比較的基礎工作沒有做好，漢語在那遙遠的時代，究竟與哪些語言具有發生學的同源關係，仍是一個想像中的神話傳說。

第三項工作，可以說毫無進展。一些中外學者從假設的親屬語言如漢藏語系出發，比較構擬出一套複雜的上古音體系，既脫離漢語事實，又不符合親屬語言的音系特點，有些不倫不類，有損漢語的純潔性，也扭曲了歷史比較法的原則精神。

我們並不否認這些學者的探索精神及其努力，面對不足，需要的是在古音觀念和研究方法上加以反思和檢討。

漢語上古音研究，經過清代學者前赴後繼的努力和近現代前輩學者的開掘，在古韻部類的劃分上已日趨完善，但在古聲母研究方面，仍留有許多研究和討論的空間，無論是在上古漢語聲母系統還是音系構擬上，學術界都未能取得比較一致的看法，而分歧點主要集中在單聲母還是複聲母及其音型結構上。半個世紀以來，人們試圖從親屬語言同源詞的比較構擬中來解決這些分歧，但不是很成功，其中問題甚多。

學術要傳承要發展，就必須做到觀念更新和研究方法的改進。對於漢語上古音研究，一方面我們要繼承傳統古音學的成果，努力發掘其中合理和精華的部分；另一方面，又要在觀念和方法上不斷改進，以解決傳統古音學不能解決的問題，進一步推進上古音研究，但如果完全拋棄乃至斷言傳統音韻學的研究方法不適應做上古音系研究，那就是非常錯誤的。自高本漢以後，很多中外學者矻矻探索，爲漢語上古音系的構擬作出了重要的貢獻，一些重要的研究成果已經成爲我們的研究基礎。當前，最引人注目的就是漢藏語同源說與複輔音聲母的"比較構擬"，似乎成爲當下的學術"主流"，大有非我莫屬之勢。然而漢藏語系的歷史比較研究起步較晚，其歷史比較法的理論還沒有完善，有關研究實際上還處於探索階段，離我們期待的目標仍有很遠，無論是在觀念還是在研究方法上仍有反思檢討之必要，借用一位民族語專家的話說就是："漢藏語歷史比較的方法確有許多問題需要檢討。"

需要引起我們認真思考的問題是：

（1）漢藏諸語言真的同源嗎？（2）同源發生的時代及其歷史範圍又是什麼？（3）漢藏語分化以後各自發展演變的方向如何？（4）歷史語言的比較法則及其適用範圍；（5）具有同源關係的基本詞彙我們現在究竟能確認多少？

如今，關於漢藏歷史同源問題，似乎成爲民族關係史和民族語言的學者喜歡援引的一個話題。然而，殊不知，族源關係與語源關係並不是一回事，漢藏語系歷史同源，迄今爲止，仍是一個未經證實的假說，而並非一般人所說的得到"公認"，實際上反思和質疑的聲音一直不斷。證明族源關係似乎比證明語源關係要容易得多，因爲前者可以借助地下考古資料和歷史文獻乃至文化學、人類學和生物遺傳學原理，而語源關係卻要靠語言文字，如果其中某個民族沒有文字記錄的歷史文獻，又缺乏一定數量的共同詞根，要證明兩者的語源關係，尤其是那遙遠的語源關係，就要面臨方方面面的阻力和艱難。

下面，就其中一些問題談談自己的看法，淺陋之處，企望于方家教正。

一、漢藏語同源的歷史範圍及其譜系關係問題

（一）漢藏語同源的歷史範圍問題

根據漢藏同源理論而進行漢語上古音的比較研究，首要的前提是必須明確"漢藏同源"的歷史時間，即在何時這些親屬語言具有發生學的關係，而後何時分化又形成了哪些語族語支，然後我們才可以進行漢語上古音系的研究工作。

然而，到目前爲止，那些利用漢藏同源理論進行漢語上古音"比較構擬"的著作，很少對此有一個明確的界定，或者閃爍其詞，語焉不詳；儘管在這些著述中經常出現諸如"原始漢藏語""原始漢台語"等描述，但始終是一個天才的想像，如果以此爲前提進行上古音研究，是非常不科學的。按照

雅洪托夫的表述："上古漢語從藏緬語中分化出來的年代是公元前25或35世紀。"[①] 據歷史學家翦伯贊《中外歷史年表》的考證，公元前25世紀是中國炎黃時代，距今約4600年。至於公元前35世紀，那只能是仰韶文化的新石器時代。包擬古出於謹慎，認爲其下限在"公元前2000年的前後幾個世紀之間"，[②] 這個時間點大致在堯舜之後夏啟之前。然而，不管採用哪家說法，漢藏同源的假設時間至少在5000年前的史前時代，一般認爲是六至七千年的新石器時代。不過這些都是推測，還沒有足夠的事實依據讓我們能夠接受他們。

（二）漢藏語系的譜系範圍問題

其次，"漢藏語系"的譜系範圍包括哪些"親屬語言"，似乎也是一個永遠說不清道不明的混沌命題，小到中國境內的一些少數民族語言諸如藏、緬、傣、苗、瑤等，大到境外東南亞各國之語言，諸說紛紜，莫衷一是。一般的看法是，漢語跟藏緬、侗台、苗瑤三大語族組成漢藏語系，這是李方桂先生的觀點，馬學良先生主編的《漢藏語概論》的篇章結構也即如此。但有人認爲侗台、苗瑤語跟漢語沒有發生學的關係，它們之間只是語言接觸與借貸關係，相反，漢語與南島語關係更密切，應當與南島語一起另立爲澳泰語系，這是美國學者白保羅的觀點。後來有人干脆提出漢語與南島語同源論，這是法國學者沙加爾的主張，似乎爲國內一些學者所接受，諸如邢公畹、鄭張尚芳和潘悟雲等都將他們的比較範圍擴大到了南島語系。然而這種假說立即就遭到了很多中外學者的質疑，馬提索夫、蒲立本和李壬癸等都有批評文章（參見孫宏開、江荻、王士元）。[③] 同時，反對漢語與藏緬語同源說的也大有人在，如法國學者沙加爾就是其一。[④] 這種認識分歧和富有爭議的背後，本身就說明"漢藏語系"是一個未知數，而這種龐大的語系在還沒有得到科學論證

[①] 見雅洪托夫．語言年代學和漢藏語系[M]//雅洪托夫．漢語史論集．北京：北京大學出版社，1986:82-83．
[②] 見包擬古．原始漢語與漢藏語[M]．潘悟雲，馮蒸，譯．北京：中華書局，1995．
[③] 參看孫宏開，江荻．漢藏語言系屬之爭及其源流[J]．當代語言學，1999（2）：17-32；王士元．漢語的祖先[M]．李葆嘉，譯．北京：中華書局，2005．
[④] 見沙加爾《關於漢語祖先的若干評論》，收於王士元主編《漢語的祖先》。

以前，匆忙進行古漢語音系研究，可能會走向一條很危險的道路。

以上觀點以外，還有兩個著名的觀點：一是蒲立本等歐洲學者所認爲的漢語（漢藏）與印歐語系同源，不僅有考古學上的證據，還有音系學和形態學乃至同源詞的證據。① 此外俄羅斯斯塔羅斯金等學者認爲，應當建立一個獨立的"漢藏—高加索"超級語系，也就是說漢語與北高加索和葉尼塞語具有同源發生學的關係，而且有考古和語言學的證據。② 今天處於西伯利亞的葉尼塞語的族群一般認爲是古代匈奴的後裔，匈奴語實際上就是後來的阿勒泰語系，歷史上的契丹語與蒙古語等都是它的後裔。照此推論，漢語與阿勒泰語系也是同源關係。

如果綜合上述各家觀點，漢語的"祖先"在遠古時代是一個非常龐大的家族，幾乎跟地球上所有毗鄰或發生過接觸的語言都有親屬關係。然而，無論是漢藏語系說，還是漢語—南島語系說，抑或漢語—印歐語系說、漢語—北高加索—葉尼塞語言聯盟，都沒有一個可以互相說服的理由，更沒有一個令各方都能夠接受的同源詞或核心詞彙表。如果站在爭論各方對立的立場看，各家之說均不能成立，矛盾和漏洞甚多。這些爭議的文章被編纂於一本名曰《漢語的祖先》的論文集中，讀者可以參閱。③ 這些文章中，各家觀點針鋒相對，借用白一平的話說就是："一些語言學家認爲確鑿無疑的假設，卻被另一些語言學家視爲胡言亂語而不屑一顧。"④ 我們應該感謝王士元先生和李葆嘉先生，爲我們編譯了這部叢書，使我們看到了這樣一個基本的事實：關於漢語親屬語言的譜系關係實際上沒有定論，各派觀點都有，而絕不是一些人所認爲的"漢藏親屬語言關係"非常清楚。

如果掩蓋或漠視這些是非爭議，從一個不確定的"漢藏語系"出發，來

---

① 見蒲立本《漢語的歷史和史前關係》，收於王士元主編《漢語的祖先》。
② 見斯塔羅斯金《上古漢詞彙：歷史的透視》，收於王士元主編《漢語的祖先》。
③ 此書由王士元主編，發表于 1995 年美國《中國語言學報》論叢之八，2005 年由李葆嘉等人翻譯，中華書局出版發行。標記中的頁碼爲中譯本的頁碼。
④ 白一平. 親緣性強於偶然性：古漢語與藏緬語的概率比較[M]// 王士元. 漢語的祖先. 李葆嘉，譯. 北京：中華書局，2005:144–145.

進行漢語上古音的比較構擬，其結論的可靠性恐怕就要大打折扣了。

二、親屬語言的內部差異問題

鄭張尚芳先生和潘悟雲先生等都主張建立一個廣泛同源聯繫的超級語系，名曰"華澳語系"，可是他們未曾想過，在這棵龐大的譜系樹中，漢語的根結點又在哪裡？究竟能確定多少同源詞？其內部差異又是如何協調的？

也就是說，既然"漢藏語系"有如此龐大的親屬語言，我們研究的時候是否考慮過它們之間的差別？是否對其中每一支語屬都進行過歷史研究？

比如，假設漢語與藏語被證明有某個同源詞，其語音形態等在其他語言中，諸如緬語、侗台語、苗瑤語、孟高棉語和印尼馬來語等，是否也呈這樣成系統的比較對應關係？事實上不可能如此，從現在發表或出版的少數民族語言材料看，完全可以說明這一點。例如在《中國少數民族語言簡志叢書》中有"親屬關係"的藏、緬、苗、瑤、壯等民族語詞彙中，如果從中抽取"天""地""山""河""牛""羊""雞""鴨"等基本詞彙進行比較，你會發現，語音形式差別非常大。當然你也可以認為，這是後來語音變化的結果，但是，如果你不能從歷時上解釋這些共時的差異，歷史比較法就失去了意義。

確定同源詞是建立語言親屬關係的前提。按照歷史比較法的原則，同源詞的比較是建立在嚴整的語音對應規律上的。其比較的範圍一般包括形態、語音和詞彙三方面，但是與印歐語系不同，漢語與藏緬諸語支的比較有相當的難度，有的沒有形態，語音結構形式差別甚大。所以在沒有形態的情況下，我們只能在語音詞義的比較上嚴格要求，也就是嚴整地有系統地比較。然而遺憾的是，很多人並沒有嚴格按照歷史比較法的原則去做。

即使是同一種語系或語支，其內部差異也非常大。下面以戴慶廈和黃布凡等先生的藏緬語研究為例，他們都是民族語言學的權威專家，其研究結論可靠，值得信賴。

根據他們的研究，藏緬語內部差異很大，其同源詞的比例僅有 20% 左右，甚至更低。例如在《漢藏語概論》中，黃布凡先生以羌語為例，選取

1500个词语进行比较，羌语支内部同源词的比例从10%到20%不等，而与藏、缅、彝、景颇语的比例均在10%以下。① 如羌语（峨口）同各语言的比较：

却域（新龙）16%，木雅14%，紫壩12%，嘉戎12%，普米（九龙）16%，道孚13%，爾蘇（九龙）17%，貴瓊10%，藏语（书面）7%，彝语9%，納西9%，景颇6%。

这些资料还可以在另外一部权威性的教科书中得到印证，由社科院民族语言研究所编写的《藏缅语语音和词汇》一书，选取了1000个左右的词语、52个语言点进行调查取样，详细描写其音韵特点。其结论是：

> "根据我们对材料进行初步分析，在1000个左右常用词中，多数语言彼此都有同源关系的词将近200个，占所列常用词的五分之一左右。""有一部分词，在某一语支内部是一致同源的，但与其他语支则看不出同源关系，也有一部分词，某一两个语支有同源关系，而其他语支则看不出同源关系……例如，藏语支内部比较一致，而与藏缅语族其他语言比较则看不出明显同源关系。"②

以上还只是藏缅语内部的比较，如果再将这1000个词汇放到壮语、苗语、瑶语以及南岛语系中进行比较，其"同源关系"的比例不知还会剩多少？如果漠视这些差异，我们对汉语上古音的比较构拟将会导致什么样的后果？

因此，要建立和证明汉藏亲属语言关系，首要的工作是在亲属语言内部进行比较，确立一定数量的同源词，而后是语族与语族之间的比较，如藏语与苗瑶语等，然后再扩大到整个"华澳"语系，最后才是汉语与诸语族的比较，找出其对应规则，归纳其同源形式。把这些工作做好以后，才能进行汉语上古音系的比较构拟。如果不考虑语族语支之间的差异，亲属语言同源词的比较就会变得随心所欲，毫无原则可言。

---

① 见黄布凡部分，收录于马学良. 汉藏语概论：上册[M]. 北京：北京大学出版社，1991.
② 见藏缅语编写组. 藏缅语语音和词汇[M]. 北京：中国社会科学出版社，1991.

三、論證方法上的音系構擬與詞語擇對問題

值得充分肯定的是，我國的民族語言學專家學者在親屬語言的譜系關係的建立，以及親屬語言的調查描寫上，作出了重要的貢獻。但有些問題我們不能回避，有的是一般性問題，無傷大雅；有的則是方法論上的原則性問題，必須認真對待。

（一）是否可行：通過漢語上古音的構擬來確立親屬語言的同源關係？

由於各語族語支之間存在較大的語音差別，人們採用了以漢語古音構擬來尋找同源關係的辦法，以消彌各語系之間的差別。這樣做是否切實可行，令人懷疑。例如倪大白先生就對李方桂漢台同源觀點提出過類似的懷疑和批評，曰："漢語與壯侗語究竟是什麼關係？是同一語系中的親屬語言嗎？迄今為止，我們還是很難找到漢語、壯侗語之間真正有對應關係的同源詞。"① 並委婉地指出，依靠構擬上古音來解決漢台語之間的關係，"會不會仍然是一條沒有盡頭的胡同呢"？因為從構擬的漢語古音出發，很容易誘導人們去挑選那些語音相似的詞語，而排斥那些語音不相似的同義詞，從而陷入循環論證的境地。

誠然，從構擬的漢語古音出發去尋找同源詞，其好處在於有個方向性，可以避免一些無頭緒的盲找，但是，如果構擬的上古音系存在嚴重缺陷，那我們尋找出來的"同源詞"就很難成立，它們至多是一些語音相似的詞，正如倪先生所指出的，"正好缺少了最主要的一環，即同源詞"②。

觀看一些中外學者有關研究文章，其所參照的漢語古音體系不外乎這樣幾家：高本漢、李方桂以及鄭張尚芳和潘悟雲等構擬的古音體系，此外，蒲立本和斯塔羅斯金等又有自己的一套構擬。其中李方桂的古音構擬影響最大，

---

① 見馬學良.漢藏語概論：下冊［M］.北京：北京大學出版社，1991.
② 見倪大白.壯侗語篇［M］//馬學良.漢藏語概論：下冊.北京：北京大學出版社，1991:921.

它揉進了雅洪托夫和蒲立本等人的音系觀點,例如二等韻的介音問題、來母、喻四的性質和複輔音的 s- 詞頭問題,其音系構擬多爲海內外學者(如龔煌城、李壬癸、丁邦新、梅祖麟、邢公畹等)廣泛採用,用來進行漢藏語系的比較論證。而鄭張和潘氏的音系構擬,雖以李方桂和包擬古等構擬爲基礎,卻摻雜了許多個人的大膽的想像:藏緬語的面孔,南島語的眼睛鼻子,漢語的衣冠等。

但是,一些中外學者所構擬的漢語上古音,大多沒有經過嚴格的論證,其構擬的基礎雖曰親屬語言比較,其實是循環論證,或是抓住漢語諧聲異讀的個別例子而加以推理,不惜犧牲系統而遷就個別例外,"根據不足,未免冒險",在論證上缺乏應有的說服力。

例如,鄭張尚芳和潘悟雲爲了回答白保羅和沙加爾對漢語與侗台語同源關係的質疑,[①] 舉了兩個這樣的例子:(1)侗台語的"鳥"mok 對應漢語的"鶩"*moog,同時藏語的"鳥"bja 對應漢語的"鳧"*ba;(2)漢語的"翼"*b·lɯg 對應侗台語的"翅膀"pik。這是比較構擬中兩個非常典型的錯誤,"鳥"是通名,而"鶩""鳧"(野鴨)是專名,既然鳥可以對應野鴨,也可以對應野雞(雉)野鵝(雁)乃至孔雀和禿鷲之類等,混漾無涘矣!試思慮——既然漢語、藏語、侗台語歷史同源,爲什麼"鳥"的語音形式差別如此之大?而"翼"字的古音構擬更是讓人匪夷所思。

按"翼"在《廣韻》職韻與職切,喻母(四等)字,《說文》從異得聲,從異得聲的字在《說文》中還有"冀溪廙趩"等。喻母四等字按照雅洪托夫、包擬古和鄭張等人的構擬,其聲母爲 l-,鄭張氏《上古音系》古音構擬即如此,如"溪廙"擬音爲 lɯgs(去聲),"翼"擬作 lɯg 的同時,又擬了個複輔音:b·lɯg。[②] 當時讓人百思不得其解,後來才明白這是爲了遷就台語"翅膀"讀音 pik 不得已而爲之,殊不知卻自破其例,爲了這種不著邊際的同源詞對

---

① 見鄭張尚芳《漢語與親屬語同源根詞及附綴成分比較上的擇對問題》、潘悟雲《對華澳語系假說的若干支持材料》,兩文均可參見王士元.漢語的祖先[M].李葆嘉,譯.北京:中華書局,2005.
② 見鄭張尚芳.上古音系[M].上海:上海教育出版社,2003:527.

應，破壞了其整個"體系"。然而，即使如此構擬，也與台語"翅膀"的音型不合。pik 與 b·lɯg 根本就是兩個不同的音型，台語單聲母，漢語複輔音聲母（或言前冠塞音、弱化音節），①語音對應規則何來之有？

這裡我們再引述白一平批評白保羅的一段話：

> 使用構擬形式比較之時極易出現循環論證，因爲很難決定究竟使用哪一個構擬形式爲宜。白保羅（1972）詞表中列出的都表示 one 的三個不同的藏緬語詞根：*it，*kat，*（g-）tyik。如果就詞源而言，*it 似乎與上古漢語"一"*ʔjit/k 更明顯配對。但在統計學檢測中，僅僅是因爲 *it 貌似同源就挑選 *it 而排斥其他兩個，這本身已在循環論證。②

白一平指出的這種循環論證，在漢藏親屬語言的比較論證中帶有很大的普遍性。科學的比較法應當是排除主觀先見，以充分的語言事實比較而後建立同源關係。但這樣做確實很難，非一般人所能做到的。

無須爲尊者諱，總結以往研究中的經驗教訓，是爲了更好地進行研究。

（二）是否偏執：無原則地遷就親屬語言而進行古音構擬？

以藏語爲例，我們知道漢語與藏語在語音形式上差別很大，藏語有豐富的複輔音聲母及複輔音後綴，而漢語沒有。漢語有聲調，而藏語沒有聲調（現代藏語某些方言的聲調是後來產生的）。中古漢語聲母有送氣不送氣

---

① 他們把這種輔音後面加點的 b· 之類音型稱爲前冠塞音，又稱之為弱化音節，即中間主要元音弱化了，也可以稱之爲爲複輔音聲母。潘悟雲於《對華澳語系假說的若干支持材料》中還強調說，這種弱化音有一個很普遍的音變現象："前冠塞音使後接流音塞化，以後自己失落。"見王士元.漢語的祖先[M].李葆嘉,譯.北京：中華書局,2005:249.並舉例說泰語的 ta¹（眼睛）與石語的 pra¹，其音變規律就是如此，即 pr（1）—＞ t —。誠如其說，漢語 b·lɯg（翼）音變則爲 tɯg，而台語爲 Pik（翅膀），兩者根本無法建立"對應"關係。如此看來，其所謂的漢台同源說及其證明，自相矛盾，破綻百出，毫無道理可言。

② 見白一平.親緣性強於偶然性：古漢語與藏緬語的概率比較[M]//王士元.漢語的祖先.李葆嘉,譯.北京：中華書局,2005:144-145.

對立，有清濁對立，而藏語沒有。按理說，如果兩種語言的語音性質差別這麼大，是無法同源，也是無法比較的。要麼就有兩種假設：第一，藏語在上古時代也同漢語一樣，聲母是單輔音，有清濁對立的，也有四聲變化的；第二，漢語在上古時代也像藏語一樣，有豐富的形態變化和豐富的複輔音聲母等。

但是，無論採用哪一種假設都必須經過嚴格的論證，包括歷史事實與語言事實的論證。從目前學術界的研究狀況看，人們沒有採用第一種假設，因爲無法說明藏語複雜的語音形態後來是怎樣產生的。於是，人們更願意採用第二種假設，上古漢語也和藏語一樣，有豐富的形態變化和複雜的複輔音聲母系統，漢語的聲調是後來產生的；而且更重要的一點是，一些中外學者爲漢語上古音構擬了一套複雜的複輔音系統，成爲證明同源關係的重要參考。於是，這套複雜的古音構擬，後來被一些研究漢藏親屬語言關係和研究漢語古音的學者所採用，並加以發揮。

但是，即使我們採用第二種假設，仍然有很多問題難以解決。如果上古漢語有豐富的形態和複輔音結構等，那麼，這些語音特徵又是在什麼時候消失的？從秦漢時期的漢語對音看，至少還看不出有複輔音結構，《詩經》用韻四聲分押的界限還是比較清晰的，說明《詩經》時代（前10—6世紀）漢語是有聲調的語言。又漢語是分析型語言，沒有形態變化，這表現在商代的甲骨文中。所謂形態變化，往往表現爲某個詞語的語音屈折變化，如藏語的動詞就有現在時、未來時、過去時、命令式、自動與使動等多種時態、語態的語音屈折變化。如"完成"一詞，就有六種語音變化形式：

使動：sgrub（現在時）bsgrub（未來時）bsgrubs（過去時）sgrubs（命令式）。

自動：ɦgrub（現在時）ɦgrub（未來時）grub（過去時）。①

如果我們承認甲骨文所記錄的語言是分析型語言，那麼，我們就必須承認當時的漢語不會有古藏語那樣的語音形態變化。同理，《詩經》爲詩歌作品，句式整齊，富有韻律，如果漢語有語音屈折的形態變化，怎麼能夠形成

---

① 見黃布凡.古藏語動詞的形態［J］.民族語文，1981（3）：1–13.

整齊的音節及其韻律？如《關雎》詩："求之不得，寤寐思服。悠哉悠哉，輾轉反側。"這些詞語如有繁複的複輔音結構加上形態變化，古人如何歌詠？可能我們的研究者還忽視了這樣一個基本的語言事實，漢語詩歌作品押韻方式及其韻律特徵與藏緬語等少數民族（包括蒙語、滿語）不一樣，這是漢語的獨特之處。

如此看來，漢語自商代甲骨文至周秦兩漢以來，既談不上與藏緬語有發生學的關係，更談不上像藏語那樣有豐富的複輔音結構形式。

我們認爲，無論是研究漢藏同源關係還是構擬上古音，都離不開對漢語史的考察。撇開漢語歷史事實不顧，一味乞靈於外部比較構擬，恐怕是一條永遠走不通的路。

下面是潘悟雲先生的一段相關言論，頗有驚人之處。引述大意如下：

> 藏語與漢語的同源關係最爲清楚。在能夠與漢語進行歷史比較的語言中，藏文所反映的古藏語與上古漢語最爲接近。
>
> 藏文有豐富的形態變化。在語音形式上，藏文有豐富的輔音前綴，諸如 b–、d–、g– 等塞音前綴，l–、r– 等流音前綴，最重要的是有噝音和鼻音前綴；有豐富的輔音韻尾：–b、–d、–g、–m、–n、–ŋ、–r、–l、–s 等；藏文沒有聲調，有次要音節，在原始藏緬語中還有小舌塞音……
>
> 藏文的這些音韻特點，都在漢語上古音的構擬中得到反映。[①]

以上都是潘先生的原話，爲行文簡便文字上略有調整而已，讀者可以對照。然而就第一段文字而言，"同源關係最爲清楚""與上古漢語最爲接近"，潘書始終沒有向我們提供任何的史實依據。拿一個未經證實的假說來構擬漢語上古音系，其研究的風險不言而喻。這點姑且不說，後面一句話最耐人尋思："藏文的這些音韻特點，都在漢語上古音的構擬中得到反映。"這句話如果

---

① 見潘悟雲.漢語歷史音韻學［M］.上海：上海教育出版社，2002:140.

作通俗的解釋就是：凡是藏文所具有的聲韻特徵在漢語上古音的構擬中也應當有。這種說法實在讓人不敢苟同，就好比在孔子今天的後裔中，假如有人臉上長了胎痣，或者是駢枝，難道 2500 年前的孔子也一定有胎痣或駢枝？

翻閱潘先生著作，他確實是這樣構擬的。並且，藏文中沒有的音韻特點他也參考"華澳"語系統統給用上。如是，上古漢語就成了多重雜交的混血兒怪胎！

我們知道，藏文多出於公元七八世紀的文獻中，而漢語與藏語同源的時間按照雅洪托夫的說法至少也在 5000 年以上。這其間難道就沒有"變異"？實際上，觀察他們的研究，用的還不都是藏文材料，而更多的是現代藏語材料。

退一步說，就算你用上全部藏文或藏語材料，漢語與藏語之間的同源關係詞又會有多少？又能證明多少？前面以黃布凡和戴慶廈等先生的研究為例，藏緬語族內部的同源詞還不到 20%，有的甚至更低，在 10% 以下，由此推論，漢語與藏語之間的同源詞恐怕就屈指可數了。如此，我們憑什麼可以說："藏語與漢語的同源關係最為清楚"？

四、比較構擬與漢語上古音的歷史層次問題

既然是比較構擬，就必須考慮漢藏同源的時空差異和古音的歷史層次問題。也就是說，我們構擬的漢語古音是哪個歷史時段的？一般地，我們所說的漢語上古音是指周秦時代的語音，此時有豐富的文獻可征，如《詩經》和漢字諧聲等，而夏商時期文字材料缺乏，只好闕疑。至於更古的炎黃時期乃至六千至七千年前的新石器時代的語音，那是無法知曉的。雖然發掘出很多古人類文化遺址，如大汶口文化遺址、仰韶文化遺址、良渚文化遺址、紅山文化遺址等，出土了大量的歷史文物，但只能說明當時人類的生產活動，無法說明其語言情況，尤其是語音情況。人們心目中所嚮往的所謂"漢藏語同源"也是在仰韶文化時期，即新石器時代。然而語音研究必須以文字記錄的歷史文獻為依據，實事求是，這是樸學的一個基本精神。否則，毫無意義可言。

語音發展有歷史層次，周秦語音不同於漢魏語音，漢魏語音不同於隋唐語音，同理，原始漢語或夏商漢語與周秦漢語也一定有所不同。區分語音的歷史層次及其地域範圍是傳統古音學的精髓，也是我們必須遵循的一條準則。然而，近年來我們的一些研究卻與此漸行漸遠，在漢藏語系的歷史範圍還沒有被確定的情況下，學者動輒以現代親屬語言的比較爲前提，構擬上古漢語音系；在漢語"古音"層次還沒有被梳理清楚的情況下，他們又大談特談所謂"原始漢語"或"原始漢藏語"的語音。他們構擬的"古音"沒有一個明確的歷史時限，上下幾千年，跨越幾個歷史層次。

　　下面不妨引述鄭張尚芳《上古音系》的觀點，其說很有代表性。其曰：明清時代研究上古音的學者主要依據《詩經》叶韻，所以長期以來"上古音"的常規意義是指先秦兩周時期的語音。但是現在我們的研究範圍則要大得多，上至原始漢語，下至三國（甚至像王力先生在《漢語史稿》裡所主張的最晚到五胡亂華之前——原注），都可被納入上古音系的研究範圍。……這樣從史前到魏甚至西晉，可被分爲四個時期：

　　遠古——原始漢語，指史前期的遠古漢語。
　　前古——上古前期，指約當殷商的前上古漢語。
　　上古——上古中期，指約當兩周的上古漢語。
　　次古——上古晚期，指約當漢魏的次上古漢語。

　　他解釋說："'原始漢語'是參照了從親屬語比較所得的原始漢藏語形式來修改上古漢語形式所得的結果，它是'前古'漢語的某種重擬式。'前古'漢語則以諧聲、通假作爲主要根據，重點是複聲母系統的研究；'上古'漢語各種根據最爲充分，自然是上古音研究的主體；'次古'漢語則有梵漢對譯、古漢越語、古漢朝語等對音材料相比證。"①

　　仔細推敲上段文字，其邏輯關係是非常混亂的：從其描述中，我們知道"原始漢語"的上位概念還有個"原始漢藏語形式"，然後再由上位概念下推下位概念，然而不是從"前古"上推，而是從下面的"上古"上推合圍。既

---

① 見鄭張尚芳. 上古音系[M]. 上海：上海教育出版社，2003：5-6.

然"原始漢語"不清楚，那"原始漢藏語"豈不就成了天外來物？可惜的是，鄭張先生雖劃分了四個歷史層次，但各歷史層次之間的語音有無區別呢？他沒有說，也無法說清楚。

"原始漢藏語"是一個非常模糊的時間概念，恐怕連鄭張先生本人也不清楚。僅憑現在的親屬語比較，就能得出原始漢藏語形式？這本身就值得懷疑。我們認爲，任何侈談"原始語"的建立與研究，借用梅耶的話說，都只是一種天才的想像，[①] 缺乏最基本的歷史事實和語言事實以及科學的論證。

首先，是研究觀念上的錯誤，違背語音變化發展的時地觀。從"原始漢藏語"到今日漢語或親屬語言，時間跨度至少也有5000年，這期間，難道漢語和"親屬語"的語音就沒有時地變化？這是不可能的。

我們都知道，宋代吳棫朱熹研究古音，不懂得古音的歷史層次，將《詩經》音與唐宋音混淆在一起，貫通上下兩千年，所謂古音可以通可以轉。這種古音通轉叶音說曾受到明清學者陳第、顧炎武等猛烈抨擊。陳第說："時有古今，地有南北，字有更革，音有轉移，亦勢所必至。"顧炎武說：

> 三百五篇，古人之音書也。魏晉以下，去古日遠，辭賦日繁，而後名之韻。至宋周顒梁沈約而四聲之譜作。然自秦漢之文，其音已漸戾于古，至東京益甚。(《音學五音序》)

這是一段很經典的論述，現代學者不能不讀，不能不知！顧炎武將漢語古音的時限及其流變表述得非常清楚，無須再作闡釋。

傳統古音學最經典的理論可表述爲：語音是發展變化的，在變化過程中會形成歷史的層次和方言地域的差別。我們可以概括爲"語音變化時地說"。本來，研究漢語語音史必須樹立語音變化發展觀，這是一個基本的素養。以靜止的眼光看待漢語與藏語5000年的歷史變化，認識觀念的偏差必然導致研

[①] 見梅耶.歷史語言學中的比較方法［M］.岑麒祥，譯.北京：世界圖書出版公司，2008:16-17.梅耶指出，任何構擬都不能得出曾經說過的"共同語"。他還批評施萊歇爾以構擬的原始印歐語寫作《山羊與馬》的寓言，"是一種天才的大膽"和"一個嚴重的錯誤"。

究結論的錯誤。

第二，關於原始漢語語音的求證。鄭張先生一方面說，以"原始漢藏語形式來修改上古漢語形式"，一方面又說："甲骨文以前的漢語雖沒有文獻可據，但可用上古音結合漢藏各語言同源詞比較來重建其原始形式，這樣所得的擬音可稱'原始漢語'或'遠古期漢語'。"① 但問題是，一個人不能同時跨進兩條河流。第一，你必須先研究清楚原始漢藏語形式是什麼；第二，你必須先完成上古音研究，爾後才能夠"結合漢藏各語言同源詞比較"加以推導。即使你已經把上古音構擬出來了，還要看你論證過程中的邏輯程式、音系構擬是否合理。因爲你的上古音系構擬的基礎是親屬語言的比較，然後你又用這種比較的結果再進行"結合"，推導出原始漢語，這種循環往復的論證過程，本身就邏輯程式混亂，且於情理不通。更何況"漢藏語系"是個不確定的假說，其同源關係詞比例有多少，迄今爲止，始終是一個備受爭議的事情，如此，"漢藏各語言同源詞"，就成爲一個虛擬的語言符號了。

根據歷史比較法的理論，親屬語言的比較，只能反映彼此之間的語音聯繫和區別特徵，但是要重建原始語言的語音系統幾乎是不可能的。爲什麼？因爲語音詞彙是變化發展的，今天親屬語言的某個詞語不可能就是 5000 年前的"原始漢藏語"。

根據歷史比較法則：假設某些詞語是漢藏語的同源詞，我們就必須設法證明並且"能合理解釋漢語與藏緬語從原始漢藏語演變的過程"；可惜，"這樣的基本認識，似乎在一些著作中全然缺乏"。②

---

① 見鄭張尚芳.上古音系［M］.上海：上海教育出版社，2003:33.
② 見龔煌城.漢藏語研究論文集［M］.北京：北京大學出版社，2004:3.

從羌藏歷史看漢藏語同源假說與古音研究問題[*]

在相關文章裡，我們分別討論了漢藏親屬語言的譜系關係、歷史範圍，同源詞的歷史比較與音系構擬問題。關於漢藏親屬語言的譜系關係和歷史範圍，學術界實際上還沒有一致的看法，爭議很大，因爲"漢藏語系"本身就是一種假說，並沒有得到科學的論證，更沒有形成大家所能接受的公理。而關於同源詞的比較，問題甚多，大多基礎薄弱，缺乏相關語言事實的歷史論證。筆者提出，同源詞的比較應當具有歷史觀，嚴格擇取比較的詞語，不宜從自己虛擬的音系出發，去進行所謂親屬語言比較。本篇從歷史研究出發，對藏族及藏語的歷史形成進行考察，並進而討論漢語與藏語的關係性質。因爲只有把漢藏語的歷史關係弄清楚了，才能正確地進行漢語上古音系的比較構擬工作，否則，一切研究工作就失去了堅實基礎，難免墜入憑空想像的虛無境地。

一、藏族的歷史發展及其藏語的歷史形成問題

漢藏語系同源，說到底還只是一種假說，要證明其真實性，不僅需要語言學方面的歷史比較研究，更需要從歷史文獻上加以考證，就藏語而言，至少要追溯與之相關的民族演變史，尋找與漢語的接觸關係，分析其歷史層次及其地理分佈。然而，這兩方面我們都做得不夠。一些從事親屬語言比較構

---

* 本文原載於《民俗典籍文字研究》2013 年第 2 期，收入本書時，略有刪改。

擬的學者，大多不太注意藏語的歷史形成及其歷史層次問題，因此在詞語的比較擇對時就顯得非常隨意。就藏語而言，也有它的方言地域差別，也有它的時空變異，可有些學者從詞典裡隨便抓上幾個語音相似的詞語，就確定其爲漢語的同源詞，顯得很不嚴肅。這種簡單化的研究傾向，無論在"大家"還是凡俗小輩身上，都不同程度地存在著。在沒有對漢藏歷史做出深度研究的情況下，卻大談特談什麼"原始漢語"或"原始漢藏語"等，上下五千年的歷史鴻溝，似乎一個跨步就輕輕越過了。

實際上，很多人並沒有認真去考察藏族的歷史以及藏語的歷史形成問題，也沒有認真探尋藏語與漢語的歷史接觸問題。根據民族史和考古學資料，現代藏語的前身是唐時的吐蕃語（期間又經過多民族語言混合），吐蕃語又來自漢代的西羌語，西羌語則來自堯舜時代的古羌語。在此，有必要將古藏語的歷史形成及其歷史發展做一番文獻考證，拋磚引玉，企望於博雅君子。

（一）古羌語的歷史形成

根據歷史文獻記載和筆者的研究，今之藏語及其風俗在堯舜時期就已形成。考史，唐之吐蕃，其先爲漢之西羌。羌族本爲南方三苗部落，舜帝時被遷徙至今之甘肅省敦煌東南及青海省以東的荒漠地區而成爲遊牧民族。《尚書·舜典》中有"竄三苗于三危"和"分北三苗"之記載，《史記·五帝本紀》敘其事曰："三苗在江淮、荊州數爲亂，於是舜遷三苗於三危，以變西戎。"《禹貢》也有"三危既宅，三苗丕敘"之記敘。從此，三苗部落在三危居住，成爲西戎中的氐羌種落。《後漢書·西羌傳》述之甚詳。其曰：

> 西羌之本，出自三苗，姜姓之別也。其國近南岳（衡山也——李賢注，後同），舜流四凶，徙之三危（三危，山，在今沙州敦煌縣東南，山有三峰，故曰三危也），河關之西南羌地是也（河關，縣，屬金城郡）。濱于賜支，至乎河首，綿地千里。賜支者，《禹貢》所謂析支者也。南接蜀漢徼外蠻夷，西北〔接〕鄯善、車師諸國。所居無常，依隨水草。地少五穀，以產牧爲業。其俗氏族無定，或以

父名母姓爲種號。十二世後，相與婚姻，父沒則妻後母，兄亡則納釐嫂，故國無鰥寡，種類繁熾。不立君臣，無相長一，強則分種爲酋豪，弱則爲人附落，更相抄暴，以力爲雄。

如果上述歷史記載可信的話，則羌族部落在堯舜時代就已形成，且風俗與當時的漢族迥然不同，在漢代尚屬於"野蠻"社會。風俗不同，往往語言也不相同①。殷周之時，羌族部落成爲諸戎種落之一，並與中原國家時有衝突，史載商高宗武丁征西羌、鬼方，三年乃克，可見其勢力強大。《商頌·殷武》詩有云："自彼氐羌，莫敢不來享，莫敢不來王。"這裡的西羌、鬼方和氐、羌中，都有古羌人。以此推論，古羌語成爲一個獨立的語系至少在三代以前。需要說明的是：根據古代賜姓制度，"姜姓之別"並不等於姜姓部落，他們實屬"戎種"。詳見文中第三節注釋。

不過就種族而言，當時的西羌不再純粹是"三苗"之部落，它與當地的"戎狄"已經融合混雜，周時已被統稱爲"西戎"，只是內部還保留著種屬差別而已。猶如史籍"氐羌"連言，渾言無別，析言有分。此借用清王夫之之言辯之曰："氐乃有扈氏之苗裔，子孫遷流，逾隴而西。羌乃三苗姜姓之別，舜遷之於三危，後漸入內地，居隴蜀間。是氐羌種類皆居西南，內則武都，外則河湟。"②按史，氐羌雖雜居西南，但氐人漢化較早，其語言風俗與羌人頗有異同。③

春秋戰國時，有一支叫爰劍的羌族部落開始強大，他們居住在"三河"

---

① 《左傳·襄公十四年》："我諸戎飲食衣服不與華同，贄幣不通，言語不達。"此可旁證。又周時設有象胥之官，職掌夷狄語言翻譯之事，見於《周禮》"秋官""大行人"等篇記載。鄭玄皆注曰："通夷狄之言者曰象胥。"又引鄭司農云："象胥，譯官也。"可證當時羌戎等與華夏語言不同。
② 參見王夫之《春秋稗疏》卷一《隱公》條，四庫全書本。
③ 如杜佑《通典》記氐人生活風俗："其俗語不與中國及羌胡同，各自有姓，如中國之姓。其衣服尚青，俗能織布，善田種，畜羊豕牛馬驢騾。婚姻備六禮，知書疏，多知中國語，由與中國錯居故也。"（卷一八九《邊防五·西戎一》）按秦漢時氐人分佈於今甘肅、陝西及四川等地，川地氐人則與羌人雜居爲多。

之間，即黃河、賜支河和湟河之間，其領地在青海省黃河之首的果洛、海南和玉樹等藏族自治州以及青海湖周圍的廣大地區都有頒佈，今之青海省和甘肅省則成爲藏族的發祥地。史載秦獻公時，爰劍孫子卬畏秦之威，率領羌族的一支向南，出賜支河曲西數千里，與衆羌絕遠，不復交通，成爲現代西藏人的祖先。賜支河主要指青海省果洛地區鄂陵湖以下黃河上游的一段河流。按照現在的地理概念，數千里之外應當是今西藏的腹地。當然，在卬入藏前，還一定有羌族部落南下，只是缺少歷史載籍的記載而已[①]。《後漢書·西羌傳》曰："其後子孫分別，各自爲種，任隨所之。或爲犛牛種，越巂羌是也；或爲白馬種，廣漢羌是也；或爲參狼種，武都羌是也。"越巂在今四川中南部漢源縣以南，大渡河及雅礱江流域，廣漢在今四川北部包括阿壩州、廣元、綿陽及廣漢市地區，武都範圍在今甘肅隴南地區。這是離開故地的古羌人逐漸向東南遷徙，成爲後來川滇地區羌藏人的祖先。又曰："忍（爰劍曾孫）及弟舞獨留湟中，並多娶妻婦。忍生九子爲九種，舞生十七子爲十七種。羌之興盛，從此起矣。"此爲留在河湟地區的羌人。其中，忍之子研那一支非常強盛，號稱研種。其後種落繁盛，逐漸向南向東發展，而對後來漢朝構成威脅的也主要是這些種落。

漢初，尚無暇顧邊，羌人得以蕃息發展。此時匈奴冒頓強盛，威震百蠻，臣服諸羌。景帝時，研種留何率種人求守隴西塞，於是羌人徙居於狄道、安故、臨洮、氐道、羌道等隴中地區。武帝繼立，北卻匈奴，西逐諸羌，渡河、湟，築令居塞，置河西四郡（酒泉、武威、張掖、敦煌），隔絕羌與匈奴相通之路。此後羌人與匈奴結盟，進攻隴塞，被武帝擊潰，武帝並迫使一部分羌人離開湟中，依居於西海（今青海湖）、鹽池（青海湖東北）左右。當時羌人種落中較強的有先零羌、鵝羌、開羌、狼何羌、燒當羌、彡姐羌等，他們曾多次叛亂，與漢廷時降時和。至王莽輔政，設置西海郡，逼迫諸羌離開西海，

[①] 有學者認爲，位於西藏的古象雄、蘇毗西女國是在公元前10世紀至前6世紀之間逐漸從今青海省的漢藏交界處遷徙到西藏的。參見龍西江.再論藏漢民族的共同淵源：青藏高原古藏人之古象雄（古支那）、西女國中的"嘉"（夏）部落與中原夏王朝的親屬淵源關係[J].西藏研究，2004（1）：21-32.

遠涉賜支河曲。

東漢初，赤眉起義，天下大亂，羌人乘虛返據西海，攻掠金城、隴西地區，成爲繼匈奴之後對漢朝威脅最大的邊患。尤其是東漢中葉以後，朝廷衰落，羌人屢屢攻掠漢塞，東漢政府爲此虛耗巨大。安帝永初年間，曾一度將隴中四郡民眾遷徙於關中。魏晉以後，羌人勢力衰弱，永嘉之後，吐谷渾在西北興起，並佔有羌人之地。一部分羌人被迫遷徙外地。

根據歷史文獻，羌人當時種落繁多，大大小小共一百五十多個種落，分佈於今甘、青、藏、川、滇及陝等廣大地區，而川滇地區羌人多內屬，隴西地區羌人則與漢人雜處，青藏地區羌人則以獨立發展爲主。此外，有兩支重要的羌支種落——發羌、唐旄，他們離開河湟地區，遠涉賜支河首，與諸羌未嘗往來，進入西藏地區，文獻記載，當時一些反叛的羌族往往逃依之。這些種落也成爲後來吐蕃人的基礎。

漢末，一部分羌人逐漸東移，進入內地，與當時西北地方的漢族和其他民族融合。當時軍閥董卓、馬騰、韓遂等部伍裡都有大量的羌人。"五胡亂華"，北方少數民族紛紛進入中原和西北地方，並建立各種割據政權，形成所謂"五胡十六國"（其中也有漢人政權）。東晉孝武帝太元九年（384），羌人姚萇建立後秦政權。

古羌語與漢語的不同可以從漢代文獻中看出來，據《後漢書·西羌傳》記載，當時雙方來往，其間必有"譯使"才能進行，如曰："迷吾（羌人）兵敗走，因譯使欲降，（張）紆納之。"又"建武九年，隗囂死，司徒掾班彪上言：今涼州部皆有降羌，羌胡被髮左衽，而與漢人雜處，習俗既異，言語不通，數爲小吏黠人所見侵奪，窮恚無聊，故致反叛，夫蠻夷寇亂皆爲此也"。此記敘漢時涼州降羌言語風俗與漢人不同。

（二）吐蕃建國

吐蕃建國是在公元6世紀以後，此前只有一些零散的部落。永嘉之亂，五胡亂華，南北分裂，河湟甘青諸羌主要與當時一些非漢族部落來往，吐谷渾國建立，相當一部分歸附之，一部分先後歸附于南涼禿髮氏政權和北涼沮渠氏政權。此外，還有一些羌族部落，如鄧至羌、宕昌羌、党項羌、白蘭羌、羊同羌、蘇毗羌、東女國羌、多彌羌、蔥茈羌、白馬羌、黃牛羌等。鄧至、宕昌、党項諸羌主要分佈於西北的甘陝及川西北地方，白蘭羌等分佈於青海南部、西藏的北部和西部、四川西北部以及雲南省的西北部金沙江、瀾滄江和獨龍江流域等，蔥茈羌等則在西域之外。其中一些部落先後被吐蕃吞併了。

《新唐書·吐蕃傳》敘吐蕃建國始末曰：

　　吐蕃本西羌屬，蓋百有五十種，散處河、湟、江、岷間，有發羌、唐旄等，然未始與中國通。居析支水西，祖曰鶻提勃悉野，健武多智，稍併諸羌，據其地。蕃發聲近，故其子孫曰吐蕃，而姓勃窣野。或曰南涼禿髮利鹿孤之後，二子曰樊尼，曰傉檀。（權按：據《晉書·載記》，樊尼爲傉檀長兄烏孤之子，傉檀與利鹿孤及烏孤皆爲兄弟輩。《新唐書》誤。）傉檀嗣，爲乞佛熾盤所滅。樊尼挈殘部臣沮渠蒙遜，以爲臨松太守。蒙遜滅，樊尼率兵西濟河，逾積石，遂撫有群羌云。……其吏治無文字，結繩齒木爲約。

這是吐蕃建國之經過。南涼禿髮氏建國時在東晉安帝隆安元年（397），其亡在安帝義熙十年（414）。北涼建國亦在此年。其亡在宋文帝元嘉十五年（438）。按照《晉書·載記》，禿髮氏爲河西鮮卑人，其祖先與後魏拓跋氏同出。沮渠蒙遜爲臨松盧水胡人，其先世爲匈奴左沮渠。按照作者的理解，《新唐書》或曰之言可能不確，當時可能是羌人依附於南涼禿髮氏而將之誤認爲禿髮氏之後。按照《晉書》等文獻，禿髮傉檀死，南涼亡後，其子禿髮破羌則歸於魏，因與拓跋氏，改賜源氏名賀。另一支則由樊尼率領歸附于沮渠蒙遜。蒙遜氏滅，亦歸於魏。《舊唐書·吐蕃傳》曰："及蒙遜滅，樊尼乃率眾西奔，濟黃河，逾積石，於羌中建國，開地千里。樊尼威惠夙著，爲群羌所懷，皆撫以恩信，歸之如市。遂改姓爲窣勃野，以禿髮爲國號，語訛謂之吐蕃。其後子孫繁昌，又侵伐不息，土宇漸廣，歷周及隋，猶隔諸羌，未通於中國。"這是羌人一次大規模的向西南遷徙。

不過，這裡要糾正一個歷史事實，新舊《唐書》皆言樊尼率眾西奔，在羌中建國，不確。按照杜佑《通典》等文獻記載，樊尼投奔北涼後，其子孫世襲爲臨松郡守，廣施惠政而得眾心。西魏末年，朝廷大亂，樊尼氏子孫遂率眾西奔，于羌中建國。其時在公元550年至560年之間。此吐蕃建國之可考時間。

積石山，今名阿尼瑪卿大雪山，在青海東南部果洛藏族自治區內，其主峰坐落在瑪沁縣境內，翻越大雪山，便進入青藏羌人地區。從文獻記載看，吐蕃在當時只是諸羌中的一支，臣屬於鮮卑族政權之下，唐以前還是羌人中一個小部落，自唐貞觀以後勢力強大，先後消滅吐谷渾，統一党項羌、白蘭羌、羊同羌、蘇毗羌等諸羌種落，至高宗時，其疆土擴充到今藏、甘、青、川、疆等廣大地區，其東與唐之涼、松、茂、嶲等州相接，南至婆羅門，北抵突厥，西取龜茲、疏勒四鎮，地方萬餘里，形成一個與唐抗衡的多民族的統一的國家政權，其中心亦由山南遷至邏些（今拉薩）。其民族中含有漢（佔領區）、諸羌、鮮卑、突厥等多種成分，成爲現代藏族的基礎。國家政權下的民族統一必然使語言趨向於同化，尤其是藏文的制訂和使用，加上宗教的力量，至此新的"蕃語"形成。

吐蕃強盛之後時爲邊患，與唐時戰時和。貞觀八年（634），吐蕃遣使聘問，十五年（641）太宗遣宗女文成公主和親，從此唐蕃關係緩解，而弄贊亦"漸慕華風，仍遣酋豪子弟，請入國學，以習詩書。又請中國識文之人，典其表疏"[1]。自唐中宗神龍元年（705）至穆宗長慶二年（822），唐蕃會盟達八次之多，長慶三年，雙方建立唐蕃會盟碑，立於拉薩大昭寺門前。8世紀中葉，吐蕃王朝盛極一時，西攻大食，南侵天竺，借安史之亂佔據唐河西、隴右、安西等郡，攻取西域諸郡國，統治數百萬漢族及西域各族人民[2]。至第九代贊普達磨之後衰落。會昌二年（842）達磨死，無嗣繼立，吐蕃王朝瓦解分裂，

---

[1] 以上參見《舊唐書·吐蕃傳》。
[2] 20世紀初及後來70年代，在新疆南部若羌、且末和和田一帶出土了大量的吐蕃簡牘，可以印證當時吐蕃在西域的佔領情況。

從此一蹶不振。

五代以後，吐蕃各種類分散，無復統一，其北地多爲回鶻、党項等分侵，或多內屬，宋時朝貢不絕。元憲宗時於河州置吐蕃宣慰司都元帥府，後改稱西蕃宣慰司，正式管理西藏事務。明洪武六年（1373）詔吐蕃各族酋長舉故有官職者至京授職，清康熙三十二年（1693）封第巴爲土伯特國王，其後喇嘛冊封及官員任免皆須朝廷批准。其名稱更替，元明以後名西蕃或西番①，清以後名西藏。此羌藏源流之大概。②

（三）羌藏同源說之語言學辯證

根據上述考證，藏族的歷史發展從堯舜時代起，大致經歷了商周時代的氐羌、西戎，秦漢時代的西羌族群，至漢末發展爲一百五十多個種落。其分佈很廣，今甘青、川滇都是古代羌人居住的地區。甘青河湟地區爲其發源地，隨後不斷南遷於西藏地區，其次是向內地發展，與漢族及其他民族融合。就其民族分合關係而言，可將之分爲三大部分，一是留在甘青、川滇地區的羌族部落，二是外遷西藏或周邊外域地區的羌人，三是遷往內地而後逐漸漢化的羌人。就現代藏語的分佈地區看，它實際上包括了三大地區的方言："一是以西藏自治區爲中心的衛藏方言，二是以川滇藏區爲中心的康方言，三是以甘青藏區爲中心的安多方言。"③儘管其內部差異很大，但使用的都是同一種"藏語"。這種方言板塊的形成與歷史上羌人發展遷徙的過程基本上是吻合的。這點還可以從語言上得到印證，譬如從語音上看，作爲羌人留守地的安多方言複輔音聲母就非常豐富，多達近百個。在語言發展上，衛藏方言、康方言與漢語接觸頻繁，一些複輔音就在逐漸消失中，近代則開始產生聲調。作爲現代"藏語"的姊妹語言"羌語"也是如此，其語音也非常複雜，如嘉戎語

---

① 《明史》有西番傳，《元史》中屢見"西番"一詞，如《仁宗本紀》："（皇慶元年）丁卯，命西番僧非奉璽書驛券及無西番宣慰司文牒者，勿輒至京師。"
② 羌藏的歷史非常複雜，需要做各方面的研究，包括民族史、宗教史和文化史等，本文只能從漢籍歷史文獻出發，就藏語形成問題敘述其大概而已。挂一漏萬，不足之處，敬請讀者原諒。
③ 馬學良．漢藏語概論［M］．北京：北京大學出版社，1991：112.

的聲母有236個，而複輔音聲母就有202個；道孚語聲母300個，而複聲母就有251個。① 今天說"羌語"的人口地區主要爲四川北部、雲南的岷江、大渡河及金沙江流域。他們的先民實際上也是居住在河湟和隴西地區的古羌人，漢以後遷徙於此。

看來，古羌人的歷史發展與語言分佈是一致的，"羌藏同源"，不辨自明。

應當指出的是，有些持否定說的學者，在討論這一問題時帶有很大的片面性，立足點僅限於現代西藏地區的"土著"居民與否，而忽視了藏語的歷史分佈問題，在這方面韋剛的觀點很有代表性。② 即以西藏境內而言，從戰國時代爰劍子孫率眾入藏起，先後又有多批羌人入藏，如漢代的發羌和唐旄等，至北魏末樊尼氏子孫部落西奔，於羌中建國，都是有史可據的大規模遷徙。從文獻表述："於羌中建國""撫有群羌"和"爲群羌所懷"等關鍵語句看，在樊尼氏部落到達西藏以前，就有大量的羌人存在。處於藏西北地方蘇毗羌和羊同羌等，也應當是漢魏以後遷徙去的，只是沒有被文獻明確記載而已。因此，即使西藏地區存在原土著居民的話，也難以抵擋來自北方遊牧民族一撥又一撥的侵佔，其結果只能是被征服（或遷徙外地），從而使自己的語言風俗同化於其中。就像近代史上歐洲人進入美洲大陸後，印第安人在語言上幾乎被"同化"一樣。即使有考古文化證明遠古時代西藏有原著部落的存在，也難以說明與現代藏民的語源關係，他們的語言風俗實際上早已被同化而淹沒於歷史之中。

因此，我們討論羌藏同源與否時，不能僅限於現在的西藏地區，而應該著眼於其語言的歷史形成及其地理分佈，青海藏語以及四川地區的羌語、彝語等都應被納入討論範圍，單純的"土著"說及其考古文化說都是片面的。正如藏學專家多識教授所指出的，羌藏是同一個民族的不同歷史時期的不同

---

① 以上參見《漢藏語概論》羌語支部分。馬學良. 漢藏語概論：下冊 [M]. 北京：北京大學出版社，1991:208–219.
② 參見韋剛. 藏族族源探索 [J]. 西藏研究，1982（3）:4–8. 韋剛據西藏地區新石器時代的考古文化，認爲當地土著爲"藏"之主體，羌則是外來的，從而否定史書"吐蕃本羌屬"的論斷。

名稱。①

二、藏語的性質及其與漢語的關係問題

根據以上文獻梳理，羌語自堯舜時代就已成一支獨立的語系，在以後的發展中，除了與漢語接觸外，還容納了很多其他民族語言，至吐蕃國建立後，吸收了來自北方的古鮮卑語、古契丹語和西域的古吐羅火語等。吐蕃國實際上不純是西羌人，它還有鮮卑族的吐谷渾、南涼、北魏人等，還有古匈奴族的北涼人，"吐蕃"這個名稱本身就隱含了"拓跋"氏的意義。東晉時期的"五胡"除了後來一部分漢化以外，其餘的實際上都先後"羌化"了。但它的底層和語言基礎仍是羌語，只是在此基礎上容納了其他民族語言的成分而已。

從羌族的歷史發展看，它的種落很多，必然形成語言上的板塊，形成所謂的方言，而且隨著民族融合的時間先後必然會形成很多的語言歷史層次。根據現代藏語和羌語的情況看，我們有理由認為，現代西藏地區的藏語是以羌語為主的唐代吐蕃語，它實際上融合了南北朝時期北方少數民族語言，在羌語的歷史層次上它顯得比較年輕，而甘青藏區的藏語以及川滇地區的羌語則是比較古老的羌語。

吐蕃國的建立與強盛，使分散的羌語得到統一，也使得歸附它的其他胡族語言羌化。

無論是古羌語還是唐時蕃語，與當時漢語已迥然有異。這些可以從當時姓氏名號等名稱用字等看出來。如果兩種語言沒有差異，7世紀中葉吐蕃人就不會創制自己的文字，或者借用漢字就行了，它們在語音、詞彙和語法形態等方面屬於兩個不同的語言系統。

討論到這裡，筆者不得不提出一個大膽的想法，漢語與藏語是不是同源關係？從有關研究成果看，現代漢語與藏語之間無論是在語音、詞彙和語法

---

① 參見多識.藏漢民族歷史同源關係探源[J].西北民族大學學報（哲學社會科學版），1994（2）:25–31.

上都差別很大，這樣說的依據不是來自研究古音的親屬語言的比較研究，而是來自那些對藏緬語系本身的發掘報告。根據民族語言學的研究成果，"漢語是分析形態的語言，藏緬語的形態是多樣的。從古藏語、古緬語和今天的羌語、獨龍語看原始藏緬語可能是黏著形態的。如果認爲漢語和藏緬語有發生學關係，應當設法證明它們原本有共同的原始形態"①。

而漢語至少從甲骨文以來看不出有形態變化。形態、語音、詞彙是歷史比較法的基礎，既然在形態上無法比較，那在語音、詞上彙呢？實際上，它們之間的差別也非常大，在這裡我不得不引用白保羅《漢藏語言概論》一書的總結加以說明之。白保羅說：

> 總之，關於漢語和藏緬語可以總結出以下幾點：（1）藏緬語中複雜的形態變化在漢語中幾乎無跡可尋；（2）這兩個語族只有很少同源詞；（3）兩個語族的語音系統在很多方面不同，幾乎很難找到共同之點；（4）兩個語族的聲調系統好像沒有關係。我們相信這兩個語族有發生學的關係，最後必定基於下列事實：兩者有共同的基本詞根，並可爲這些詞根建立共同的語音規律。我們或許可以推測，漢藏語的成分只構成漢語的表層，而底層另有不同來源。②

儘管白保羅相信漢藏語歷史同源，但從其結論看他還是不自信的，兩者差異如此巨大，所以他只能"推測"它們"底層另有不同來源"。看來，漢藏語同源問題仍然是一個未經"最後"證實的假說。撇開第一點形態不說，第二點"只有很少的同源詞"，第三點兩者語音系統"幾乎很難找到共同之點"，就足以讓人質疑"漢藏語同源"命題的真偽。

實際上，白保羅的研究是很謹慎的，他沒有把"漢藏語系"無限制地擴

---

① 吳安其.關於歷史語言學的幾個問題［J］.民族語文，1998（4）:10-19；本尼迪克特.漢藏語言概論［M］.樂賽月，羅美珍，譯.北京：中國社科院民族研究所語言室，1984:181.
② 吳安其.關於歷史語言學的幾個問題［J］.民族語文，1998（4）:10-19；本尼迪克特.漢藏語言概論［M］.樂賽月，羅美珍，譯.北京：中國社科院民族研究所語言室，1984:181.

大到苗瑶、侗台语系，因爲這些語系內部的詞語及其語音形式與藏緬語系差距甚大；他的主要工作是藏緬語族同源詞的比較，雖然談及漢語，但都是探討性的，書中引用的也都是高本漢《漢文典》中一些有疑問的諧聲字，也沒有給上古漢語構擬一個複雜的複輔音系統。

例如在討論漢語的"肝"kan是否來自藏緬語的 *m-ka-n 或 b-ka-n 這樣的形式時，白保羅說："由於在上古漢語中帶有首碼的同源詞根很少，因此，這種同源關係難以普遍地建立起來，而其他理論還沒有這種說法有利。"① 這就和我們國內的一些研究者不同，他們毫無邊際地爲漢語上古音構擬了一套 *sCr- 或 *sCl- 系列和鼻冠音 *NC- 等系列（N代表 m、n、ŋ 等鼻輔音），說什麼中古的端組字來自上古牙音帶有次音節的 *k-l- 聲母，精組字則來自 *sCr- 或 *sCl- 和 *sN- 系列，將白保羅的不自信變成了大膽的肯定和付之實行。

實際上，很多國外學者在提出"漢藏同源"的假設時，都沒有十分肯定。如羅傑瑞在承認漢藏語同源的同時，也不得不承認："這種假設基於漢語、藏語和緬語及其它藏緬系語言之間少量的同源現象。"② 白一平指出："將漢語和藏緬語歸入漢藏語系——儘管已被廣泛接受但並非沒有爭議。"③

對漢藏語系說持否定態度的是法國學者沙加爾，他有兩篇重點文章被收錄在《漢語的祖先》中，即《關於漢語祖先的若干評論》和《沙加爾的評論》。在文中，沙加爾批評白保羅、雅洪托夫和白一平的研究存在嚴重的循環論證，並認爲，一些頻繁援引的"漢藏語"詞例，其實都是藏緬語從漢語中借來的詞。沙氏說：

我回顧了有關漢藏語的一些證據，揭示了漢語和藏緬語所共有的相當大的一部分詞彙，其實並不具備發生學的同源關係，而僅僅

---

① 本尼迪克特.漢藏語言概論［M］.樂賽月，羅美珍，譯.北京：中國社科院民族研究所語言室，1984：168。
② 羅傑瑞.漢語概說［M］.張惠英，譯.北京：語文出版社，1995：12。
③ 白一平.親緣性強於偶然性：古漢語與藏緬語的概率比較［M］//王士元.漢語的祖先.李葆嘉，譯.北京：中華書局，2005：116。

具有接觸性的淵源關係，而且某些語音對應已經顯示了借詞層面的特徵。……但就嚴格意義而言，它們之間並不存在這些語音對應。換言之，把兩種語言系統聯繫起來的對應，是堅持這兩種語言來自同一原始系統的演化結果的主觀性闡釋。①

這是對白保羅《漢藏語言概論》的批評，同時，沙氏從根本上否定了漢藏同源的假說，並指出這一假說源於某些人先驗主義的"主觀性闡釋"。他進一步指出："迄今爲止，在漢藏語言比較中，對漢語的主要結構特徵：如三組塞音、聲調系統等，都還沒有做出令人信服的解釋。"②儘管沙氏錯誤地主張漢語與南島語具有同源關係，但對白保羅堅持漢藏同源假說的批評卻是很中肯的。

從語言接觸看，自商周時代起尤其是漢代以後，居住在隴西地區的羌人與漢人往往雜居，尤其是漢末，大量的羌人進入內地，與北方的漢人接觸頻繁。例如，作爲隴西人氏的董卓就與羌人來往密切，《三國志·魏志》董卓傳記曰："董卓字仲穎，隴西臨洮人也。少好俠，嘗游羌中，盡與諸豪帥相結。後歸耕於野，而豪帥有來從之者，卓與俱還，殺耕牛與相宴樂。諸豪帥感其意，歸相斂，得雜畜千餘頭以贈卓。"因此，現代藏語中有漢語的借詞，或者說漢語有來自古羌語的借詞都是一個很正常的事情。

在漢藏語同源問題上，國內一些研究民族語言的學者雖然持接受態度，但在表述上仍非常謹慎。如戴慶廈先生在其主編的《漢語與少數民族語言關係概論》一書中，認爲漢藏語系"仍有待於科學證明"③。江荻在其成名作《漢藏語言演化的歷史音變模式》一書中也反復強調："漢藏語系還只是不確定的假說，是不完善的觀察結果。"④在談及研究現狀時，江荻認爲："近200年來，

---

① 以上參見沙加爾.關於漢語祖先的若干評論[M]//王士元.漢語的祖先.李葆嘉，譯.北京：中華書局，2005:347-349.
② 沙加爾.關於漢語祖先的若干評論[M]//王士元.漢語的祖先.李葆嘉，譯.北京：中華書局，2005:347.
③ 戴慶廈.漢語與少數民族語言關係概論[M].北京：中央民族大學出版社，1992:19.
④ 江荻.漢藏語言演化的歷史音變模式[M].北京：社會科學文獻出版社，2007:3.

特別是20世紀下半葉以來，漢藏語系的論證雖取得一定的進展，然而，距離學界達成共識仍十分遙遠。"①筆者認爲，這是一個比較實事求是的評價。

實際上，即使像張琨、李方桂等早年提倡漢藏比較研究的學者後來也變得非常謹慎。如白保羅引述張琨："儘管有許多學者的艱苦努力，但藏—緬語言和漢語的發生學關係還有待建立。"②又如李方桂說："這些語言是否有系屬關係至今還是問題。"③正因如此，郭錫良先生在總結諸家觀點後指出："我們認爲，'漢藏語系'還只是一種假說，缺乏充分的證據，尚有證實的必要。"④其他學者在這方面也發表了類似的看法，不敘。

既然如此，也許有人會說，這些學者爲什麼還要在他們的著述中言必稱"同源"呢？我們以爲，這大概是出於謹慎的考慮，在還沒有充分的理由否定其同源關係時，只好"姑且"作此論。這一點，完全可以從倪大白先生參與《漢藏語概論》編寫中得到說明，該書壯台語部分由倪先生編寫，然而，在關於漢台語系是否同源上倪先生卻持懷疑態度，其曰："漢語與壯侗語究竟是什麼關係？是同一語系中的親屬語言嗎？迄今爲止，我們還是很難找到漢語、壯侗語之間真正有對應關係的同源詞。"⑤

三、民族同源與語言同源之間的關係

在討論漢藏同源與華夏民族關係時，需要澄清一個民族史觀與語言史觀之間的是非問題，族源與語源是不是同一關係？我們認為，不是。民族同源是以"文化認同"爲核心，語言同源則必須是以語言的語法形態、語音和詞彙的一致性爲基礎。一個大的民族可能又包含若干個民族群體，這些民族群體往往表現爲具有某種獨特生活和語言風俗的種族群體，他們各有自己的歷

---

① 江荻.漢藏語言演化的歷史音變模式［M］.北京：社會科學文獻出版社，2007：17.
② 本尼迪克特.漢藏語言概論［M］.樂賽月，羅美珍，譯.北京：中國社科院民族研究所語言室，1984：423.
③ 李方桂.方桂先生口述史［M］.北京：清華大學出版社，2003：104.
④ 郭錫良.音韻問題答梅祖麟［J］.古漢語研究，2003（3）：2-17.
⑤ 倪大白.壯侗語篇［M］//馬學良.漢藏語概論：下冊.北京：北京大學出版社，1991：922.

史，由於國家的存在，爲了服從政權統治，不同種族組成了一個大的民族群體，所以族源與語源之間是一個非常複雜的關係。以現代國家與民族關係而論，同一族源的可能語源不同，如蒙古語族與漢語族都屬於華夏民族，但語源不一樣；同一語源的可能民族不同，例如作爲突厥語的土耳其人與中國的維吾爾人絕不會認爲彼此之間有民族同源關係。且語言是變化發展的，語言同源有它的時代性和地緣政治因素，即使是歷史上曾經屬於同一種語族關係的不同語言，因分化的歷史時間久遠，且受地理和政權分割的影響，也會相距甚遠，會朝著各自的方向演變。作爲出自三苗的姜姓別種"羌"族，① 在歷史上與漢族長期共存往來，與華夏民族無疑是同源關係，但是，從語言上來說，不見得二者就是同源關係，它們的底層本不相同。假如按照歷史文獻所說，舜帝使羌人從南方遷徙到西北的析支河畔，之後至吐蕃國建立，這些種落或分化，或與其他民族部落結盟同化，就其主體而言，除其中一部分與漢族親近者被"漢化"以外，大部分種落與漢族政權關係疏遠，而與其他民族融合成新的獨立發展的族群。可以想像，其語言也是獨立發展的，藏語的形成過程有一點類似近代蒙古語。根據《蒙古秘史》等歷史資料，蒙古族人原

---

① 這裡需要辯證一個歷史是非問題："姜姓之別種"並不等於緒出姜姓族群。姜姓屬炎帝部落，但堯舜時期，很多姜姓是賜封的。據《左傳》《國語》等歷史文獻，當時四岳佐禹治水有功，被賜予姜姓，其中還包括共工的後裔。《國語·周語下》："共之從孫四岳佐之"，堯帝"胙四岳國命爲侯伯，賜姓曰姜"。以後西戎皆言姜姓，《左傳·襄公十四年》晉范宣子謂戎子駒支曰："來，姜戎氏，昔秦人迫逐乃祖吾離於瓜州。"駒支對曰："昔秦人負恃其眾，貪於土地，逐我諸戎。惠公蠲其大德，謂我諸戎是四岳之裔冑也。"蓋當時三苗部落遷徙於西北者皆賜予姜姓，氐羌也在其中。此羌人爲"姜姓之別"之由來。這種夷族被賜予漢姓的故事在後代一直沿襲著，如漢時匈奴冒頓之後即賜姓爲劉，據歷史文獻，漢高祖以宗女爲公主以妻冒頓，約爲兄弟，故其子孫遂冒姓劉氏。晉時僭稱大漢之主的劉元海（劉淵）即爲匈奴後裔。又如唐武宗會昌二年（842），回紇七部三萬餘人歸降，詔賜回紇宰相愛耶勿姓名曰李弘順，部將嗢沒斯及其兄弟家族亦姓李氏，曰李思忠、李思貞、李思義等。又西夏王李元昊，其先拓跋思恭因唐末時平定黃巢有功，亦賜姓李氏。又北宋時吐蕃羌人首領嘉勒斯賚（《宋史》曰唃廝囉）嫡孫穆占（又名木征），神宗熙寧七年（1074）以河州、洮州來降，詔賜姓趙，名曰趙思忠，其後整個家族部落均姓趙。又太宗淳化二年（991）党項人李繼遷、李繼捧等降宋，詔賜姓趙，曰趙寶吉、趙寶忠。以此推論，當時的三苗乃爲臣服於炎帝部落的附屬部族而已。

本居住在興安嶺額爾古納河流域的深山老林中（其先世應當爲鮮卑後裔柔然部落的室韋種落），成吉思汗的二十二代先祖孛兒貼赤那率部西遷（其時大約在唐中葉以後），來到蒙古大草原的達斡難河的源頭不兒罕山之下。自成吉思汗建立蒙古汗國並消滅遼金以後，蒙古語得到迅速擴展，這時北方的契丹語和靺鞨語（滿語前身）一部分漢化，一部分則融入蒙古語中，從而形成近代史上的蒙古語族，而蒙古語的底層是古匈奴語、鮮卑語以及後來變異的古突厥語和契丹語。處於析支河畔的古羌人西南遷徙的過程也正是如此，直到吐蕃國建立，諸羌語以及鮮卑語等得到同化，形成唐代的吐蕃語，而後發展爲現代藏語。由此看來，爭辯羌藏是否同源，對於解釋漢語與藏語同源與否，都沒有實質性的意義。我們糾結的，是族源問題能否等同於語源問題。

族源與語源之間擁有非常複雜的關係，例如，據文獻記載，古代匈奴人是夏後氏之遺民，《史記·匈奴列傳》："匈奴，其先祖夏后氏之苗裔也，曰淳維。唐虞以上有山戎、獫狁、葷粥，居於北蠻，隨畜牧而轉移。"如果文獻記載可信的話，匈奴與華夏同源。而後來的契丹和蒙古人其實都是匈奴人的後裔，但契丹和蒙古語都屬於阿勒泰語系。或許，這正是俄國學者斯塔羅斯金等人所堅持認爲的——漢語與北高加索和葉尼塞語具有同源關係的一個重要理由。①

從中華民族進化史看，筆者認爲，在中國境內及其鄰邊國家，自古至今實際上存在著五種並行發展的語系：（1）漢語系，（2）以古羌語爲主體的藏緬語系，（3）以漢代匈奴語和鮮卑語爲本體的古突厥語、契丹語、蒙古語、滿語以及境外的日本和朝鮮語（現代語言學家一般將之劃歸爲阿勒泰語系），（4）以中國古代南方蠻夷民族爲主體的苗瑤語系，（5）以中國古代百越民族爲主體的侗台語系。這五種語系各自獨立發展，在詞彙上互相借貸。② 當

---

① 斯氏認爲，應當建立一個獨立的"漢藏—高加索"超級語系。這是一個非常龐大的漢語親屬關係族群，其說讓人難以據信。參見斯氏.上古漢詞彙：歷史的透視［M］//王士元.漢語的祖先.李葆嘉，譯.北京：中華書局，2005：372-418.
② 這五種語系以外，在漢代的西域地區還存在著古樓蘭語、于闐語和吐火羅語等，這些語言據研究屬於印歐語系，但這些語言後來消亡了。

然，不排除這五種語系之外還有其他一些少數族群語言在歷史上的存在，但這些民族先後被周邊強勢民族同化，他們的語言也隨之消失了，因而難以考察。

由於華夏民族的不斷南擴，漢語與處於中國南方的侗台和苗瑤語的接觸和滲透甚多，這些從語言類型上完全可以看出來，例如漢語是分析性語言，有聲調變化、主謂賓的順序主要爲 SVO 型（上古漢語疑問句和否定句中的代詞賓語在動詞前），侗台、苗瑤語也是如此，而藏緬語系以及阿勒泰語系均與此不同。在"親屬"關係上，與漢語親近的與其說是藏緬語系，倒不如說是南方的苗瑤等語系。當然，語言類型學的關係不等於語言發生學的關係，這種"親近"也只能是民族間的交往、融合和語言接觸，離證明語言的同源關係還有相當的距離。同樣，把漢語說成與藏語同源，不僅在語法形態上得不到說明，而且在語言的發生學上也無法得到證明。因爲同源的基礎是有一定數量的同源詞或者是同根詞，語音系統呈規律性的對應。至少，從目前的研究看，還沒有學者取得令人信服的研究成果。僅憑"少量的同源現象"（事實上並沒有得到證明），就推定某某之間有同源關係，未免想得過於簡單。

堯舜時代三苗部落被遷徙到西北以後，自夏商周及秦漢以來，以漢族爲主體的華夏民族與這些夷狄部落多有接觸，如夏時周人先祖不窋（後稷之子）因失其官而自竄於戎狄之間，以後戎狄與漢族也多有婚姻往來，但是從語言學的角度看，這只是語言接觸，並不指涉語言同源關係，有時候我們往往把語言接觸與語言同源關係混淆。從堯舜時代看，我們還看不出漢語與古羌語有發生學的關係，上溯到炎黃時代，東南方的薑姓部落與北方的姬姓華夏部落仍是兩大對立的政權實體，傳說中黃帝戰蚩尤，共工與顓頊爭帝，堯舜對九黎三苗的征伐，實際上都是這種對立狀態的延續。從這個意義上說，所謂漢語與藏語同源至少在炎黃時代未能發生。或者從考古學意義上說，在黃河流域的仰韶文化時期，漢語與藏語還不是一種混合型的原始漢藏語。除非你能夠證明，華夏民族也是在某個遙遠的考古年代從南方遷徙至北方的，但這似乎與歷史考古不相符合，因爲在黃河流域出現了大量的新舊石器時代的人類遺址。從新舊石器文化遺址看，當時不同地域具有民族文化特徵的部落集團已經形成，諸如東夷部落（大汶口文化）、苗蠻部落（良渚文化）、華夏部落（仰韶文化）、北狄部落（紅山文化）等。至於原始漢藏語發生在遠古的哪個時代，是一個無法進行科學考證的命題。

漢語的形成及其發展，是個非常複雜的歷史過程，原始部落間的同盟促成語言的同化而形成民族共同語，民族強盛及其擴張使得該民族語言得到強化。儘管後來炎黃兩大部落結成一個大的部落聯盟，但民族融合與語言同化也是一個漫長又複雜的歷史過程。從商周以來的歷史文獻看，華夏漢民族是一個具有高度文明的民族群體，而處於西北的"戎狄"始終是一些鬆散的小部落，它們與華夏民族或親近或疏遠，在這過程之中，一部分戎族及其語言同化了，一部分則沒有被同化，而藏語（古羌語）就是沒有被同化的那部分。所以，從歷史文獻與考古看，藏語與漢語是兩個譜系的語言。我們的錯誤往往是把族源與語源混淆在一起，又把語言的接觸關係當成了語言的同源關係。

由於漢語是有文字記錄的語言，其文化上的優越性不僅強化了其語言本身固有的系統特點，也使得周邊民族的語言逐步"漢化"。它一般不容易因他族語言影響而發生較大的變異，雖有語言接觸，並吸收其他語言詞彙，但它會按照漢語的構詞法和語音形式對之加以改造，例如將複輔音詞語改造爲雙音節詞語，或者節略其中某個輔音而使之成爲單輔音聲母的音節，這從歷史文獻的音譯文字中完全可以看出來，① 至今漢語對外來詞語的吸收也是如此。通觀世界語言學史，如果某個民族的語言有文字記載，且產生過優秀的文化遺產，該語言就有很強的凝固性和向心力，其發展必然呈規律性和系統性；反之，如果該民族或種落沒有文字，語言就容易發生變異，或分化或融合於某個強勢的民族語言之中。

如果上溯到原始社會的若干個時代以前，這五種語系或許有某種共同的

---

① 如《唐蕃會盟碑》：藏文 khri，漢譯"綺立"；藏文 bran，漢譯"勃闌"；藏文 klu，漢譯"矩立"。參見周季文、謝後芳. 敦煌吐蕃漢藏對音字［M］. 北京：中央民族大學出版社，2006:235–243.

族源關係，我們可以稱之爲東亞"蒙古人"原始部落群，但這是人類起源的問題，於語源的研究沒有實質性的意義，和研究第一支從非洲大陸走出來的人類祖先——類人猿的語言一樣，假如人類的起源是這樣的話。①

因此，依照筆者的考述，藏語與漢語的同源關係並不明確，不如將藏緬語系獨立，正和突厥語和蒙古語被獨立爲阿勒泰語系一樣。

此外，我們必須考慮同一族源的語言分化與發展，如果時間久遠，就會造成兩種語言的面目全非。這裡最直接的事例就是西夏語的消亡，根據現存西夏文歷史文獻，研究民族語言的學者認爲它屬於已經"消亡"的藏緬語系，作爲党項羌的西夏語，與現代藏語竟然沒有多少相似的地方！這些差異完全可以從戴慶廈和黃布凡先生編輯的《藏緬語語音和詞彙》一書中看出來。② 除非我們能夠證明，在西夏語中還有其他民族語言的成分。③ 還有漢

---

① 關於人類起源有多種假說，人類從非洲走出是其中比較流行的觀點。雖然其中疑點很多，本文不得已姑且採用之。但是，本人一直相信，人類起源乃至人類語言的起源，絕不是以一個點爲中心出現的，而應是多個中心的散點式出現。據中國新聞網報導，2011年4月起，美國《科學》雜誌連續發表了數篇關於人類語言起源的文章，其中還有中國學者的文章（相關報導見《中國社會科學報》2012年2月15日），或云起源於非洲，或云擴散於亞洲里海。從報導內容看，都是想像的成分大於語言事實的分析，況且世界上據說有6000多種語言，要把這麼多的語言事實（諸如語音、詞彙和語法結構等）調查清楚，是一件非常困難的事情。人類語言的形成乃至發展，既有自然因素，但更多的是社會因素，且與人類心智發展及該民族社會的歷史文化密切相關，在這些因素的制約下，語言的發展又呈現著自己本身的特點和規律。因此，所有關於人類語言起源的假說都是違背科學原理和語言學原理的，永遠無法被證實。漢藏語同源假說也類似於此。

② 一些學者認爲它與道孚語或木雅語相近，但其意見有分歧。參見馬學良.漢藏語概論：下冊［M］.北京：北京大學出版社，1991：213.

③ 根據西夏王朝的歷史，党項爲羌種落無疑。但西夏王李元昊家族源出於鮮卑族的拓跋氏，且當時部落甚多，有細封氏、費聽氏、往利氏、頗超氏、野氏、辭房當氏、米擒氏、拓跋氏等，而拓跋爲最強族。因此，其語言中是否含有阿勒泰語系的因素，需要民族語專家做艱苦的研究。正因如此，一些歷史學家也提出了疑問。參見白濱.党項史研究［M］.長春：吉林出版社，1989.我們認爲，合理的解釋應該是：西夏語的基礎是南北朝時的西北羌語，並融入了其他民族的一些語言成分如阿勒泰語。儘管西夏王室屬於拓跋氏（或對此有異議），但它的民眾基礎仍是以羌人爲主的，其建國的基礎就是北朝時的宕昌羌和鄧至羌，《舊唐書·西戎傳》："党項羌在古析支之地，漢西羌之別種也。……自周氏滅宕昌、鄧至之後，党項始強。"也就說，一個來自異族的統治者，是很難改變整個民族部落語言的。

代的"白狼歌",據說也是一種"死亡"了的藏緬語系。又同是突厥語的回鶻語與契丹語,由於地理分裂,至五代時不能相通,據文獻記載,遼太祖弟達喇,字伊勒都堪,天顯元年(926)爲中臺省左大相,性敏給。"回鶻使至,無能通其語者,太祖曰達喇聰敏,可使迓之。相從二旬,能習其言語書契,因制契丹小字,數少而該貫。"① 回鶻文屬於突厥語系,元代爲蒙古族所採用,形成後來蒙古文的基礎,兩者的語屬是很清楚的。也由此可見,語言的發展和分化所產生的語言變異問題。又如日語和朝鮮語,按照筆者的觀點,也是遠古時期從中國境內古東胡民族(古夫餘國)中分化出去的阿勒泰系語言,然而,它們與現在的阿勒泰語系又有很多不同的地方,使現代語言學家不知道該把它歸屬於哪一種語系才好。

即使是同一種漢語,如果脫離本族生活環境而與非漢語環境相處,時間久了也會發生變異。史載安史之亂,"吐蕃乘虛取河西、隴右,華人百萬皆陷於吐蕃。開成時,朝廷嘗遣使至西域,見甘、涼、瓜、沙等州城邑如故,陷吐蕃之人見唐使者旌節,夾道迎呼,涕泣曰:皇帝猶念陷吐蕃生靈否?其人皆天寶中陷吐蕃者子孫,其語言小訛而衣服未改"②。

從天寶年間的安史之亂(755)到開成年間(836—840),百年時間不到,陷落吐蕃的河西、隴右的漢族民眾就"語言小訛",可見政治地域的板塊因素下語言的變化發展。遺憾的是,我們的研究者並沒有考慮這些因素。

如此看來,在漢語與藏語同源關係未能明確之前,要強行建立比較關係而藉之以構擬"原始漢語"或"遠古期漢語"的語音系統,恐怕永遠是個神話。

退一步說,即使漢語與藏語在五六千年前有發生學的關係,兩者分化以後的發展也是各自不同。如同現在數以萬計的孔子後裔,面目各異,要從這些後裔的體貌特徵中比較構擬出兩千多年前孔子及其兒孫的體貌特徵來,恐怕永遠是個神話。生物遺傳學的道理其實跟歷史語言學的原理是一樣的。

---

① 以上參見清《欽定續通志》,卷一九一《宗室傳》。
②《舊五代史·外國列傳二》。此事又見於王溥《五代會要》,卷三十《吐番》條。

四、餘論

以上我們從歷史文獻出發，考證了古羌族的歷史發展及其與漢族的接觸問題，論證了羌藏同源關係。今天的藏語，其前身就是唐時的吐蕃語，而吐蕃語的前身則是周秦時的古羌語。從中華民族進化史看，藏族與漢族無疑都屬於華夏民族，但族源與語源是兩回事，族源是文化認同，而語源則是語系相同。從現存歷史文獻以及現代語言學研究成果看，漢語與藏語之間似乎很難具有語源上的發生學關係，也就是說兩種語言在語音、詞彙和語法形態上差別很大，兩者之間很難找到一定數量關係的同源詞。由於歷史上羌人與漢族之間的來往接觸，兩種語言之間都會吸收一定的借詞，吸收的借詞有時會被按照本民族語言的語音和構詞法加以改造，以適應自己的語言特點，同時會在一定程度上影響到某些語言因素的變化發展，例如漢語中的一些諧聲字的異讀現象，有可能就是語言接觸後發生音變而導致的。① 因此，我們應當區分借詞與同源詞的關係，更不要把語言接觸關係當成語言同源關係。

語言接觸與語言同源是一個非常複雜的歷史問題，即以漢語來說，歷史上那些與漢人雜居相處的少數民族，尤其是魏晉時期進入中原地區的"五胡"民族（匈奴、鮮卑、羯、氐、羌），都先後同化了，他們說的都是同一種漢語，乃至後來遼金蒙元人都如此，這是文明的向心力。但與此相聯繫的還有部落政權的統治力量，被征服者的臣服，他們不知不覺地拋棄自己的母語而

---

① 舉例來說，在藏文裡，聲母 ɦ- 與 m- 交替是一個非常自然的現象，類似漢語諧聲中的黑／墨，每／悔。假設古羌語也是這樣，羌人在漢化過程中就會將這一類字的聲母或讀 ɦ-，或讀 m-，久而久之則成習慣。另外，藏語動詞有時態變化，laŋ（起）亦可念成 slaŋ（使起），這些也有可能影響他們的語言習得，在母語的作用下產生某些語音上的遷移現象，因爲他們不知道該用哪一個語音時態好，於是，一個漢字聲母爲 l- 的字，也有可能被念成 s- 的音，如婁／數之類。自周秦以來，民族遷徙使中國北方非漢語者居多，隨後不斷被漢化。而語言是漸變的，人們習焉不察，尤其是經過經師訓讀而著述于簡帛之後，訛變則成定型。世代相傳，不能遽改。因此，民族融合是漢語發生變化的一個重要因素。此問題複雜，我們將另文詳細討論。

被同化於征服者的強勢語言之中。這種語言的同化現象古今中外皆有，美洲的印第安人和瑪雅人被歐洲殖民者長期佔領之後，他們的語言也就逐漸被同化了。又如西漢時有一支月氏族歸附西羌，《後漢書·西羌傳》說它"被服飲食言語略與羌同"，而當時月氏族的語屬以現代眼光視之，應當屬於阿勒泰語系。"入鄉隨俗"，語言的同化也是這個道理，否則，就難以融入"主流"社會。戰國時楚國大將莊蹻率眾入雲南成西南夷滇王，爲便於統治和管理各蠻夷部落，不得已"變服從其俗"（《史記·西南夷列傳》）。與胡處爲胡，與漢處爲漢，史載周平王東遷後，周室衰微，諸戎紛紛進入伊洛等中原地區，大夫辛有適伊川，見被髮而祭於野者，曰："不及百年，此其戎乎？"① 顏之推"南染吳越，北雜夷虜"，是一個很經典的語言接觸理論。

從此意義出發，當年南涼禿髮部落率眾西奔而於羌中建國時，其隨從者也不全都是羌人，也應該有鮮卑人或匈奴人等，由於其部眾底層都是羌人，加之吐蕃所據之地及周圍都是羌人，所以這些人的語言也就慢慢"羌化"，形成一種新的"吐蕃語"，故唐時的吐蕃語不會與秦漢時的羌語相同。有同化也就有分化，長期以來部落政權的分裂或民族部落的遷徙，都會造成同一種母語的分化，西夏黨項羌的語言不同於其他的羌語和藏語，就是一個典型的分化的例子。

我們討論藏語的歷史來源問題，有利於澄清漢藏比較研究中的一些訛誤是非，尤其是我們在進行上古音的比較構擬時，揭示藏語的歷史來源有著十分重要的意義。

首先，在親屬語言的劃分上，我們除了要做語言描寫的基礎工作外，還應該就該語言的民族歷史進行研究。

其次，在漢語上古音的比較構擬上，就應該考慮藏語的歷史層次問題。這種歷史層次表現在羌族人的歷史遷徙和地理分佈上。前面說過，現代藏語不等於唐時吐蕃語，而吐蕃語又不同於秦漢時期的西羌語；同理，處於甘青河湟地區的羌語不同於川滇地區的羌語，也不會同於拉薩地區的羌語。但是，

---

① 參見《左傳·僖公二十二年》。

我們全部的比較構擬工作，實際上是拿一部以衛藏方言爲中心的藏語詞典來進行的，以此爲前提說"藏語"某個詞彙的語音如何，就抹殺了藏語的時空差異。人們不禁要問：這個藏語詞究竟是哪個地區哪個歷史層次的？能與漢語做上古音比較嗎？

　　歷史比較法有個嚴重的缺陷：在親屬語言關係的比較上，學者往往只注重語言的平面描寫，而忽略對語言的歷史考察。由於漢語與藏語都有悠久的歷史，其關係又極爲錯綜複雜，要描寫這兩種語言的歷史發展尤其是藏語，不是使用歷史比較法就能奏效的。因此，爲了彌補這個缺陷，我們應該努力將語言描寫與語言事實的歷史考證有機地結合起來，從而建立眞正的中國語言學理論：語言描寫與歷史文獻考證研究法。簡而言之就是要發展"語言描寫歷史學派"。①

　　我們認爲，沒有歷史論證的不能被稱作歷史比較法。在一定的時間範圍內，不能說明其語言的歷史來源，且在詞彙語音上難以進行有效的具有嚴格規則對應的同源詞的歷史比較的，不能被確定爲具有親屬語言關係。

---

① 實際上，筆者的老師魯國堯先生很早就提出過這個問題，其思路貫穿於自己的研究之中，論文《論"歷史文獻考證法"與"歷史比較法"的結合》對此有深刻的闡述（《古漢語研究》2003 年第 1 期）。平時對筆者又多加教誨，因此，本文研究只是述師說而已。

論漢藏同源詞的歷史比較與漢語古音構擬問題*

　　漢藏親屬語言的論證，最為關鍵的是同源詞的比較，然而從目前研究狀況看，裡面問題很多。一些研究者並沒有完全遵循歷史比較法的原則，在親屬語言還未能得到確證的情況下，從自己虛擬的古音出發，隨意地找幾個語音相似的詞比附在一起，就稱之為"同源詞"，缺乏歷史事實和語言事實的說服力。其構擬的漢語上古音系也就存在著嚴重問題，既不符合漢語特點，又與親屬語言相悖，貌似比較，實為雜湊。本來，作為一種學術研究，提出某些觀點或假設並論證之也未嘗不可，而探索之中，難免會產生某些偏誤，這是可以理解和原諒的事情。但是近年來，有些人卻把謬誤當成真理，以非我莫屬之架勢排斥一切：不類我者非"主流"也。

　　學術需要探索，更需要批評，否則，學術研究就不會有進步。只要批評是真誠的，能夠揭示錯誤的實質，對今後的研究有幫助，就應該受到歡迎。對中外前賢的研究如果一味地追捧，缺乏自己的獨立思考，矮子看戲，跟在別人後面瞎叫呼，甚或穿上"皇帝的新衣服"，只會窒息學術的創新與發展。學術要創新發展，需要的是觀念更新和研究方法的不斷改進，更需要勇氣和犧牲精神，沒有顧炎武那種五十年後必有知我者的信念，學術研究就難以做到"後浪推前浪"。從宋人古音通轉叶音說，到明代陳第古音時地說，再到清代顧炎武離析唐韻，至民國黃侃古韻陰陽入三分，乃至今日音系構擬法，每

---

* 本文原載於《中國語言學》2013 年第 7 輯，收入本書時，略有刪改。本書所載三篇研究漢藏語同源的文章於 2015 年獲北京大學第十六屆王力語言學獎提名獎，參見《中國語文》2016 年第 1 期廣告。

一次歷史進步都是觀念更新和研究方法改進的結果。

總結近年來漢藏比較與古音構擬研究，竊以爲一個共同的弊端是：

從自己虛擬的音系出發，然後在藏語或其它親屬語言中尋找相應的意義相同或相近的詞。不是從比較中歸納音系，而是先入爲主，以想像中的原始漢藏語音構擬加以推定，循環論證，這些被尋找出來的"同源詞"缺乏嚴整的語音對應規律，比較範圍過於寬緩，構擬的音系存在嚴重缺陷，甚至違背漢語史實和訓詁學的基本原理。

在音系構擬上，遷就親屬語言的音系特點太多，缺乏一個基本的比較原則，貌似比較，實爲雜湊。在上古音與中古音的關係上，總有人以靜止的眼光看待語音的變化發展，拘泥於中古等韻四聲關係和少數諧聲異類，只看到變化的結果，而對演變過程本身缺乏深度考察，很多情況下往往以大膽的想像代替語言事實的分析和考證。

下面，我們不妨以鄭張尚芳、包擬古、潘悟雲和梅祖麟等中外學者的研究爲例，來分析其中存在的問題。需要說明的是，本文研究純屬學術討論，不關乎學派之爭，好事者幸勿引申。本著對真理的追求，對其中謬誤進行分析乃至學術批評，應該說是很正常的事情，一個有氣度的學者我想是會虛心接受的。我們對這些學者的研究充滿敬仰之情，矻矻探索，畢自己一生精力于漢語上古音研究，令人肅然起敬，但真理與謬誤不容混淆。

一、比較的詞語必須符合歷史事實

按照一般的看法，所謂漢藏語系分化的時間至少是在五六千年以前，也就是說，當我們在進行兩種或多種語言的同源詞比較時，就必須考慮原始人類生產、生活狀況及其認知水準，諸如村莊、金銀、夫婿、婦媳、叔舅等詞語都應當謹慎擇取，譬如一個民族尚處於母系社會或婚姻宗法制度還不是那麼完備時，"父沒則妻後母，兄亡則納釐嫂"（《後漢書·西羌傳》），一些親屬關係詞就應該被慎重擇取。舉個很簡單的例子，遠古時代"金銀"不可能出現，"叔""舅"關係在漢族被區分得很清楚，但有些民族部落則對之不加區

别,現在的一些民族部落亦如此。同時,我們必須考慮東西南北地域和氣候差異,因爲"華澳"語系覆蓋整個東亞南亞大陸。一個基本的歷史常識告訴我們:一個民族或氏族部落處於農耕社會與處於遊牧漁獵社會狀態時,所使用的詞彙是不一樣的,因爲詞彙是隨著社會生活的發展而產生的,這是歷史也是語言學的基本常識。

可是,有些研究者常常忽略這些基礎性工作,在他們拿來比對的詞語或者是核心詞彙表裡,往往出現一些不該出現的詞語,缺乏歷史深度的考慮,殊不可取。如鄭張先生《上古音系》中同源詞的例子:①

	漢語古音	藏文	緬文	泰文	孟文
巷	*grooŋs	groŋ 村莊、市鎮	kroŋh 路	glɔɔŋ 路道	gloŋ[klɔŋ] 道路
江	*krooŋ	kluŋ 江河	khjoŋh 河溪	glɔɔŋ 河港、渠、路	kruŋ[krəŋ] 河川
谷	*klooŋ	groŋ 深谷	khjok 山谷	glɔɔk 道路	

以上比較材料,基本上來自包擬古的《上古漢語中具有 l 和 r 介音的證據及相關諸問題》一文。然而細繹之下,其中不無問題。

第一個"巷"字,遠古時代,逐水草而遷徙的遊牧民族——藏族先民,是否有"巷道""村莊""市鎮"的存在?

以歷史文獻爲例,《大雅·緜》一章:"緜緜瓜瓞,民之初生,自土沮漆。古公亶父,陶復陶穴,未有家室。"按古公亶父爲周文王祖父,從豳地遷至岐,時約公元前 12 世紀左右。其時周民族尚"陶復陶穴",更何況遊牧之戎狄?又《史記·匈奴列傳》謂匈奴:"隨畜牧而轉移。……逐水草遷徙,毋城郭常處耕田之業。"作爲遊牧民族的古藏族居民羌人也應當如此。《後漢書·西羌傳》:"所居無常,依隨水草。地少五穀,以產牧爲業。"又《南齊書》卷五十九《河南氐羌》:"多畜,逐水草,無城郭,後稍爲宮屋,而人民猶以氈廬百子帳爲行屋。"以上材料均可說明遊牧民族的居住情況。

退一步說,即使當時藏族先民中有"村莊""市鎮"的存在,它與"巷"

---

① 鄭張尚芳.上古音系[M].上海:上海教育出版社,2003:5.

和"道路"也難以對應，概念的名稱及其內涵、範圍都不一樣，兩者毫無可比性。

第二個詞語"江"在漢語裡特指南方的河流"長江"，是專名而不是共名，表示共名的是"水"，如漢水、湘水之類，而表中所列藏文等河流名稱恐怕是共名而不是專名。

其實，根據《藏緬語語音和詞彙》詞彙表所列，表示江河的概念詞古藏文有 tɕhu，並且在 52 個藏緬語調查點中均沒有 kluŋ 這樣一個音型。①② 第三個詞"谷"，根據白保羅 1984 年的研究，藏緬語表示溪谷的詞還有 khyauk（緬語）、kor（藏語、盧舍依語）等。

爲什麼包氏和鄭張氏不用藏文的 tɕhu（江河）或 kor（山谷）？因爲這樣就與他虛擬的古音不符。

按照雅洪托夫、包擬古和李方桂等人的看法，《切韻》中的二等韻在上古時代，其聲母後存在一個 –r– 或 –l– 的介音，實際上就是帶流音的複聲母 Cr– 或 Cl–（後一律改爲 Cr–），"巷"和"江"爲二等字，所以其上古音是 *grooŋs（去聲字有 –s 尾）和 *krooŋ（鄭張認爲一二等韻是長元音，故重寫爲 oo）。爾後鄭張等又進一步認爲，重紐三等韻以及庚、蒸、幽三韻中牙喉唇音字也有一個帶流音的 r，而一四等韻以及重紐四等韻則有一個帶 l 的後置輔音。"谷"屬於一等韻，故其古音爲 *kloog。其理論基礎就是雅氏提出的來母字經常與中古二等韻的字發生諧聲或異讀的關係，如果這個理論不能成立，其音系構擬就面臨著崩潰。

經過驗證，我們認爲，雅氏之說非常錯誤，一是其理論不分輔音與介音，世界上沒有一種語言以 –r–、–l– 作介音的，藏語中 –r– 也是後置輔音，如 brgyad（八）、brgya（百），–r– 居於兩個輔音之間。其聲母性質可以在藏漢對音中得到印證，如《唐蕃會盟碑》：藏文 khri，漢譯"綺立"；藏文 bran，漢譯"勃闌"；藏文 klu，漢譯"矩立"，③ 如果是介音就無須將它譯寫，這是一

---

① 藏緬語編寫組.藏緬語語音和詞彙［M］.北京：中國社會科學出版社,1991:388.
② 本尼迪克特.漢藏語言概論［M］.樂賽月,羅美珍,譯.北京：中國社科院民族研究所語言室,1984.
③ 參見周季文,謝後芳.敦煌吐蕃漢藏對音字彙［M］.北京：中央民族大學出版社,2006:235-243.

個基本的對音原理。其次是與漢語史實不符，因爲來母字不僅與二等字發生諧聲關係，也與一等和三四等韻發生關係，而且在諧聲數量分佈上，二等字並不佔優勢。① 如果二等韻有個捲舌的 r 介音，再加上來母字與一、三、四等韻都發生諧聲關係，那就意味著整個漢語語音體系都是 Cr- 或 Cl- 的音型，可能嗎？無論把它看作介音還是輔音都是漏洞百出的。

譬如從諧聲上看，如果上古音有個輔音性質的 r 捲舌介音，它們如何諧聲？如"瓜"*kwrag 與"孤呱"*kwag，"乍"*dzragh 與"作"*tsak（以上李方桂魚部字擬音），如果 r 是輔音，一個複輔音聲母怎麼能與單聲母諧聲？這違背了諧聲原則。除非我們認爲"孤呱"也是複聲母 *kl-，就像鄭張等所認爲的一四等韻也有帶 –l- 的後墊輔音。但這樣麻煩又來了，因爲既然認定來母爲 r-，喻四爲 l-，而"瓜"字並不與來母或喻母字發生諧聲關係，且有違"情理"。如《大雅·生民》詩"後稷呱矣"，後稷一生下來就被母親姜嫄拋棄了，呱呱而哭，如果"呱"音爲 *kwlag 的話，一個嬰兒怎麼能發出如此複雜的聲音來？且哭聲很長："實覃實訏，厥聲載路。"一個語音的音節如果是封閉性的，且有塞輔音韻尾，恐怕很難延長，有違"自然生

---

① 我們以丁邦新《論上古音帶 l- 的複聲母》一文提供的諧聲字爲依據，統計並分析了母字爲聲首的諧聲字和非來母字諧聲中夾帶的來母字的數量關係：(1) 來母字爲其他聲母字的聲符：一等 16，二等 20，三等 42，四等 4；(2) 其他聲母字爲來母字的聲符：一等 46，二等 19，三等 69，四等 12。兩者相加，一等 62，二等 39，三等 111，四等 16（以上聲首字及重複出現的破音字沒有被統計在內）。很顯然，在諧聲關係上二等字並不佔優勢（丁文諧聲表見丁邦新.中國語言學論文集[M].北京：中華書局,2008:53-54.）需要說明的是，本文只是選用了丁先生的諧聲字表，而於其構擬的上古音系不敢苟同。竊以丁先生關於來母諧聲系列以及整個漢語上古音的構擬都存在嚴重問題，例如同樣是來母的字，其音系構擬則有：六 bljəgw，尞 dljagw，呂 gljagx，麗 dzljigh，讓人很難相信漢語音系如此破碎和雜亂無章。這裡我們不妨以尞聲字爲例分析其弊病所在。從尞得聲八個字，實際上只有獠有異讀，盧皓切又張絞切，僅憑一個張絞切的異讀就把全部的尞聲字擬音爲 dl- 的複輔音聲母（獠擬音 tragwx），以個別諧聲異讀而犧牲整個語音系統。實際上，考察唐代韻書，獠字只有一讀盧皓切，檢閱周祖謨《唐五代韻書集存》，所載各種唐韻殘卷均是如此，唐《五經文字》及何超《晉書音義》四次注音也是如此。獠之意義有二：(1) 夜獵，(2) 西南夷族名，但無論哪種意義它都是來母，此字音變首見於《龍龕手鑒》和《廣韻》。顯然，獠讀張絞切是後來音變結果，把尞聲字的上古音擬爲 dl-，有失歷史考證。從共時平面上靜止地觀察諧聲異讀而不作歷時考察，幾乎是比較構擬和複輔音說的通病。

理"。又《尚書·益稷》:"(禹曰)啟呱呱而泣,予弗子,惟荒度土功。"呱呱(*kwlag*kwlag)之音如果重疊,語音就非常複雜。嬰兒出生時的啼哭之聲,恐怕古今一致,語音不會像有一些人所描繪的那樣複雜。

其他如《詩經》中的"關關雎鳩"、"雞鳴膠膠"、"黃鳥喈喈"、"倉庚喈喈"、"交交黃鳥"、"交交桑扈"、"鳥鳴嚶嚶"、"其泣喤喤"等,這些擬聲詞都是所謂的二等字,按照李方桂等人的構擬,其聲母後都有一個捲舌的 r,如"關"kwran,"交膠"*kragw,"嚶"·ring(李氏影母字以·表示,鄭張擬爲 qriŋ),①"喤"gwraŋ,這些嬰兒啼哭和雞鳴鳥叫聲都是天籟之音,很難想像會有如此之複雜。而且不可思議的是,一個初生嬰兒如何能發出帶捲舌 r 的複聲母的語詞來?于情於理都不合適。

退一步說,如果 r 是介音,它必將改變原聲母的發音部位而使之變爲捲舌性質的聲母。根據諧聲原則,發音部位不同,它們之間是不能諧聲的。高本漢將《切韻》莊組字擬爲捲舌聲母(tṣ-),之所以不爲大家所接受,②就是因爲莊組字與精組字(ts-)諧聲關係最爲密切,如阻 tṣ-:祖 ts-,乍 tṣ-:作 ts-,瘦 ṣ-:叟 s- 等,李方桂批評說:"捲舌音與舌尖前音發音部位也不同,不應當諧聲。"③但可惜的是,李氏卻全面採用雅洪托夫的觀點,堅持二等韻的 r 介音說,包括知莊組的三等韻字擬音(如箸 *trjagx、莊 *tsrjang),將雅氏錯誤進一步理論化和體系化,並錯誤地認爲:

這個介音 *r 不但可以在舌尖音後出現,也可以在任何別的聲母後出現,也可以在介音 *j 的前面出現,不過在唇音及舌根音後這個介音多數已在中古時期失去。"④

此說憑空想像成分太濃,缺乏基本的語言事實依據。實際上,無論是雅

---

① 這裡給李先生出了個難題,影母字是零聲母,二等韻若有 r 的話,那就不成爲零聲母了。
② 從漢語語音史考慮,其時還沒有產生捲舌音。李方桂用 r 介音說來解釋中古捲舌音的產生,其實也是高本漢錯誤的再版,而且他滑向了另一種更深層次的錯誤。
③ 李方桂.上古音研究[M].北京:商務印書館,1980:11.
④ 李方桂.上古音研究[M].北京:商務印書館,1980:15.

氏諧聲說還是李氏"聲韻結合"說，都不能成立。前面說過，r不能充當介音，與漢語聲韻性質有違。在漢語裡，所謂介音——傳統音韻學稱作韻頭的，介於聲韻之間，屬於韻母部分。對韻母而言，其作用主要有兩種，一是使洪音細音化，二是使開口韻變成合口韻，能承擔這兩種作用的語音要素的只能是屬於元音性質的i和u（一些學者喜歡用j和w，但與-i-、-u-仍有區別）。由於韻頭屬於韻母部分，這表明它只能作為元音性質的音素，而作為流音的r或l，屬於輔音性質，不能充當介音的角色，因此，r介音不符合傳統音韻學原理，也與漢語事實不符。如果說，漢語中還有一個捲舌介音r，完全是無中生有，擬了一個天外來物。①

很多人喜歡搞漢藏比較，可是沒有去認真研究藏文的音系結構問題。在藏語複輔音聲母中，最常見的有-j、-w、-r、-l四個後置輔音，"兩個半元音-w、-j，兩個流音-r，-l，構成Cw-，Cj-，Cr-，Cl-四種形式的複聲母。"這是《漢藏語概論》的定性。翻閱研究藏緬語的著述，鮮有人把流音-r和-l看作介音，並對介音之說深表懷疑。②因為在漢藏語的對音中，Cr-和Cl-都是用兩個漢字音節對譯，如藏文khri，漢譯"綺立"，klu譯為"矩立"（見上文舉例）。因此，可以判定它們為複輔音結構。苗瑤、侗台語的研究著述也是如此，至少從《漢藏語概論》中還沒有看到有關r介音的表述。

可見，把流音r視為介音，不僅違背漢語事實，也有悖於漢藏比較研究。

事實上，關於二等韻r介音問題，無論是雅洪托夫、李方桂還是鄭張尚芳等都沒有給我們提供令人信服的漢語史的內部證明，那些所謂的證據包括

---

① 從語音系統上看，既然漢語有-r-介音，那就應該還有-l-介音，因為r與l都具有流音的性質，介音中有r而無l，結構上殘缺。為修補這種理論上的缺陷，現在很多人不把它看作介音，而把Cr-、Cl-音型視為複輔音聲母結構，如丁邦新《論上古音帶l-的複聲母》和張世祿、楊劍橋《論上古帶r複輔音聲母》（《復旦大學學報》1986年第5期）等。現在只有極少數人還堅持r介音說。鄭張《上古音系》在這方面是前後矛盾的，一方面把j、w、r、l視為聲母的後置輔音，曰："基本聲母也帶流音r或l，是最常見的複聲母的基本形式。"（頁50）但在第五章韻母部分又把它作為介音加以敘述和討論，而又認為無l-介音的存在。態度頗為騎牆，反映了這個古音構擬體系上一些深層次的問題：雜湊和破碎。

② 參見孫宏開.原始漢藏語中的介音問題［J］.民族語文,2001(6):1-12.

親屬語言的同源詞比較，根本就經不起檢驗，①上面鄭張的比較構擬就是例子。儘管雅氏和李方桂先生等都是"大家"權威，但是在學術研究上，我們只相信真理而不會畏懼權威。

二等韻及其 r 介音說，是漢藏比較構擬說的一個重要理論，這個理論的泡沫一旦被捅破，整個音系構擬就面臨著崩潰。

按照我們的看法，上古聲韻只有洪細之別，沒有四等之分，所有後來四等乃至重紐都是語音發生變異的結果。這既是研究觀念問題，也是方法論問題。人爲地爲上古音構擬四個等次的語音差別並貼上"等"的標籤，所謂二等韻爲 –r–，一四等韻爲 –l–，都是吃力不討好的做法。既然上古聲韻與中古聲韻之間有如此大的區別，中古音的四個等焉能就是上古音的四個等？這是不可能的事情。

現在，我們再回到鄭張先生對同源詞的比較上。我們說，同源詞的比較應該建立在嚴整的語音對應規律上，它至少包含了三個方面的含義：首先是語義上基本吻合一致，符合漢語與藏緬語的歷史事實；第二，語音上在求得相似的情況下，還必須能夠解釋其古今音韻演變規律；第三，這種同源詞的語音是否符合漢語與藏語等語言事實。例如按照第一條標準，"巷"字及村落概念在古老的遊牧民族不可能存在，失去了比較的意義。按照第二條標準，中古漢語的二等韻是否都對應著藏語 Cr– 的複輔音形式，反過來亦如此，藏語 Cr– 音型的詞是否都對應著二等韻？實際上反例太多，根本就不能構成對應關係。相關詞彙和解說可參見白保羅的闡釋。

二、比較的詞語必須在概念指稱上保持一致性

這裡還有個比較的方法問題。爲謹慎起見，我們認爲，同源詞的比較，

---

① 例如潘悟雲提供的漢語史證據：（1）莂 *kra～蘆 *k‧ra；（2）菅 *kran～蓮 *k‧ran；（3）灒 *kren～凍 *k‧rens（《說文》灒也）。例（1）和例（2）是名物詞的異名，例（3）是詞語訓釋，把此等例子看作來母字與二等韻字發生語音關係的證據，荒謬之極！其他人的研究也存在這個問題，不敘。

在充分考慮上古時代人類生產活動等情況下，應當儘量挑選那些意義單一的名物詞進行比較，如天地日月牛羊豬狗雞鴨之類。因爲詞彙意義寬泛或意義抽象，其同義關係的詞語就會非常多，尤其是那些具有領屬關係的詞，如上例中的"河流""山谷""道路"之類，同義詞太多，很容易讓人誤入歧途。此外，動詞和形容詞的比較應當格外謹慎，這類詞語不僅同義詞豐富，還有形態問題，如藏語動詞形態變化紛繁複雜，存在時態、語態（自動或使動）和語氣（祈使、喜愛）等內部曲折變化，由此帶來的前置或尾碼輔音的增損與原詞的差異。① 儘管比較語言學並沒有規定哪一類詞語在比較之列，但一個謹慎的研究者應該考慮這些因素，否則，就會給自己帶來無窮的麻煩，陷入循環論證的境地而缺乏說服力。

但即使是名詞，也要考慮其語義的對應問題，例如在鄭張先生 2005 年的《漢語與親屬語同源根詞及附綴成分比較上的擇對問題》和潘悟雲 2005 年的《對華澳語系假說的若干支持材料》等文章裡，② 其比較構擬就很有問題。最典型的莫過於用侗台語的"鳥"mok 對應漢語的"鶩"*moog，同時用藏語的"鳥"bja 對應漢語的"鳧"*ba。"鳥"是通名，而"鶩""鳧"是專名，兩者根本就不能比較。而鄭張先生的比較原則是："可允許名動名形相轉，大小稱相轉，通名與代表種相轉，相似物、相近部位相變轉等。"如是，凡世界各民族語言的詞彙都可以比較通轉，同源詞的比較渺無涯涘矣！下面是他的舉例：

（1）藏文的"血"khljaag 對漢語"赤"khljaag，對印尼語的"紅"merah；

（2）台語的"汝"mɯŋ 對漢語的"氓、甿"；

（3）藏文 hbri"寫、畫"跟 ri（圖畫、花紋）不對漢語的"筆"，而是對"嫠、理"。

這種荒唐的例子可以隨手拈來。例（1）"血"跟顏色詞攪混，例（2）人與人稱代詞並列。例（3）中嫠是寡婦，竟然可以跟寫字、圖畫糾纏，簡直是

---

① 參見黃布凡.古藏語動詞的形態[J].民族語文,1981(3):1-13.
② 這些文章均刊載于王士元.漢語的祖先[M].李葆嘉,譯.北京:中華書局,2005.

牛頭不對馬嘴！

下面是包擬古影母字的比較構擬，① 漢字後爲原書作者擬音。

漢語	藏語等
縕 *sgùl, *skùl	sgul 移動 /'gul 移動、搖動、攪亂、發抖
夭殀 *sgryel/*skrjew	gyel/sgyel 倒、跌 / 顛覆、殺（馬）
噫 *sgrɨks, *skrɨks	sgegs 打嗝
鞹 *gwrak, *sgwrak	greg 縛 /'grogs 結伴、縛、紮、系 /sgog 縛

以上同源詞的比較無論是語音還是語義都難以構成比較對應關係。

首先從語義上看，左邊漢語的詞基本上是名詞，右邊藏語的詞都是動詞，有時態的變化，且雙方詞義差別很大。（1）漢語的"縕"是麻枲的意思，《說文》"紼也"，《廣韻》文韻"亂麻也"，並無移動之義。（2）"夭"基本意義是"少壯"，《詩經》"桃之夭夭"是也；其次是"彎屈"，《說文》"屈也"。至於"夭亡"之夭，仍是作修飾語用，指少年死亡，後引申出死亡的含義，於是另造"殀"以示區別，所以"殀"是後起字，不可用來比較，《集韻》："殀，少歿也。"（3）噫，《廣韻》之韻"恨聲"，怪韻"噫氣"，實際上都是名詞。（4）鞹，《說文》"佩刀絲也"，包氏注引《莊子》是一個極端的例子，漢魏以前文獻鮮有使用者。同源詞的比較首先必須是語音語義有共同點，然後才談得上"比較"。

第二，退一步說，就算上述漢語四組詞有包擬古所認爲的詞義，但漢藏語雙方都有大量的同義詞。我們無法理解的是：藏文"倒、跌"意義的 gyel/sgyel，其對應的漢語詞就是"夭、殀"，爲什麼不是"跌、倒、蹶"等？又藏緬語族中表示跌倒的詞還有 ɦgril（藏語）、ka31to33（景頗語）、lai（緬語）、ləŋ（阿昌語）、laŋ35（浪速語）、bo55（怒蘇語）、x ɑ 31lol55（格曼僜語）、get（博嘎爾珞巴語）等②。爲何不考慮這些因素？

何九盈先生在談到"親屬"語言比較時指出："人類的音節結構、語

---

① 文章《建立兩者之間關係的若干證據》可參看包擬古.原始漢語與漢藏語［M］.潘悟雲,馮蒸,譯,譯.北京:中華書局,2009:75.

② 以上參見吳安其；漢藏語同源研究［M］.北京:中央民族大學出版社,2002:138,171,134.

231

音形式總是有限的，而各語言的詞彙是極爲豐富的。以豐富的詞彙與有限的音節相對比，即使是兩種根本不同的語言，要找出詞彙上的對應關係，這並不困難，因爲語音形式少則相同之處必然多。所以必須在調查研究時制定嚴格的對比規則，而且對用來進行對比的語言的發展歷史、分化過程作出必要的多方面的（考古學、人類學等）論證。"所言肯綮，"嚴格的對比規則"和"歷史論證"，才是比較構擬的基礎，否則，一切都是飄浮之物和影響之説。

三、古音構擬必須符合漢語事實

通觀包擬古等人的古音構擬，完全是從藏緬語出發，于漢語事實全然不顧。本文不能一一批駁之，僅能以影母擬音説之。按照包擬古的説法，原始漢藏語的 *sk- 音型發展爲中古的精組齒音系列和喉音系列，影母字即在其中。其曰："我跟李方桂一樣都傾向於 *sk- 變爲中古漢語的 s-。實際上，歷史比較法的證據非常有力地説明藏語中的 sg- 跟 sk- 都對應於中古漢語的 ʔ（按即影母的擬音）。"然而驗證之下，其"證據"根本就不能成立。

一般認爲，《切韻》中的影母字是零聲母字，周秦時代也應該有零聲母的字，因爲世界上任何一種語言都有以元音開頭的音節，即使是現代藏緬語也有零聲母開頭的詞語，如羌語中納木義語 $a^{55}po^{33}$（哥哥）、$\varepsilon^{55}n\varepsilon^{55}$（母親）、爾蘇語 $a^{55}m\varepsilon^{55}$（什麽）、道孚語 atɕhə（什麽）。① 白保羅《漢藏語言概論》所附詞彙表裏也有很多這樣的詞語，在俞敏先生等研究梵漢對譯的著作裏，也可以看到梵文中很多元音開頭的音節詞，如漢魏時期的梵漢對音詞：aranya（漢譯"阿蘭若"）、arhan（漢譯"阿羅漢"）、indra（漢譯"因陀羅"）等。② 這些是顯在的語言事實，漢語中難道就没有這樣的音節？在秦漢時期歷史文獻中，一些漢語對音詞都是零聲母字，如《漢書》中"安息"對音 arsak，

---

① 以上羌語的例子取自馬學良.漢藏語概論：下册［M］.北京：北京大學出版社，1991:271,289.
②《梵漢對音與古漢語的語流音變問題》一文可參看施向東.音史尋幽［M］.天津：南開大學出版社,2009:139.

"烏桓"對音 avars,"安蔡"對音 aorsi,"焉耆"對音 argi,① 都是影母字對譯元音起首的音節。這些對音來自兩千年前,其可信度遠勝於今天的藏語。王力先生《漢語語音史》等著作堅持影母的上古音爲零聲母,是符合漢語歷史語音的。鄭張批評王力影母構擬是"混淆清濁之大界",② 恐有失於"淺陋"。聲母有清濁,元音豈有清濁之對立(影母以元音開頭),實在讓人大惑不解。至於鄭張和潘悟雲將影母改爲小舌音 q-,③ 同樣是脫離漢語事實,於包擬古也是一百步之笑。

再看潘悟雲的研究。潘氏爲了說明精系字"子"的上古音形態,用來比較的詞語不惜拐彎抹角。

"子"*splɯ,與"李"*b.lɯ 諧聲,同根詞有"育"*lǔk,"胞"*pru。可比較藏文的 phru(子宮)、rog(胞衣)、bu(兒子),白土壯語的 lɯk⁸(兒子)buk⁸(繈褓)、rug⁸(胞衣)。

先撇開語音對應不說,以上除了藏語和壯語的"兒子"與漢語"子"有意義上的一致外,其它"子宮""胞衣""繈褓"等都不能成立。"子宮"是子宮,④"胞衣"是胞衣,"兒子"是兒子。漢語的"子"不直接對藏語的"兒子"bu,卻通過二等字"胞"pru 來傳遞,如此"拐彎抹角",實在有點滑稽。根據白保羅的研究,表示"兒子"或"孩子"的詞根形式爲 za 或 tsa,侄子(女)爲 tsha。這些詞語的語音形式還恰好與漢語"子"相對應,可是這些學者爲了遷就其精系 *spl- 的古音構擬,就不惜從藏語、壯語中找了些聲母爲 p- 或 r- 的詞比附。這種比較構擬,用白一平的話說:破壞了"遊戲規則",

---

① 相關歷史考證文字參閱馮承鈞.西域地名[M].北京:中華書局,1982;岑仲勉.漢書西域傳校釋[M].北京:中華書局,1979.按漢語對音規律,-r 在音節末尾時,漢語一般以 -n 對譯,處於音節之首時則以 l- 對音。
② 王力《漢語史稿》修訂本影母由 ʔ 改 ○,鄭張《上古音系》轉述後注曰:"按影母爲全清,元音開首則屬濁,此舉混淆清濁之大界。不妥。"此後鄭張多次表述了這個觀點。
③ 潘說見於潘悟雲.喉音考[J].民族語文,1997(5):10-24.其著《漢語歷史音韻學》亦有論述。
④ 據《藏緬語語音和詞彙》,藏語 phru gu 一音是孩童的意思,而不是子宮。潘氏沿襲包擬古的錯誤。包氏爲證明二等韻有 -r 介音,就以藏文 phru-ma(子宮)對應漢語的胞 *pru/pau。

頗有作弊行爲。①

此外，據鄭張《上古音系》提供的資料，兒子的語音形式還有 sras（第 98 頁），可是它與潘氏"子"音 *spl 畢竟有點距離，所以不可取。而令人質疑的是，既然漢語與藏語、壯語同源，表示兒子（或子女）的三個詞的語音爲何相差如此巨大？藏語爲 bu，壯語爲 lɯk⁸，漢語古音爲 spl，無論如何都並不"相似"且扯不到一起！

其次是語音對應，漢語"子"*splɯ 是三合輔音連綴的音節，所列舉的藏文和壯語的詞語中，除了藏文"子宫"是二合複輔音外，其它都是單聲母詞，且聲母的發音部位也不一致，或唇音 b-、p-，或流音 r-、l-，有的還有輔音韻尾，且元音也不一樣。讀者從這些親屬語言的比較中實在難以看出"子"的上古音是 *splɯ。② 把這些在語音上毫不相干的詞類聚在一起，令人啼笑皆非。比較規則，何來之有！

至於音系構擬，其中問題就更加嚴重。

按照李方桂、包擬古等人的研究，《切韻》中的精系字上古音是帶 s- 冠音的複輔音結構，有所謂 st-、sk-、sp- 型，如李方桂造 *skhəgwh，修 *stjəgw；潘悟雲、鄭張尚芳等認爲還應該有流音後綴，即 skl- 或 skr- 等。如潘悟雲論證接 *sklep，蒜 *sqlons，並進而推論莊組字也是 s- 冠音詞頭：*skr- 〉莊，*skhr- 〉初，*sgr- 〉崇，sr- 〉山。然而，根據考古發掘和中外歷史文獻，中外對音詞的精系字都是單輔音結構。例如 cina 一詞，指稱周時的秦國，已爲學界所公認。此詞屢見於梵文文獻，據饒宗頤考證，它最早出現於公元前 4 世紀的梵文《國事論》中。③ 可見"cina"當指秦穆公稱霸西戎

---

① 白一平.親緣性強於偶然性：古漢語與藏緬語的概率比較［M］//王士元.漢語的祖先.李葆嘉，譯.北京：中華書局,2005:143-144.

② 我們還要指出潘先生擬音上的毛病：既然認爲來母字爲 r-，而"李"字卻爲 *b.lɯ，按其體例應爲 *b.rɯ；依照諧聲關係，則"子"也應該被擬爲 *sprɯ。其全書音系構擬中漏洞甚多，不勝枚舉。

③ 饒宗頤.蜀布與 Cinapatta［M］//饒宗頤.梵學集.上海：上海古籍出版社,1993:230.按，此詞的域外對音詞還可參閱下列文獻：伯希和的《支那名稱之起源》參見馮承鈞.西域南海史地考證譯叢第一卷第一編［M］.北京：商務印書館,1962:36-48.希臘語文獻參見戈岱司.希臘拉丁作家遠東古文獻輯錄［M］.耿升，譯.北京：中華書局.1987.

的"秦"（前659-621）。又古代中國在公元前4世紀的希臘文獻中屢稱"賽裡斯"或"絲國"，實際上就是中國絲綢（絲）的音譯，一般拼寫作 seres（複數），英語、瑞典丹麥語、俄語等歐洲語表絲綢的 silk 即源於此（在詞的拼寫上略有不同）。英人斯坦因在《西域考古記》中屢屢提及這個詞，"絲國"拼寫作 serike，絲織品則拼寫作 seric。[1] 又如20世紀初新疆出土的佉盧文材料有 kosava 一詞（意爲毛毯編織物），它實際上就是中國古書中的"氍毹"，也就是《尚書·禹貢》中的"渠搜"，《漢書·地理志》中的"渠叟"，爲西域古國名，以生產皮毛物而獲此國名，和中國被歐洲人稱爲賽裡斯一樣。又有"師比"（匈奴人的金屬帶鉤），或稱"犀比""胥紕""鮮卑"等，這個詞早見於《戰國策》中，《史記》《漢書》等均有記載，實際上就是匈奴語 serbi 的對音詞，這個詞伯希和和白鳥庫吉等均有考證。[2] 這樣的例子很多，不勝枚舉。這些字皆爲精莊系字，在對音上都是單輔音，且年代很早。比如《禹貢》，按照王國維對兩周金文的考證，其成書應當在西周時期。[3] 也就說，至少在公元前800年前後的周宣王時代，齒音系列 ts-、tsh-、dz-、s- 等就已經存在，此後數千年來一直存在於漢語的各個歷史階段之中。如此看來，將精系字擬爲 sk- 之類的複輔音，于古無據，斷斷不可取。無論是哪家構擬，都是一個荒謬絕倫的錯誤！

四、用來比較的漢語詞義必須是固有的

前面的討論已涉及同源詞的內容，下面再討論梅祖麟的同源詞比較。

梅氏在他那篇頗爲自負的文章《漢藏語的"歲、越"、"還（旋）、圜"及其相關問題》（刊載於《中國語文》1992年第5期）中討論了漢語"歲、越"與藏語的同源詞關係。梅氏從"歲"字甲骨文作"戉"形出發（實際上只是

---

[1] 可參閱斯坦因.西域考古記[M].向達,譯.北京:中華書局,1935.尤見第二章等內容。
[2] 參見羅常培.語言與文化[M].北京:語文出版社,1989:21.
[3] 王國維.古史新證[M].長沙:湖南人民出版社,2010:3.文物公盨銘文亦可印證,參見李零.論燹公盨發現的意義[J].中國歷史文物,2006(6):35–45.

形似而已），認爲現在的"歲"從戌得聲，與"越"爲同源詞，因爲《釋名》有"歲越也"之說。因此，他認爲漢語的"歲"*skwrjats 與藏文行走意義的 skyod-pa 爲同源詞。然而，細繹之下，梅氏之說根本就不能成立。

首先，"歲"作越過的意義並非本義，《釋名》聲訓只是一種描寫，並非該詞的本義所在，這從全書訓釋體例中可以說明。如卷一《釋天》："日實也，光明盛實也。月缺也，滿則缺也。年進也，進而前也。歲越也，越故限也。"如果我們認爲"日"有"實"義，"月"有"缺"義，"年"有"進"義，豈不大錯特錯，這是對訓詁學的無知！再則，我們還必須有文獻依據，在現存的歷史文獻中包括甲骨文和金文，"歲"字從沒有"越過"的意義，這最能說明問題。既然"歲"無此意義，就很難和"越"字扯在一起互爲"同源詞"。

再考察藏緬語系，在年歲意義上，藏文爲 lo，羌語為 pə，景頗語為 niŋ[33]。現在需要考察的是：在這些藏緬語中，表示年歲的詞是否也有"行走"的意思？梅氏在文中以印歐語的年歲詞爲例，如英語的 year 和德語的 jahr，它們也來自"行走"意思的詞根（to pass, to go），以此說明："這種語義的演變正和漢藏語中的語義相同。"然而，梅氏在文中根本就沒有討論藏緬語中的年歲詞是否也有這種詞義的演變。

在音系構擬上，梅氏一方面採用了李方桂的古音構擬，另一方面又破壞其例。按照李方桂的理論，r 介音只出現在二等韻和章組聲母中，而"歲""越"均爲三等字，不應該有 r- 介音。但梅氏卻有理由：（1）龔煌城證明喻母三等字爲 *gwrj-，故"越"上古音爲 *gwrjat。（2）既然"歲""越"同源，故"歲"爲 *skwrjats。（3）根據龔氏研究，喻三對應藏語詞都是 gr- 的複輔音，如漢語"羽" *gwjagx：藏 sgro（翎翮），"芋" *gwjags：藏 gro-ma（甘薯），"援" *gwjans：藏 grol（解脫、解開），故喻三爲 *gwrj-。

請注意，梅氏論證實際上是一個循環論證，這無須再解析；其次音系構擬上，前面說過，將精系構擬成 sk- 或 skr- 型，不管是誰家的構擬都是一個荒謬絕倫的錯誤；再檢閱龔煌城那篇文章，其說頗有問題。

龔氏在《從漢藏語的比較看上古漢語若干聲母的擬測》一文中，① 關於喻三與藏語的比較中實際上只列有六個詞："於（往）、芋、羽、友、胃、援"（原文沒有"越"字），從這僅有的六個詞的比較中就能說明喻三爲 *gwrj-？令人懷疑。譬如漢魏時期的梵漢對音，喻三和匣母對音的都是 v-，不存在對音 gr- 的情況。② 漢魏距《詩經》古音時代很近，語音不可能發生如此大的變化。況且"越南"一詞現在還拼寫作 Vietnam，難道就沒有一點歷史語音的遺跡？且龔氏在藏語詞的選擇上也存在很大的隨意性，爲什麼藏語 gr- 對應的都是喻母三等字呢？有無例外？至少在一點上作者沒有交代清楚，於是我們無須從其他地方找出反例，文中材料即是，藏語以 gr- 開頭的詞語既對應喻母三等，又對應匣母二等，更多的是對應來母字，沒有一個准的。平心而論，龔先生在藏語等少數民族語言的研究上造詣深厚，但在漢藏同源詞的歷史比較上卻有點捉襟見肘。所作比較大多從假定的上古漢語音系出發去尋找同源詞，而漢語上古音構擬又一切服從藏語，藏語是什麼聲母，漢語上古音就是什麼聲母，然後循環論證——整個研究的論證思路基本上如此。如該文中先假定漢語"聯連"古音爲 *gljan，然後從藏語找出 gral（行列、排、繩索）這樣一個詞，於是相互印證。但是在藏語中表示聯繫的詞很多，如 fibrel（聯繫）、sdep（連接）等，我們看不出作者選擇 gral 這樣一個詞的理由。與此相聯繫的是在詞語的比對上擇焉不精，如上文提及的漢語"羽"對應藏語的翎翮；"芋"對應藏語甘薯，"援"對應藏語"解脫、解開"，嚴格地說，這三組詞語的比對都是有缺陷的，從語義上說，"羽"與"翎翮"是有差別的，"芋"與"甘薯"是兩種植物，而"援"與"解脫"的語義就相差甚遠。與其說藏語詞 grol 對應漢語"援"，還不如說對應"解"，二等字，古音爲 *krigx（李方桂擬音），可惜又不能說明喻三問題。儘管如此，龔氏錯誤與其他人相比仍有本質區別，東街買來雜碎，西街買來辣椒調料，然後加以燴炒，叫賣於路人，梅氏研究與此類似。

---

① 龔煌城. 藏語研究論文集 [M]. 北京：北京大學出版社, 2004:31-47.
② 俞敏《後漢三國梵漢對音譜》一文，參見俞敏. 俞敏語言學論文集 [M]. 北京：商務印書館, 1999:1-62.

在此，筆者還要指出的是，甲骨文和金文中的"歲"與"戉"具有不同的字形，徐中舒主編的《甲骨文字典》等所謂"歲戉古本一字"之說，很值得懷疑，且學界對此的解釋尚有分歧。①作爲斧鉞的字在甲骨金文中有"歲""戉""戊""戌"等，它們形體雖然相似但不完全一樣，點畫出入還是很大。所言"歲""戉"異體或"歲"（歳）從戉得聲，均不可取。不從語音出發，僅憑形體相似就以爲古文字"歲""戉"有異體或形聲關係，照此類推，"歲"與"戊""戌"之間或"戉""戌"之間，都有異體或形聲關係，這種猜測令人懷疑。

五、餘論

從上述四位學者的研究看，音系構擬與同源詞的比較都存在嚴重缺陷。他們並沒有從嚴格的語音對應規律和漢語事實出發，而是從親屬語言音系特徵出發，預設古音條件，然後在親屬語言中尋找類義詞，循環論證，同源詞的比較實際上蛻變爲同義詞的隨意挑選。

正如郭錫良先生所指出的，存在嚴重的"音隔"、"義隔"和"類隔"現象。②

就比較方法而言，梅耶在著作中反復提醒我們："有規則的對應"和"語音對應的規律性"。例如，《切韻》音系中入聲韻 –p、–t、–k 三大韻類與陽聲韻的對應非常整齊，上溯到《詩經》時代，三大入聲韻的分開押韻也非常明顯，可以說明它的系統性。如果再旁觀藏緬語族，譬如以漢語收 –k 尾的詞族爲參照，它是否也呈現了這樣有規律性和系統性的語音演變？梅耶警告說："研究一種古代語言或近代語言的詞源學家，如果把所要解釋的詞都先驗地看成原有的，就會常常陷入錯誤。"③

然而觀看一些學者的比較研究，大多是從自己虛擬的古音出發，缺乏嚴

---

① 參見于省吾.甲骨文字詁林［M］.北京：中華書局,1996:2394-2406.
② 郭錫良.音韻問題答梅祖麟［J］.古漢語研究,2003(3):2-17.
③ 梅耶.歷史語言學中的比較方法［M］.岑麒祥,譯.北京：世界圖書出版公司,2008:37.

格的語音對應關係，更缺乏漢藏語的"歷史論證"。或時代太晚，不能說明"原始"問題；或各取所須，音系混亂，矛盾百出，乃至各家異詞。對此，龔煌城先生也深有感概："翻開最近學者所提出的漢藏同源詞，也仍會發現竟然是南轅北轍，彼此之間差異很大，而這正是阻礙漢藏語比較研究進步的最大阻力。"① 可惜的是，龔先生身在廬山之中，或許並不明白造成這種分歧的真正原因是什麼。其實，這都導源于漢藏語同源假說，而這種假說並未得到科學論證，其譜系關係及其歷史範圍，在學術界內部也是分歧很大，以此進行同源詞的比較和古音構擬，本身就充滿危險性和不確定性。加之"華澳"語系是一個非常龐大的語言族群，大大小小好幾百種，假如漢語有一百種親屬語言，就會有一百種不同類型的同源詞構擬。白保羅的構擬肯定跟李方桂的不一樣，而李方桂的又肯定與沙加爾的不一樣，而沙加爾的肯定與斯塔夫斯基的不一樣。錯誤的觀念必然導致錯誤的研究，錯誤的研究必然導致錯誤的結論。大路多岐而亡羊，有何怪乎？

其次，在音系構擬上，他們構擬的那一套複雜的上古漢語複輔音聲母系統，根本就不符合漢語聲韻特徵和歷史事實，在他們的構擬中，漢語上古音系變成了一堆隨意擺設的音標遊戲——破碎、雜亂，毫無系統可言。二等韻 r 介音問題，帶流音 r 和 l 的複輔音問題，影母的構擬問題，精系字的 skr- 聲母問題等，都是從想像出發，從一個不確定的漢藏語系加以推衍，在一種錯誤的比較下而得出的一個錯誤的音系，一切的構擬都近乎猜想。儘管他們很努力，並爲此做了大量的研究工作，但觀念認識上的偏差和方法論的缺陷，南轅北轍，只能離期待的目標越走越遠，最後的結果也只能是瞎子摸象，各家異詞。

歷史上朱熹有《詩經》叶音說，影響了元明清好幾百年，其錯誤沒有人敢懷疑，即使有疑者也不敢說，因爲程朱理學之下，誰也不願背冒天下之大不韙而被周圍人詬病，更何況還要保住自己的飯碗和前途。於是更多的是曲意回護，信守不疑，寧可束書不觀，高談玄理，也不要去輕易議論前賢是非；

---

① 龔煌城.藏語研究論文集［M］.北京：北京大學出版社,2004：自序.

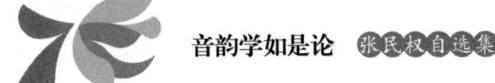

寧可抱殘守缺，也不願創新發展。就這樣，迷信陰霾了真理，盲從代替了思辨，這是社會的悲哀，也是一個歷史時代的悲哀。當滿清人進入山海關，鐵蹄最終踏碎明朝人的金陵春夢之後，人們才突然驚醒到心學的禍烈，可惜爲時已晚，於是埋頭於實學的研究。顧炎武高舉經學救國的旗幟，以五十年後必有知我者的信念，專心於歷史文獻與漢語古音的研究，唱言古詩無叶音說，重新解釋《詩》《易》協韻，以"古音"代替"叶音"，以離析唐韻之舉措破除宋人古韻通轉之體例，大刀闊斧，新的古音觀念和古音體系才得以重新建立，而朱熹《詩經》叶音說的堤防也由此潰決。

當今，我們也需要這樣一種思想的革命，才能衝破舊思想舊體系的束縛，新的研究觀念和研究方法才能夠建立起來。學術上沒有權威，只有真理——沒有永恆的真理，只有天地時變，否定之否定！

唐宋韻書研究

唐吳彩鸞寫本唐韻版本形態叢考*

歷史上有仙女吳彩鸞書寫唐韻的傳奇故事，唐代裴鉶《傳奇》、宋代無名氏《宣和書譜》、曾慥《類說》和祝穆《古今事文類聚》等都有載述。傳說彩鸞隱居鐘陵（今南昌）西山，唐文宗太和中（827—835）與書生文蕭相遇而成夫妻。爲生計所迫，遂每日抄寫《唐韻》賣錢度日。十年後，夫妻雙雙跨虎成仙，離開人間。其後其抄本韻書廣傳天下。故自宋元以來，人們將那些流傳下來的唐寫本韻書都視爲吳彩鸞抄寫本。今故宮博物院就藏有兩種比較完整的所謂吳彩鸞寫本《唐韻》，一爲明人項元汴後跋本，一爲明初宋濂後跋本。此外民間還有蔣斧藏唐韻，亦將之稱爲吳彩鸞寫本唐韻。這些寫本在歷史文獻中都有它們的版本形態和收藏信息記載。今天，我們無須也沒有必要去一一辯證它的真實性，歷史上有無其人可另當別論（關於這個傳說的歷史真實性問題，筆者另有研究），但我們可以通過這些歷史文獻的記載，研究唐代韻書版本方面的問題，諸如裝幀、書體以及不同版本的韻書編撰等，這些又與唐代書籍版印史的發展密切相關；進而可以從中研究《切韻》到《廣韻》之間的韻書傳承關係，並可與出土文獻材料相互印證。這些研究，無論是從文化史還是從漢語史的角度去看，都是非常必要的。下面稍事考證，敷衍成篇，以呈正於方家。

這裡需要說明的是，所謂吳彩鸞寫本韻書，其實都是唐代韻書。"吳彩鸞

---

* 本文原載於《中國典籍文化論叢》2013年第1期，收入本書時，略有刪改，並補錄了若干幀韻書圖片。

韻書"實際上成爲唐代寫本韻書的代名詞，故本文借用這一名稱以行其文，幸勿深究其情實。近數十年來出土唐代韻書殘卷甚多，其音系及版本形態等不在本文敘述討論之列，本文僅以文獻載記"吳彩鸞韻書"爲出發點，研究唐代寫本韻書的版本形態及其音韻學史問題。

一、吳彩鸞——唐代寫本韻書的終結與雕版韻書的興起

在討論此問題以前，有必要敘述一下唐代刻板印書興盛的時代問題，因爲它與傳說中的吳彩鸞寫本韻書的興衰有著密切的關係。

根據歷史文獻和現代學者的研究，隋唐以前，雕板印書還沒有出現，書籍複製仍以抄寫爲主。唐中葉以後，雖有雕板印刷，但主要用於佛經或曆書的刻寫，如唐懿宗咸通九年（868）刻印的《金剛經》即其中之一，這是有明確印刷年代的敦煌出土文獻資料，而儒家經典"九經"之類，事涉科舉取士，不許私刻。至唐末五代，九經的官方雕板印刷才真正開始。《資治通鑒》記曰："自唐末以來，所在學校廢絕，蜀毋昭裔出私財百萬營學館，且請刻板印九經，蜀主從之。由是蜀中文學復盛。"又言："初，唐明宗之世，宰相馮道、李愚請令判國子監田敏校正九經，刻板印賣，朝廷從之。丁巳，板成獻之。由是雖亂世，九經傳佈甚廣。"[①] 是可見九經刻印由政府掌管，不許私刻。儘管史書記載刻寫九經事在後唐長興三年（932），然而自唐末以來，並經喪亂，禁令鬆弛，在此之前必有私刻九經及韻書字書之類者，否則就不會有官方"刻板印賣"事，且韻書字書等不在九經之列，雖爲經學附庸，但無"經學"之實名，禁止與否恐怕是片灰色地帶。據宋無名氏《愛日齋叢抄》，柳玭《家訓序》曾言自己在唐僖宗中和三年（881）於蜀地書肆中見"字書小學，率雕板印紙"。故宋葉夢得《石林燕語》辯證曰："世言雕板印書始馮道，此不然，但監本五經板道爲之爾。柳玭訓序言其在蜀時，嘗閱書肆，云字書小學，

---

① 參見《通鑒》卷二九一《後周紀》廣順三年六月條，詳見 1987 年上海古籍出版社影印清刻本（下冊）的 2022 頁。王溥《五代會要》（卷八）、王欽若《冊府元龜》（卷六〇八）等均有此類事情記載。

率雕板印紙，則唐固有之矣。"（卷八）①

儘管此時刻本不如後代之精②，但中國書籍的板印事業正方興未艾，而書籍的抄寫時代將悄然隱去。因此，至少在唐末五代時，刻板韻書已經出現，今敦煌出土的文獻中即有刻印的韻書殘卷，如編號爲"伯2014""伯2015"等殘葉就是。③入宋以後，所謂吳彩鸞抄寫的唐韻，則漸成歷史故物，故宋人見此類寫本韻書格外珍重，加上書法的精緻，人們完全有理由將這些寫本韻書視爲仙品，目爲仙女吳彩鸞所書，而非凡人所能爲。

實際上，在吳彩鸞與文蕭的愛情悲劇故事中即隱含了這樣一個非常重要的歷史信息，那就是唐代寫本書籍的衰落與雕版印刷書籍的興起。根據曾慥《類說》轉敘的文蕭傳奇故事，吳彩鸞與文蕭跨虎成仙離開人間的時間點在"會昌初"，亦即唐武宗李炎在位時期（841—846），與唐懿宗咸通年間刻印《金剛經》的時間吻合。可以說，吳彩鸞抄寫唐韻的傳奇故事，正是中國印刷史上的一個重要關節點。這是迄今爲止，研究中國印刷史的學者們未曾注意到的一段重要歷史材料，詳見下面討論。

二、唐代寫本韻書與書籍的裝幀問題

寫本書籍與雕板印刷的書籍在裝幀形式上是不同的。雕板印刷受板材的限制，且每板大小一致，這樣每個板葉大小整齊，很容易裝訂成現在的冊葉式。但寫本書籍不同，隨著造紙術的發明和推廣，紙本書籍逐漸代替了簡帛書籍，其裝幀形式在簡冊的形式上一般採用卷軸形式，即將單片有字的紙葉糊褙在一長托厚皮紙或布帛上，然後在兩端裝上木軸和絲帶及牙籤（有的簡裝形式則沒有軸木等），以便收卷，類似于今天的書本裝裱。根據敦煌出土的文獻，這種卷軸一般由十余張紙粘成（每張紙幅寬約一尺，長二尺），卷軸的長度有

---

① 清文淵閣四庫全書本。以下古文獻多取自本叢書，有疑誤者則參校他本，不煩出注。
② 魏了翁序毛居正《六經正誤》曾言："五季而後，鏤版翻印，經籍之傳雖廣，而點畫義訓，謬誤自若。"
③ 參見周祖謨．唐五代韻書集存下冊[M]．北京：中華書局，1983．

的達二三十尺①。但這只是唐中葉以前的事,唐中葉以後,書籍的裝幀形式開始向冊葉式發展。這期間過渡的形式就是所謂的"旋風裝",又名"龍鱗裝"(見圖1、圖2)。而宋人所言吳彩鸞《唐韻》者,正採用了這種裝幀形式。

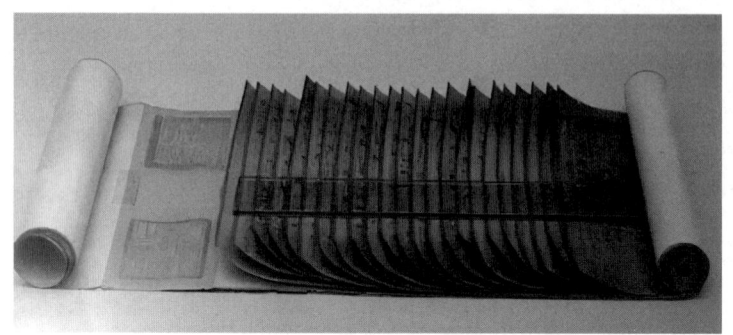

圖1　王仁昫《刊謬補缺切韻》(宋跋本),所謂旋風裝,故宮博物院藏

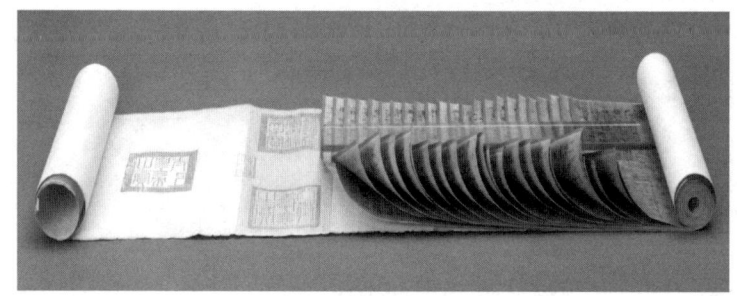

圖2　旋風裝卷起狀態,更像龍鱗蝴蝶

前面說過,在雕版印刷之前,書籍的裝幀主要是卷軸裝,然後有旋風裝、經折裝等,稍後隨著雕版印刷術的發明和普及,便有了包背裝和線裝等冊葉式裝幀。宋代,雕板印刷非常普及,不僅公家刻印書籍,私家刻印也成風尚,更有經管此業的刻書作坊遍及南北各地。由於刻印的書籍以冊葉裝訂爲主,因此,宋代人看見唐人這種寫本韻書時總是要加以辨別或說明。

據傳世文獻,歐陽修《歸田錄》是較早辨別唐人這種寫本韻書的著作之

---

① 參見錢存訓《紙的性質與演變》。錢存訓.中國紙和印刷文化史[M].桂林:廣西師範大學出版社,2004:45.

一。該書卷下辯"葉子格"曰：

　　葉子格者，自唐中世以後有之。說者云因人有姓葉號葉子青者撰此格，因以爲名。此說非也。唐人藏書皆作卷軸，其後有葉子，其制似今策子。凡文字有備檢用者，卷軸難數卷舒，故以葉子寫之，如吳彩鸞《唐韻》、李郃《彩選》之類是也。

　　歐陽修將"葉子"產生的時代及其原因表述得非常清楚。這種"葉子格"其實就是旋風裝，因爲是散葉，對卷軸而言，故爲"葉子"。所謂的旋風裝，就是將散葉按一定的距離粘連在卷軸上，舒卷之後鱗次櫛比，便於翻閱和保存。今北京故宮博物院所藏《王仁昫刊謬補缺切韻》（宋跋本王韻）就採用這種裝幀形式，所謂"鱗次相積，皆留紙縫"，這是中國唯一保留至今的旋風裝韻書書籍①。有人認爲，法國巴黎圖書館所藏的唐寫本《王仁昫刊謬補缺切韻》殘卷，其裝幀形式也是所謂旋風裝②。從文獻記載看，這種旋風裝書籍一般爲字書等工具書，就像歐陽修所說的"凡文字有備檢用者，卷軸難數卷舒，故以葉子寫之"。程大昌《演繁露》"葉子"條考曰："古書皆卷，至唐始爲葉子，今書冊也。"又曰："古書不以簡策縑帛，皆爲卷軸，至唐始爲葉子，今書冊也。然古竹牒已用疊簡爲名，顧唐始以縑紙卷軸改爲冊葉耳。"③

　　宋人文獻中言及"吳彩鸞唐韻"者，均可見此種寫本韻書爲"葉子"格式。如黃庭堅《山谷別集》卷十一《跋張持義所藏吳彩鸞唐韻》："右仙人吳

---

① 關於旋風裝的形式，一些學者有不同的看法。如周韶良認爲：依我的看法，所謂"旋風葉，應該是指梵夾的包背裝"。周韶良.書籍形成的過程——略談梵夾本的產生[J].文史知識,1986(11):95-98.本文不取。參見李致忠《古書版本學概論》第六章《古書的裝幀》相關部分內容。李致忠.古書版本學概論[M].北京：北京圖書館出版社,1990.
② 參見杜偉生.從敦煌遺書的裝幀談"旋風裝"[J].文獻,1997(3):181-189,289.但有人指出此非旋風裝，而是後人裱糊托紙如此。其殘卷實爲周祖謨《唐五代韻書集存》收錄的敦煌遺書"王一"。對比之，實爲同一種韻書。上海古籍出版社1995年出版的《法國國家圖書館藏敦煌西域文獻》第一冊中完整收錄了此文獻的各頁影印版時間比杜先生見到這件文獻的時間（1996）還早了近一年。
③ 程大昌《演繁露》卷十和卷十五"葉子"條。四庫全書本。

彩鸞書孫愐《唐韻》，凡三十七葉，此唐人所謂葉子者也。按彩鸞隱居在鐘陵西山下，所書唐韻民間多有，餘所見凡六本。此一本二十九葉，彩鸞書；其八葉，後人所補，氣韻肥濁不相入也。"又張邦基《墨莊漫錄》卷三："裴鉶《傳奇》載成都古仙人吳彩鸞善書小字，嘗書《唐韻》鬻之。……今世間所傳《唐韻》猶有，皆旋風葉。字畫清勁，人家往往有之。"這裡明確地提到了"旋風葉"的這種裝幀名稱。

據文獻記載及故宮唐韻寫本，這種葉子書籍一般是兩片紙粘成一葉，面背俱音。因此，黃庭堅所言"二十九葉"者實際上是五十八面（有時首尾兩紙有單面音寫現象）。宋劉辰翁《須溪集》卷四《紫極宮寫韻軒記》："凡吳氏唐韻皆反復作葉子書，朱墨分部，精楷宛麗，開玩如新。近年猶數本尚存，世人不能效也。"

這種旋風裝寫本韻書被後人稱爲"龍鱗楷韻"。元人王惲《秋澗集》卷九十四《玉堂嘉話》有一段記載文字："吳彩鸞龍鱗楷韻後柳誠懸題云：'吳彩鸞，世傳謫仙也。一夕書《廣韻》一部，即鬻於市，人不測其意。稔聞此說，罕見其書。數載勤求，方獲斯本。觀其神全氣古，筆力遒勁，出於自然，非古今學人可及也。'時泰和九年九月十五日題其冊。共五十四葉，鱗次相積，皆留紙縫（原注：天寶八載制）。"這段文字除了告訴我們這種寫本韻書的裝幀特點外，還告訴了我們一些重要的歷史信息：

1. 大書法家柳公權（字誠懸）竟然在這種韻書上有題跋文字，而且明確地提到了吳彩鸞，說明吳彩鸞書寫唐韻的故事在柳公權（778—865）時代已廣泛流傳，且早于裴鉶《傳奇》，泰和九年即唐文宗太和九年（835）。可見吳彩鸞故事在民間還有一個版本。①

---

① 本則材料可以訂正文學史上一個重要的結論：即文蕭與彩鸞的傳奇故事不始於裴鉶《傳奇》。裴鉶生平活動主要是在唐僖宗時期（874—887）。據宋計敏夫《唐詩紀事》卷六十七："裴鉶，乾符五年（878）以御史大夫爲成都節度副使。"其著《傳奇》也應當是在此間。明胡應麟《少室山房筆叢》卷二十五："裴晚唐人，高駢幕客，以駢好神仙故撰此以惑之。"而高駢爲乾符中進士第，僖宗光啟三年（887）爲部將畢師鐸所殺。如此，則柳公權生前不可能看到裴鉶《傳奇》，也就是說，在裴鉶之前，吳彩鸞書寫唐韻的故事就在民間廣爲流傳。

2. 在晚唐時代，有將唐韻稱作《廣韻》者。宋張淏《雲谷雜記》就記載自孫愐作《唐韻》後，"又有《廣唐韻》五卷，不知撰人名氏"（卷二）。

3. 作爲一種合理的推測，晚唐時期可能有刻本韻書行世，柳公權不僅僅是出於對此類韻書的書法喜愛而收藏，更是因爲此類刻本韻書的裝幀形式而認爲此類寫本韻書彌足珍貴。又據故宮本唐韻宋濂跋語，宋濂在東觀見到了兩本柳公權題識的吳彩鸞韻書，"第所多者，柳公權題識耳"。可惜，柳公權題識的韻書未流傳於今而塵封土埋矣。

近讀上海古籍出版社 2006 年 1 月出版的李致忠先生《古代版印通論》，該書第三章《唐代的版印概況》提到，唐懿宗咸通六年（865）以前劍南西川刻印佛經、字書、韻書事。日本僧人宗睿于咸通三年來中國，三年後即咸通六年回日本，帶去經卷、曆書、字書、韻書 134 部，其中有"西川印子《唐韻》一部五卷，同印子《玉篇》一部三十卷。"由此可以證明本人的推論是正確的，也就是說，在吳彩鸞所處的唐武宗會昌年間，一定有刻本韻書在江南地區廣爲流傳。如果這個推論是正確的話，那麼，柳公權唐文宗太和九年（835）題寫"吳彩鸞《廣韻》"寫本時，就已經有了刻本韻書，只是我們還沒有發現相關文獻記載而已。試想，如果當時沒有刻本韻書，社會上流行的都是抄本韻書，人們就不會對"吳彩鸞"寫本韻書感興趣，因此這種興趣的出現不完全是其書法美觀的原因。所以，討論文蕭夫婦"仙逝"的原因，是雕板印書業衝擊古老的抄書業，使得文蕭夫婦漸漸失去生活依靠而面臨窘迫境地，猶如現代工業衝擊傳統作坊業一樣。筆者于此研究潛心有年，方悟此仙道傳奇中的愛情悲劇所隱含的現實意義，從而爲寫本韻書的衰替與板刻韻書的興起找到了一個恰當的時代交接點。

清代錢曾在藏書家季振宜處見到的也是這種旋風葉韻書，《讀書敏求記》卷三"雲煙過眼錄"條言曰："《錄》云：焦達卿有吳彩鸞書《切韻》一卷，其書一先爲二十三先二十四仙。相傳彩鸞所書韻散落人間者甚多，予從延陵季氏曾睹其真跡，一先仍作一先，與達卿所藏者異。逐頁翻看，輾轉至末，仍合爲一卷。張邦基《墨莊漫錄》云旋風葉者即此。真曠代之奇寶！"① 在下永譽《式古堂書畫匯考》所收"唐女仙吳彩鸞楷書四聲韻帖"中，即有季父寓

---

① 參加錢曾. 讀書敏求記 [M]. 北京：商務印書館, 1936.

庸（字因是）收藏印章"揚州季因是收藏印"和"季氏寓庸"等，[1]後來錢大昕也看到這本韻書[2]。

三、唐代寫本韻書與書籍的紙質和書體問題

據文獻記載和敦煌出土文獻，唐人書寫用紙一般爲楮紙和麻紙等，其造紙原料也就是楮樹皮和大麻等。楮紙和麻紙使用較早，晉代已見使用，一直沿用至唐。清《御定佩文齋書畫譜》卷九十二所載歷代名貼，皆說明其紙質。如："唐太師顔真卿《乞米帖》：右真跡，楮紙""唐中書令褚遂良《枯木賦》：右唐粉蠟紙搨書也""陳僧智永《千文》半卷：右黄麻紙，唐人臨書"。這種紙視需要和用途等還可被進一步加工，如加膠和染潢等。其中有一種特別加工的紙叫"硬黄紙"。而宋人所言吳彩鸞韻書大多是用這數種紙書寫的。這是一種紙質較好，專門被用於抄寫重要書籍或臨摹法帖的紙張。

我們知道，韻書是科舉及平日作詩用韻的備檢參考書，格外重要。所以人們抄寫時，一般會用質地較好的紙抄寫，其中之一就是"硬黄"紙。虞集《道園學古錄》卷三十八《寫韻軒記》曰："予昔在圖書之府及好事之家，往往有其所寫唐韻，凡見三四本，皆硬黄書之，紙素芳潔，介面精整，結字遒麗，神氣清明，豈凡俗之所可能者哉！要皆人間之奇玩也。"這種紙的特點是：以黄檗和蠟塗染，質地堅硬而瑩澤透明，利於久藏，可以用於抄寫經書及重要典籍。宋趙希鵠《洞天清錄》"硬黄紙"條曰："硬黄紙，唐人用以書經。染以黄檗，取其辟蠹，以其紙如漿澤瑩而滑，故善書者多取以作字。今世所有二王真跡或有硬黄紙，皆唐人仿書，非真跡也。"此貼，蔡絛《鐵圍山叢談》可證，曰："吾以宣和歲癸卯當得見其目（權按，指内府所藏書畫），若唐人用硬黄臨二王貼至三千八百餘幅。"（卷五）王惲《秋澗集》卷九十四《玉堂嘉話》

---

[1] 姜亮夫《吳彩鸞書切韻事辨及其徵信錄》參見姜亮夫.敦煌學前文集[M].上海：上海古籍出版社，1982:722.
[2] 參見柳岳梅，許全勝.潛研堂文集外編[J].中國典籍與文化，2003(2):34-38.今有《錢大昕行書錄語軸》書帖藏故宫博物院，書帖時間爲乾隆五十九年（1794）。

亦可取證，曰："褚遂良臨《黃庭》；南唐昇元三年（939）裝補，紙則硬黃。"又引蘇東坡跋智永禪師臨右軍貼云："予觀秘閣墨蹟，皆唐人硬黃臨本。"而吳彩鸞《唐韻》用硬黃紙書寫，足見抄書主人對韻書的重視。

從書法字體看，唐人寫本韻書多爲楷書，不僅宋元人記錄如此，傳世至今的幾種寫本韻書所見均如此（敦煌出土的韻書殘卷同）。宋人趙彥衛則認爲，唐人書寫多以楷書爲主。《雲麓漫抄》卷五考證曰：

> 唐人書皆有楷法。今得唐碑雖無書人姓氏，往往可觀。說者以爲唐以書判試選人，故人競學書，理或然。國朝亦重楷法，如歐陽永叔、蔡君謨諸公是也。自蘇、黃、米一洗翰墨蹊徑，而行書多矣。

考史志文獻，唐時科目中有書判拔萃一科，如《新唐書·陸贄傳》："陸贄字敬輿，蘇州嘉興人。十八第進士，中博學宏辭。……以書判拔萃補渭南尉。"又《柳公綽傳》："（柳）玭以明經補秘書正字，由書判拔萃累轉左補闕。"唐國子監中"六學"，其中之一就是"書學"。《玉海》考曰：《會要》：初置弘文館，選貴臣子弟有性識者爲學生，內出書法，命之令學。又人間有善書者追召入館。才數年間，海內風從。"（卷四十五）可見唐人對書學的重視，趙彥衛所言"唐以書判試選人"，確有其事。

根據宋元以來書畫藝術家的評價和現存故物看，這些寫本韻書具有很高的書法藝術價值，人們贊譽它"字畫清勁"（《墨莊漫錄》），"界畫精整，結字遒麗，神氣清明"（虞集《寫韻軒記》），又說它"朱墨分部，精楷宛麗，開玩如新"（劉辰翁《寫韻軒記》），柳公權則斷言："非古今學人可及也。"這些書法作品如此精美以至於人們認爲其非世人所能屬，如《宣和書譜》："《唐韻》字畫雖小，而寬綽有餘，全不類世人筆，當於仙品中別有一種風氣。"故譽之爲"神品"或"仙品"。今幸有故宮博物院所藏宋跋本王韻和項跋本王韻存世，玩賞故物，古人贊譽之語並不過分。尤其是項跋本王韻，堪稱書法作品中的瑰寶（見圖3）。

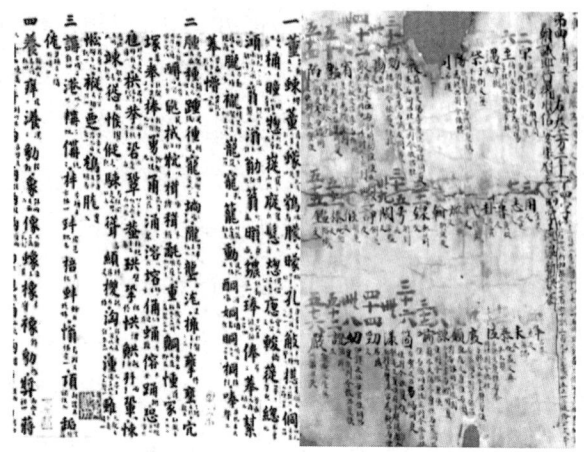

圖 3 《刊謬補缺切韻》二種圖版：1. 項跋本（王二），2. 敦煌殘卷（王一）①

從圖版中可以依稀看出，項跋本每個韻目都朱筆題寫，敦煌殘卷則每個韻部序號數字一二三四之類朱筆編號，宋跋本每個大韻目朱筆提頓外，卷內每個小韻書目數字也用朱筆標注。三種王韻中，王二王三文字非常精楷，王一稍遜之，於此可以理解古人所云"朱墨分部，精楷宛麗，開玩如新"。

四、世傳吳彩鸞寫本韻書的編撰體制問題

宋時唐人寫本韻書甚多，並非都是吳彩鸞書寫，而宋人所言吳彩鸞《唐韻》並非一種本子，它實除上涵蓋了陸法言《切韻》在唐代的各種修訂本，而非僅指後來孫愐增修的《唐韻》。對此，我們無須苛求古人。

我們知道，陸法言《切韻》行世後，至唐世時有增修，今《廣韻》之前已列數家，諸如長孫訥言箋注本、王仁昫刊謬補缺本、裴務齊正字本、孫愐增修本（號爲《唐韻》）等②，又有李舟、王存乂、義雲等諸家《切韻》。唐人蘇

---

① 因版面擁擠，宋跋本王韻三，圖片缺載。
② 宋張淏《雲谷雜記》又稱：自孫愐作《唐韻》後，"又有《廣唐韻》五卷，不知撰人名氏。……本朝太平興國中，嘗詔句中正等詳定。書成，號《淳熙廣韻》。景德中又詔陳彭年以《廣唐韻》等重新校定，大中祥符元年改爲《大宋重修廣韻》"（卷二）。按，夏竦《古文四聲韻》採用的就是《廣唐韻》音系。

強《蘇氏演義》云："洎孫愐等論音韻者二十餘家，皆以法言爲首出。"（卷上）足可見當時以《切韻》爲藍本的韻書之多。這些韻書除"刊謬"之外，主要是"補缺"，其內容不外乎增字增訓增韻及改易韻目次序等。今從宋元以來題跋出發，以《廣韻》爲參照，考察文獻所謂吳彩鸞寫本韻書的性質和編撰問題。

（一）小韻字數較少且注文簡略的唐代早期《切韻》箋注本

反映當時韻書小韻字數不同的題跋文字是樓鑰《題汪季路家藏吳彩鸞唐韻後》（《攻媿集》卷五）。該文辯證彩鸞寫本韻書爲陸法言之《切韻》，最爲有見。錄之於下。

> 隋開皇初，陸法言與劉儀同等八人論具音韻，燭下握筆，略記綱紀，至仁壽元年始成《切韻》五卷。比之前人《韻集》《韻略》《音譜》等書，已不群矣。後有郭知玄等九人各有增加，惟天寶十載孫愐《唐韻》最著。今世所行《廣韻》，則皇朝景德祥符重修，遂至二萬六千一百九十四言，而《集韻》又在其後也。今以《廣韻》較彩鸞所書，東有十七而此本止三字，同有四十五而此止十九，公有十三而此止于八，蒙有二十七而此止於十二。注文亦多不全。況法言及愐二序，今該立于《唐韻》之前。彩鸞所書既名曰《切韻》，又首書法言之序，則其爲法言之《切韻》明矣。傳記已誤曰孫愐《唐韻》，今亦多以三書爲一，或至謂《廣韻》爲《唐韻》而彩鸞能書之，是皆非也。且五篇其四皆於其首書凡若干韻，而于上聲獨闕。序中辛得源偶言旁有闕文，後人遽以柬字足之爲諫議非也，蓋諮議云。（四庫全書本）

根據樓鑰所記原書東韻部分小韻的數目及其它一些情況，可知汪季路所藏唐人寫本韻書是較早的陸法言《切韻》傳抄本。今故宮博物院所藏宋跋本王韻，東韻東小韻二字，同小韻22字，公小韻9字，蒙小韻17字；又以項跋本王韻較之，東爲二加二，同爲十六加六，公爲八加一，蒙爲十一加五，均與樓氏所見不符。唯與敦煌出土的長孫訥言箋注本殘卷（斯二〇五五，王國維抄第二種）相似：東二，同十八，公七，蒙十一加一。小韻數目的多寡，可間接地反映韻書遞修情況。可見此本子早于王仁昫刊謬補缺《切韻》本，很有可能是長孫訥言箋注本系列（原書著作于高宗儀鳳二年，677 年）。此本韻書的抄寫年代，樓氏題詩略有反映，言曰："寧知遂經謫仙手，諱字曾關民與基。"可知抄本大致在唐玄宗之時。

（二）反映韻次、韻數與今韻不同的王仁昫刊謬補缺《切韻》系韻書

清代毛奇齡《韻學要指》談到了吳彩鸞《唐韻》的韻部、韻次及韻數與今韻不同。其曰：

> 近書畫家有宣和御藏吳彩鸞手書《唐韻》，舊凡見兩本，各與《切韻》諸部俱不合（權按，清人言《切韻》者往往指《廣韻》）。大約平上去三聲各少三部，入聲少二部，共少十一部，合得一百九十五部。豈《切韻》《唐韻》原自如此，而宋人始增之者與？但宋魏了翁有云：《唐韻》無上平下平之分，二十八刪二十九山之後即繼以三十先三十一仙，較之《廣韻》二十七刪二十八山即已不同。今彩鸞《唐韻》又有上下平之分，且上平少二部（少十八諄二十六桓），爲二十五刪二十六山，與了翁所稱《唐韻》又復不合，何也？又唐初顏元孫有《干祿字書》，其於平聲則列覃談在陽唐之前，蒸登在鹽添之後，上去二聲亦然。今彩鸞《唐韻》正與相同。（卷二）[①]

根據毛奇齡所敘，此二種吳彩鸞寫本韻書除分卷不同外，其韻次及韻數與故宮藏宋跋本基本相同：宋跋本平聲不分卷，二十五刪二十六山之後次以二十七先二十八仙，韻數 195，與《廣韻》比較，少平上去諄准稕、桓緩換、戈果過九韻，入聲少術末二韻。毛奇齡所見韻書當如此。毛奇齡所言覃談在

---

① 毛奇齡《韻學要指》，清康熙辛未（1691）李天馥序刻《西河合集》本。

陽唐之前和蒸登在鹽添之後，與宋跋本同，當屬《王仁昫刊謬補缺切韻》系列。另外，清人閻若璩也見過此類吳彩鸞韻書，但僅言韻次與魏了翁所見韻書不同，其他不詳。①

（三）增設韻部、注明部敘聲韻清濁的晚唐韻書

魏了翁《鶴山集》卷五十六《吳彩鸞唐韻後序》一文，談到了當時所見寫本韻書在分韻立目上的不同。錄之於下：

> 《韻略》之得名，蓋謂音韻各有畛略也。韻字從音從員，略字從田從各，皆一形一聲，茲其大端矣。是書號《唐韻》，與今世所謂《韻略》皆後人不知而作者也。然其部敘於一東下注云德紅反，濁，滿口聲，自此至三十四乏皆然。於二十八刪二十九山之後繼之以三十先三十一仙，上聲去聲亦然。則其聲音之道，區分之方，隱然見於述作之表也。今之爲韻者，既不載聲調之清濁，而平聲輒分上下，自以一先二仙爲下平之首，不知先字蓋自真字而來，學者由之不知而隨聲雷同，古人造端立意之本失矣。此書別出齋字爲一部②，注云："陸與齊同，今別。"然則今韻從陸本，疑此本爲是。今韻置覃談於侵後，升蒸登於青後，以古語三字叶今，男字叶音，徵字叶禎，父字叶兵，疑今書爲是。今書又升藥鐸于麥陌昔之前，置職德於錫緝之間，古語白爲薄，宅爲度，烏爲鵲，石爲勺，錫緝與職德聲爲最近。蓋創始者多闊疏，而因仍者易精密。此皆爲學者之所當知，而舉世不之問也。餘得此本于巴州使君王清父，相傳以爲吳彩鸞所書，雖無明據，然結字茂美，編裹用葉子樣，此爲唐人所書無疑。其音韻雖與《易》《書》《詩》《左氏傳》及二漢以前不盡合，然世俗承用既久，姑就其間而詳其是否焉。若夫孫愐叔文較之，今本

---

① 《困學紀聞注》卷八韻學注釋曰："若璩按，曾親見吳彩鸞所著《唐韻》，次第較鶴山亦不合。"
② 四部叢刊本《鶴山集》本文"齋"字作"栘欂"二字。

亦有增加書字處，要皆以此本屬正。（四庫全書本）

魏氏所言"今書"指《廣韻》。比較之下，魏氏所見該本韻書有如下不同：

1. 韻目部敘後注明聲韻之清濁："然其部敘於一東下注云德紅反，濁，滿口聲，自此至三十四乏皆然。"

2. 因韻部增加而使得韻目數次不同："於二十八刪二十九山之後繼之以三十先三十一仙，上聲去聲亦然。"（因別出齌字爲一部而使刪山二韻後退一位。）

3. 此書別出齌字爲一部，注云："陸與齊同，今別。"

4. 韻目及韻字在編排上先後次序不同，所謂"今韻置覃談於侵後，升蒸登於青後""今書又升藥鐸于麥陌昔之前，置職德於錫緝之間"等，皆就原書與今韻對比而言。考唐顏元孫《干祿字書》，覃談二韻列于麻後陽前，蒸登二韻列於添後咸前，夏竦《古文四聲韻》同。夏竦書序目云本自《唐切韻》，蓋魏了翁所見韻書亦如此，此《唐韻》原來部敘，參見上述毛奇齡言論。

就第一個特點而言，考之今日傳世文獻，尚未有在韻目部敘後注明聲調之清濁者。就第二個特點而言，當時韻書平聲韻目上下不分開計數者甚多，如故宮藏宋跋本王韻即如此，但順序不是"三十先三十一仙"，而是"二十七先二十八仙"，因王韻桓韻、諄韻未析出，故此。大概此書寒韻已分出桓韻，真韻中再分出諄韻，又齊韻中"別出齌字爲一部"，故其順序有"三十先三十一仙"者。桓韻、諄韻析出者，見於蔣斧本增修《唐韻》，而從齊韻中"別出齌字爲一部"者則見於夏竦《古文四聲韻》，夏書名曰"栘"韻，列在齊韻之後。又新疆吐魯番出土的韻書殘葉，存寒桓二韻，而桓韻次序爲二十七，因此，周祖謨先生推測，其中當有"栘"韻一部，與魏了翁所見及夏竦《古文四聲韻》同[①]。韻目及韻字在編排上與《廣韻》先後次序不同，是唐五代韻書的共同特點，如覃談二韻不在侵之後，而在陽唐前；蒸登二韻不

---

① 參見周祖謨.唐五代韻書集存下冊［M］.北京：中華書局，1983:944.

在清青之後，而在鹽添與咸銜之間等。此書當爲唐五代時《唐韻》增修本。

在吳彩鸞寫本韻書中，還可見另外一種本子，其特點是先仙二韻的數次是"廿三先廿四仙"。如宋周密《雲煙過眼錄》卷一"鮮于伯機樞所藏"條："彩鸞書《切韻》一本，其書一先爲廿三先廿四仙，不可曉。字畫尤古。"又如元陸友仁《研北雜誌》卷下："宇文廷臣文孫家有吳彩鸞《玉篇鈔》，今世所見者《唐韻》耳。其書一先爲廿三先爲廿四仙，不可曉。"這種韻書一直流傳到清代，王士幀《香祖筆記》卷十二記載："會稽女子商婉人能詩，工楷法，嘗仿吳彩鸞寫《唐韻》作廿三先廿四仙。武林沈芳爲題絕句云：簪花舊格自嫣然，顆顆明珠貫作編。始識彩鸞真韻本，廿三廿四是先仙。"今臺灣故宮博物院所藏項跋本裴務齊正字本，雖韻目次序與《切韻》系韻書大不一樣，其先仙的位置仍是廿六廿七（見圖4）。

以上只是從歷史文獻上考知唐代一些韻書的內容和版本情況，然而，正如俗話所說，百聞不如一見，要知道更多的具體內容，只有等到歷史原物的再現。

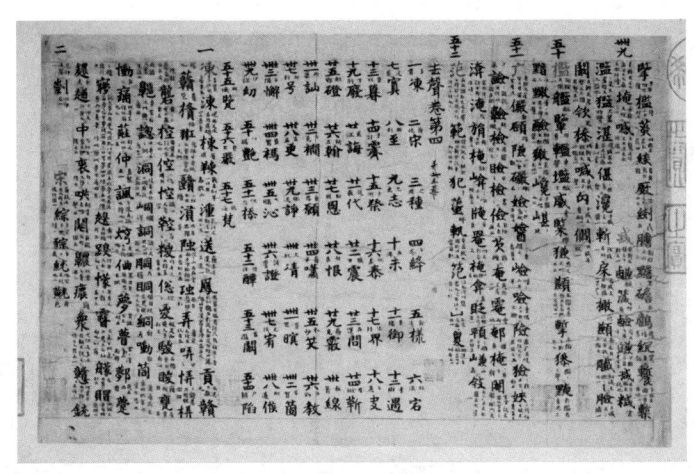

圖4　項跋本《刊謬補缺切韻》[①]

[①] 注意其韻部次序和韻目等與宋跋本多有異同。如去聲項跋本前四韻一凍二宋三種四絳，而宋跋本爲一送二宋三用四降（絳）。項跋本韻目充分注意到韻目聲調四聲一貫問題，所謂東董凍屋。按宋跋本韻目四降字應是絳字誤寫，韻內小韻首字爲絳，古巷反。

五、傳世吳彩鸞寫本韻書的收藏信息與版本性質問題

世傳吳彩鸞寫本韻書流傳至今者大致有兩類，一類是故宮博物院所藏王仁昫刊謬補缺《切韻》兩種，一類是散落民間的孫愐《唐韻》增修本和傳抄本兩種，所謂蔣斧本和《式古堂書畫匯考》本，但後一種本子僅存傳抄下來的孫愐《唐韻》序。敘述如下。

（一）故宮藏唐人寫本韻書的歷史流傳情況

故宮藏唐人寫本韻書凡兩種，一種題作王仁昫刊謬補缺《切韻》，書後有宋濂跋語，簡稱宋跋本王韻；另一種除題有王仁昫刊謬補缺外，尚題有長孫訥言注和裴務齊正字，書後有明人項元汴跋語，簡稱項跋本王韻。此二書舊題並曰"唐吳彩鸞書唐韻"，實際上它們是兩種不同性質的韻書。這兩種本子都曾經宋內府收藏，後輾轉流傳而入清廷內府。其間流傳和收藏情況，可從清人《石渠寶笈》的記載以及二書的收藏圖書印章中看出一二。

1. 宋跋本王韻

宋跋本王韻是唐本韻書流傳至今唯一一部完整無缺的韻書。關於此書的性質及寫本情況，周祖謨先生介紹頗詳，曰："全書共二十四葉，以兩紙合爲一葉，除第一葉外，都是兩面書寫，一共四十七面，每面三十五行，或三十六行。原書最初當爲冊子本，後改作'龍鱗裝'，每葉相去約一公分，錯疊鱗比，裝爲一卷，既便於翻閱，又便於舒卷。每面有朱絲欄，書法端正，一絲不苟，有顏真卿筆意。韻目數次和每紐字數都用朱書。書中用雌黃點定的地方，年久大都脫落，凡是沾染過雌黃的，紙色都特別烏暗。此書由宋至清一直藏於帝王內府，清《石渠寶笈》有著錄，名爲《唐吳彩鸞書唐韻》。書尾有明洪武間宋濂跋語。"[①] 此書有影印本行世，書末有唐蘭先生跋語。後周祖

---

① 參見周祖謨.唐五代韻書集存下冊[M].北京：中華書局，1983：885.以上宋跋本介紹與李致忠《古書"旋風裝"考辨》相同。見李致忠.古書"旋風裝"考辨[J].文物,1981(2):75-78.

謨先生收之于他的《唐五代韻書集存》中。

《石渠寶笈》，清張照、梁詩正奉敕編撰，成書於乾隆十年（1745），主要著錄內府收藏的各種歷史書畫名帖等。其記錄宋跋本王韻收藏情況頗詳，不敘。此轉錄宋濂跋語如下：

> 右吳彩鸞所書《刊謬補缺切韻》，宋徽廟用泥金題籤，而前後七印俱完，裝潢之精，亦出於宣和內匠，其屬真跡無疑。餘舊於東觀見二本，紙墨與之正同，第所多者柳公權之題識爾。誠希世之珍哉！翰林學士承旨金華宋濂記。

宋跋本《王韻》在語言學史上有著非常重要的文獻學價值。

首先，從文獻學來說，它從實物上提供了宋人所記載的唐寫本韻書的形態特徵：紙質、書寫字體及書寫方式、紙本書籍的裝幀方式等。如從紙質上看，它用的是素箋紙，兩紙合成一葉，反覆書寫；從書寫字體及書寫方式看，楷書，其韻目數次和每紐字數都用朱書，文字需要修改的地方，"用雌黃點定"。"雌黃"是一種類似於雄黃的有毒礦物質，可以用於殺蟲防蠹。對書籍而言，它有兩種用途：經過研磨成粉末，加以樹膠，以水調和成汁液之後，塗刷在紙本書上以防蠹蛀；或是將誤寫之字塗改掉，因爲紙色是黃的，也就是沈括《夢溪筆談》所言"雌黃改字"之法[①]。從裝幀形式上看，它採用旋風裝或言龍鱗裝。"旋風裝"是什麽？過去學術界曾有不同看法，如今此寫本韻書則給我們提供了實物佐證，許多懸談不辯自明。無論此本韻書的裝幀形式是唐人所爲還是後來宋內府裝裱工匠所爲，都不妨礙學界對"旋風裝"本身特點的討論。

其次，從版本學看，此寫本韻書上的收藏印章及鑒定跋語等，使我們看到此韻書的流傳有緒。

---

① 《夢溪筆談》卷一《故事》："館閣新書淨本有誤書處，以雌黃塗之。嘗校改字之法：刮洗則傷紙，紙貼之又易脫；粉金則字不沒，塗數遍方能漫滅。唯雌黃一漫則滅，仍久而不脫。古人謂之鉛黃，蓋用之有素矣。"

最後，更重要的是音韻學史的研究價值。從韻書的沿革和發展來看，王仁昫刊謬補缺《切韻》是陸法言《切韻》系韻書中的重要一種，而流傳下來的極少，更何況它是一本完整無缺的韻書，其學術價值就不言而喻了。根據對出土文獻等實物的研究，王韻流傳至今的僅有三種，除本種韻書外，尚有敦煌出土的編號爲"伯二〇一一"的寫本殘卷；另一種就是項跋本王韻（見下），但此本不純粹是王韻，它綜合了長孫訥言箋注本的特點修纂而成，因此它實際上是以王韻爲基礎的綜合本，且殘缺不全。因此，唯有此本韻書最純最全。此書卷首有王仁昫序和陸法言序，唐蘭先生根據序中"大唐龍興"等文字並結合書中避諱字情況，考定王仁昫寫作此書的年代是唐中宗神龍二年（706）[①]。唐蘭先生的考定得到了周祖謨先生的進一步論證。[②] 王韻雖名曰"刊謬補缺"，但主要工作是補缺，據周祖謨先生研究，書中明顯指出陸法言錯誤者僅有十幾處，而更多是在做增字增訓的工作。然而，此書最大的價值，恐怕是平上去入四聲韻目下保留了陸法言有關六朝人分韻立目的小注，如平聲二冬韻下注曰："都宗反。無上聲。陽與鐘江同韻，呂、夏侯別。今依呂、夏侯。"六脂下注曰："旨夷反。呂、夏侯與之微大亂雜，陽、李、杜別。今依陽、李、杜。"其中，"陽"指陽休之、"呂"指呂靜，"夏侯"爲夏侯該，"李"指李季節，"杜"指杜臺卿。陸法言著《切韻》時充分參考了諸家韻書的長處，《切韻》序曰："呂靜《韻集》、夏侯該《韻略》、陽休之《韻略》、李季節《音譜》、杜臺卿《韻略》等，各有乖互。江東取韻，與河北複殊。"這些小注是我們今天研究六朝人韻書的一個重要線索。

2. 項跋本王韻

此寫本共三十八葉，冊葉裝。全書共五卷，殘缺不全，平聲上聲缺佚甚多，去聲入聲完整無缺。書前有宋內府藏書"宣和""韶興"圖印，書後有明人項元汴萬曆壬午年（1582）跋語，題作"唐女仙吳彩鸞小楷書四聲韻"。此書有唐蘭先生寫印本和延光室據原物影照本。周祖謨先生《唐五代韻書集存》

[①] 參見 1947 年故宮博物院影印本唐蘭先生後跋。
[②] 參見《問學集》上冊《王仁昫切韻著作時代釋疑》及《唐五代韻書集存下冊》考釋部分。

內收錄影照本，並有詳細考釋文字。

此寫本書法遒勁，字體秀麗，爲項元汴家藏珍本，全書幾乎每葉都有項氏各種鑒賞印章，足見主人對此書的珍愛程度。項氏爲明代著名的收藏鑒賞家，浙江嘉興人，生活於明代中葉嘉靖至萬曆年間（生卒於嘉靖四年至萬曆十八年，1525—1590）。據《大清一統志》："項元汴，字子京，嘉興人，自號墨林居士。工繪事，精於鑒賞，其所（收藏）法書名畫，極一時之盛。以天籟閣、項墨林印記識之。"（卷二二一）薑韶書《韻石齋筆談》卷下"項墨林收藏"條："項元汴墨林，生嘉靖隆慶之世，資力雄贍，享素封之樂，出其緒餘，購求法書名畫及鼎彝奇器，三吳珍秘，歸之如流。……百餘年來，嘉禾被燹，項氏累世之藏，盡爲千夫長汪六水所掠，蕩然無遺。"朱彝尊有詩云："墨林遺宅道南存，詞客留題尚在門。天籟圖書今已盡，紫茄白莧種諸孫。"時代滄桑，令人感慨。

《石渠寶笈》卷二十八於該書收藏情況記載頗爲詳覈，今節錄數段文字以見收藏著錄書籍的著述體例，並借作本文對該寫本韻書的介紹。其曰：

> 唐吳彩鸞書《唐韻》一冊，素箋，烏絲欄本，楷書。並原序二則。上朱書署"王仁昫序、長孫序"七字，無款姓氏見跋中。凡三十八幅。第一幅有宣和、韶興、乾卦三璽，又神品、天籟閣長字、賢志堂印、子孫永保、項墨林父秘笈之印、項元汴印、墨林山人諸印；又半印二，存山人、世昌四字，又邊幅有圖史自娛一印；第二幅有墨林父、平生真賞、墨林三印；第三幅有墨林秘玩、項子京家珍藏、項墨林父秘笈之印三印……第三十八幅有乾卦、御書、廣仁殿、政和諸璽，又墨林秘玩印二，又子京所藏、張粦生父記、子孫永保、子京所藏、退密、墨林山人、子孫世昌、賢志主人、項子京家珍藏、項墨林鑒賞章、檇李項氏世家寶玩、神品、天籟閣、項墨林父秘笈之印，項叔子、張羽鈞諸印。

凡古人收藏圖印款式、題跋和原物大小尺寸等，介紹得清清楚楚。蓋古人文章涉及書畫收藏時，其文例須如此。

從這些印章跋記中可看出此寫本韻書流傳有緒。其中"宣和""紹興"、"乾卦"並宋內府印章，"乾卦"爲宋高宗內府印記。據周密《齊東野語》，宋紹興御府所藏書畫，其圖印款式一般是先有乾卦印、希世印和紹興印等（卷六《紹興御府書畫式》）。"神品""平生真賞"等爲米芾鑒定印章，餘者絕大部分爲項氏收藏印章，諸如"天籟閣""墨林秘玩""退密"等。

此韻書卷首題王仁昫刊謬補缺、長孫訥言箋注、裴務齊正字。此書性質，周祖謨先生認爲，"可能是裴務齊之流參合長孫和王仁昫兩家書纂修而成"，並兼及其他韻書，"爲《刊謬補缺切韻》系統中另一種韻書"①。此書學術界稱之爲"王二"（敦煌卷子本爲"王一"，宋跋本王韻爲"王三"）。此書在韻目名稱、次序以及反切、韻字歸韻和注釋等方面均與宋跋本王韻有所不同，其中透露了當時一些實際語音變化的信息（如陽唐二韻置於四江之後，說明當時的江韻字讀與陽唐二韻同），是我們研究唐代實際語音的重要歷史文獻。

（二）蔣斧本唐韻殘卷與卞永譽《式古堂書畫匯考》所載唐韻問題

此二書均爲宋內府收藏，元以後歸鮮于樞所有，入明後屬陸完所得，萬曆年間由項元汴收藏，清以後流入民間，現不知其下落。

1. 蔣斧本唐韻殘卷

原書僅存去聲入聲兩卷，且有殘缺。此書亦爲項元汴家藏，清末（1908）爲吳縣蔣斧在北京所得。後來上海有影印本，但流傳不廣。現在原物不知流落何處，今見於周祖謨《唐五代韻書集存》影印。據周祖謨先生介紹：此書爲葉子本，兩卷共存四十四葉，每葉二十三行，有烏絲欄，字體方正謹嚴，書法與虞世南所書《孔子廟堂碑》接近。書中"旦"避唐睿宗諱，"豫"字避代宗諱，而代宗以下帝名不避諱，由此可推知此書原抄寫于代宗之時。此書于去聲殘葉前有"天籟閣""長宜子孫""項叔子""御府圖書"諸印，第二十一葉之去聲末有"柯氏敬仲""檇李項氏世家寶玩"圓印，入聲韻目首葉

---

① 《王仁昫切韻著作時代釋疑》一文參見周祖謨. 問學集：上冊［M］. 北京：中華書局，1966.

有"鮮于""項元汴印""項子京家珍藏"諸印。據介詔,原書內尚有"宣和"一印,[①] 今漫漶而模糊(見圖5)。

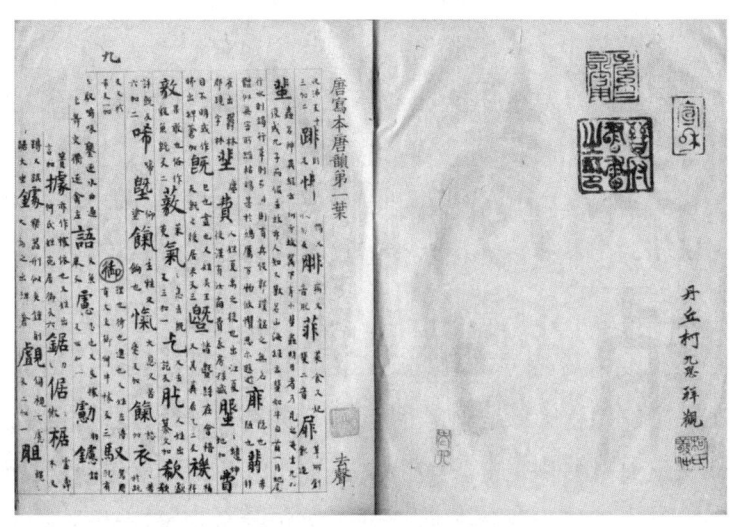

圖5 蔣斧本《唐韻》寫本殘卷,上有元柯九思簽名及其名章:"柯氏敬仲"

"鮮于"即鮮于樞(1257—1302),字伯機,號困學民,又號寄直老人,元初漁陽(今屬北京)人。官太常寺典簿。工書畫,善鑒定法書名畫古器玩物等,其文望與趙孟頫相伯仲。尤善行草,曾手編《草韻》,今不傳,著有《困學齋雜錄》行世。今傳世名作有楷書《老子道德經卷》和行草書《杜工部行次昭陵詩》等(二物均藏故宮博物院)。明汪砢玉《珊瑚網》卷二十二所載鮮于樞所藏書畫名貼甚多。柯氏名九思(1290—1343),字敬仲,號丹丘生,元初台州仙居人,博學能文,善書畫,尤工墨竹,精鑒古。初以父蔭補華亭尉不就,文宗即位,為置奎章閣,授學士院鑒賞博士。凡內府所藏書畫,皆命其鑒定。為言者所忌[②],流寓吳中而病卒,年五十四歲。

明張丑《清河書畫舫》曾言及此本韻書的收藏問題,卷五上"吳彩鸞小楷切韻"條言曰:"項氏寶藏吳彩鸞正書唐韻全部,原系鮮于伯幾故物,後爲

---

① 《王仁昫切韻著作時代釋疑》一文參見周祖謨.問學集:上冊[M].北京:中華書局,1966.
② 《元史·文宗本紀四》:"御史臺臣言……又奎章閣鑒書博士柯九思,性非純良,行極矯譎,挾其末技,趣附權門,請罷黜之。"

陸太宰全卿所購，名跡也。雖字細僅若蠅頭，而位置寬綽有餘，全不類世人行筆，當於仙品中求之乃得。"

張丑文中所言"陸太宰全卿"者，即明人陸完（1458—1526），字全卿，明蘇州長洲（今蘇州）人，舉成化二十三年（1487）進士，歷官御史、江西按使等，正德十五年（1520）坐交通寧王宸濠罪而下獄，充軍福建靖海衛，卒於戍所。

此書性質，王國維和周祖謨先生均考定爲孫愐《唐韻》的一種增修本。此書韻次與宋跋本王韻相同，但韻數有異，由原書去入聲可以推知，原書多出諄准稕、桓緩換、戈果過和術曷十一韻，即真韻、寒韻和歌韻等分出合口呼字，上去二聲及入聲相同，但凡嚴二韻仍未分開。去聲末有五十九梵韻，而釅韻即在其中，原書大致有204韻，與《廣韻》206韻已非常接近。另外，此書在反切、又音和注釋方面與宋跋本王韻也有所不同。近代曹元忠以爲，此寫本可能就是《雲煙過眼錄》所言鮮于樞所藏吳彩鸞唐韻本，至於韻次是否爲"廿三先廿四仙"，則無從考定[①]。

2.《式古堂書畫匯考》唐韻寫本

此書今下落不明，清人卞永譽《式古堂書畫匯考》卷八載其目及該書每卷韻數和相關說明文字等，題曰"唐女仙吳彩鸞楷書四聲韻帖"。注曰："徽宗御書箋題韻帖，共六十葉，每葉面背俱書，帖內小字自注，各有項氏印。不錄。"可知原書屬葉子本。注文以下錄孫愐《唐韻序》，然後記錄每卷韻數和葉子數。是書五卷，平聲分上下，平上去入四聲凡195韻。此錄卞氏記載如下：

唐韻卷第一，平聲五十〔四〕，平聲上廿六韻，計一十二葉；

唐韻卷第二，平聲下廿八韻，計一十一葉；

唐韻卷第三，上聲五十二韻，計一十一葉；

唐韻卷第四，去聲五十七韻，計一十一葉；

---

① 曹元忠《唐吳彩鸞寫本切韻跋》參見曹元忠.箋經室所見宋元書題跋［M］.南京：江蘇省立圖書館出版,1940:11.

唐韻卷第五，入聲三十二韻，計一十五葉。

書後有抄寫年月："《唐韻》一部，元和九年正月三日寫，吳王本。"（按元和爲唐憲宗年號，時 814 年）之後有柯九思的審定文字，曰："右女仙吳彩鸞書《唐韻》真跡。彩鸞之事，備載書史。小字能寬綽，此仙之妙於書也。况得五聲俱全，尤爲可寶。奎章閣學士院鑒書博士柯九思審定。"此書明時由項元汴收藏，後流落藏書家泰興人季寓庸（季振宜父）家，書中有項氏題識及其印章等，又有季寓庸和季氏之孫季應召印章數枚。

此書爲孫愐《唐韻》傳抄本，書前有孫愐序文，卞氏全文錄寫。此序寶貴之處是與今之《廣韻》所錄孫氏《唐韻序》不一樣，它只有《廣韻》所錄序的前半部分，無"又有元青子吉成子"以下至"天寶十載"一大段文字。據此，王國維認爲，《唐韻》有開元初撰本和天寶重定本兩種[①]。周祖謨先生則結合蔣斧本《唐韻》的內容，從當時州縣建制與序文的關係上加以考證，認爲《廣韻》後一段序文乃後人所加，而孫愐《唐韻》僅爲開元本。[②]

從卞氏所記上下平聲卷葉看，此書上下平聲分卷，如同敦煌殘卷《切韻》（斯 2071），即王國維抄錄的《切韻》三種之一，周祖謨先生歸之爲"箋注本切韻"。（見圖 6）。此書分韻立部與宋跋本王韻相同，上平 26 韻，下平 28 韻，上聲 51 韻，去聲按王韻推考大概也 57 韻（箋注三 56 韻），入聲 32 韻，全書五卷應該有 194 韻左右。上聲四十五琰韻中"广埯險弅"等小韻沒有離析而成广（虞埯切）部，故只有五十一韻（王韻五十二）。除略有殘缺外，存平聲（上平部分殘缺）上聲和入聲部分三卷。從避諱字看，平聲真部魂部屯旁字缺筆，大致抄寫在唐憲宗李純的元和年間（806-820）。至於其裝幀形制則不可考矣！

---

① 《書（式古堂書畫彙考）所載唐韻後》參見王國維. 觀堂集林·卷八[M]. 北京：中華書局，1959:362.
② 參見《唐五代韻書集存下冊》考釋部分。周祖謨. 唐五代韻書集存下冊[M]. 北京：中華書局，1983:906-909.

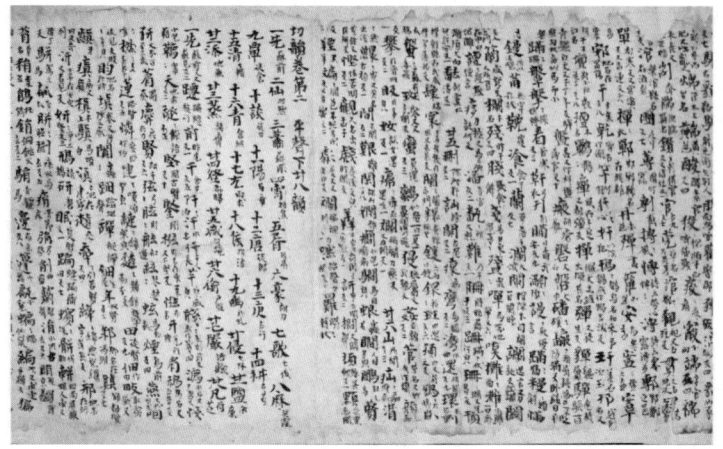

圖 6　箋注本《切韻》（殘卷），敦煌殘卷（斯 2071），藏倫敦博物院，此殘卷王國維有摹寫本

以上宋元以來文獻所言吳彩鸞唐韻者，流傳至今的實際上只有故宮本兩種，即宋跋本和項跋本。蔣斧本雖有影印本但原件不存，而卞氏記錄本只可惜美人一瞥即不見蹤影（見圖 7）。而清人文獻中言及吳彩鸞寫本韻書者甚多，可惜皆隨吳彩鸞仙逝矣！

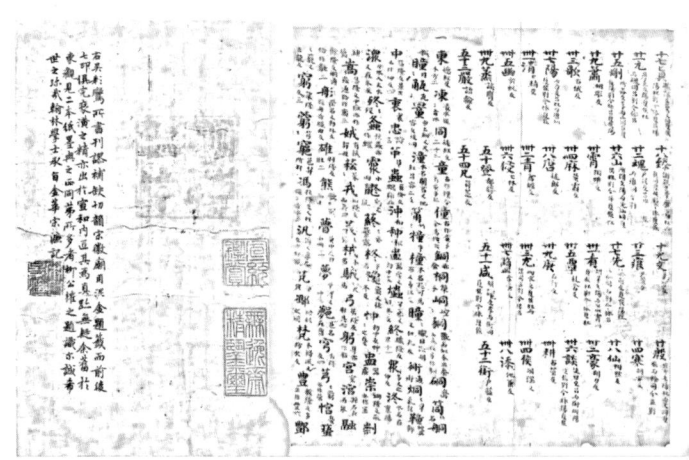

圖 7　宋跋本王仁昫《刊謬補缺切韻》平聲目錄和宋濂跋語[①]

---

① 後有"宋氏景濂"印章，此尾頁又有"宣統鑑賞"印章，可以說明清末民初其被收藏於皇宮內府。

試論《切韻》一書的性質*
——讀《切韻序》和《顏氏家訓·音辭》

《切韻序》和《顏氏家訓·音辭》篇是我們理解《切韻》性質的重要文獻。參加《切韻》編寫大綱的八位文人學士中，顏之推在其中起著關鍵的作用，《序》云："因論南北是非，古今通塞；欲更捃選精切，除削疏緩，顏外史蕭國子多所決定。"（王韻卷首）比較《切韻》的韻目和《音辭》篇的內容，《切韻》的分韻立部，原則和顏之推的觀點基本一致。因此，《切韻》的性質具體體現在《切韻序》和《音辭》篇中。我們必須對它們加以認真的研讀。

關於《切韻》一書的性質，羅常培和王力等前賢大都認爲：《切韻》一書乃爲綜合體系，非一時一地之音，它兼收古今方音[①]。在此之前，章太炎先生就明確指出：

> 若夫東鐘陽唐清青之辨，蓋由方國殊音，甲方作甲音者，乙方則作乙音；乙方作甲音者，甲方或又作乙音：本無定分，故殊之以存方語耳。《廣韻》所包，兼有古今方國之音，非並時同地得有聲。（《國故論衡·音理論》）

---

* 本文原載於《南昌大學學報》1993 年第 4 期，略有修改，並增補了幾幀韻書圖片。
① 王力：《漢語語音史》第五頁："《切韻》並不代表一時一地的語音系統。"本注引羅常培話："《切韻》的性質本來是一部兼綜'南北是非，古今通塞'的音匯，當時的方音雖然無所不包，卻沒有一種方音能夠跟它完全符合。"

1961 年和 1962 年，《中國語文》曾就《切韻》的性質，組織過一次大討論，但討論的結果是大家的意見仍未統一。如何九盈和黃淬伯等先生認爲，《切韻》是古今南北雜湊的綜合體系，[①] 而邵榮芬和王顯等人則認爲《切韻》音系以洛陽音系爲基礎，同時部分地集中了一些方音或古音特點。[②] 與此同時，趙振鐸先生從正音的角度出發，指出《切韻》的音系實際上是以一個活的方言作基礎的，這個活的方言就是當時洛陽一帶的方言[③]。

看來《切韻》的性質尚未得到一致的認識。下面，我們擬從《切韻序》和《顏氏家訓·音辭篇》出發，再根據其它的文獻材料，在前賢諸家論述的基礎上，略陳我們對這個問題的看法。

一、《切韻》以洛陽、金陵兩地書面語音爲基礎

洛陽與金陵爲古代兩大帝都。洛陽語系歷史悠久，存古性強。自永嘉之亂西晉南渡至隋建國，三百餘年來，它仍有較大的影響力。這是因爲：南遷的士族都是北人，長期以來操洛陽語系。又加之洛陽語系歷史悠久，且書面語音多（先秦西漢之語體著作絕大部分是北方人），這樣必然對以金陵爲代表的南方語系產生巨大的影響，致使南方的士族階層在交際中也用書面語交際。

《顏氏家訓·音辭篇》云：

> 南方水土和柔，其音清舉而切詣，失在浮淺，其辭多鄙俗；北方山川深厚，其古沉濁而鈋鈍，得其質直，其辭多古語。然冠冕君子，南方爲優；閭里小人，北方爲愈。易服而與之談，南方士庶，數言可辯；隔垣而聽其語，北方朝野，終日難分。[④]

---

① 參看黃淬伯.關於切韻音系基礎的問題［J］.中國語文,1962(2):85-90.
② 參看邵榮芬.《切韻》音系的性質和它在漢語語音史上的地位［J］.中國語文.1961(4):26-32.
③ 參看趙振鐸.從切韻序論切韻［J］.中國語文,1962(10):467-476.
④《顏氏家訓》卷下《音辭篇第十八》，四庫全書本。

周祖謨先生在論述這一段時說：

  此論南北士庶之語言各存優劣，蓋自五胡亂華以後，中原舊族，多僑居江左，故南朝士大夫所言，仍以北音爲主，而庶族所言，則多爲吳語，故曰："易服而與之談，南方士庶，數言可辯"。而北方華夏舊區，士庶語音無異，故曰："隔垣而聽其語，北方朝野，終日難分"。惟北人多雜外族之音，語多不正，反不若南方士大夫音辭之彬雅耳。至於閭巷之人，則南方人之音鄙俗，不若北方人之音爲切正矣。①

  大概在官場和士族階層交際的是所謂"官話"，即帶有書面語色彩的洛陽語系，而洛陽語系隨著歲月的變遷，其語音也會漸漸地發生變化，並適當吸收代表南方語系的金陵語音。因爲在庶族階層，其言語交際仍是金陵語系，數百年來，金陵語系在當時不能不占統治地位。洛陽音系移植金陵後，也不能不和金陵音系發生混和，並互相吸收。《世說新語·雅量篇》說謝安能作"洛下書生詠"，並使其免遭桓溫誅殺。這也說明了當時在金陵流行的官話已經不再是純粹的洛陽話，而是和金陵話互相吸收的洛陽話，因爲"洛下書生詠"乃永嘉之亂西晉南渡以前的洛陽一帶的北方方言。由於它書面語色彩濃厚而顯得古雅，即《顏氏家訓·音辭篇》所說的"其辭多古語"。

《世說新語·雅量篇》說：

  桓公伏甲設饌，廣延朝士，因此欲誅謝安、王坦之。謝之寬容愈表於貌，望階趨席，方作"洛生詠"，浩浩洪流，桓憚其曠遠，乃趣解兵。

  按，謝安乃陽夏人（今河南省大康縣境），由於方言關係和文化素養，使之尚能作故國洛下書生詠。正因爲洛陽音的古雅，使得南方士族階層也以學

---

① 周祖謨《顏氏家訓音辭篇注釋》參見周祖謨．問學集：上冊［M］．北京：中華書局，1966:412.

習洛陽舊音爲幸事。《南齊書·張融傳》載：

> 張融，吳郡吳人也。出爲封溪令，廣越障險。獠賊執融，將殺食之。融神色不動，方作"洛生詠"，賊異之而不害也。

由上述兩則材料似乎可以說明，在官場和士族階層中，並非都得以"洛生詠"即洛陽舊音交際。洛陽舊音移植金陵後，由於生長的土壤、環境以及時間等因素的關係，已經漸漸地變異，實際上已經與金陵的讀書音混和了，成爲通行於官場和溝通士族間巷的南朝"共同語"。如果說有某種活的方言作爲《切韻》的音系基礎和審音標准的話，那麽，它就是這種"共同語"。然而《切韻》並未完全以這種"共同語"作爲它的音系基礎和審音標准，這在下文將作專門論述。

當時居住在金陵的文人學士，由於各自的師承口授和自己的文化修養，相對于一般庶人來說，其語音自然要"純正"一些，因而他們一般能夠上通古音，下知今音，旁知方音。可以想像，爲示"文雅"，他們談吐間必使用書面語音較多。但不管他們的語音多麽"純正"，必然或多或少地會受他們所處環境的方言土語影響，就和現在各方言區的人講普通話一樣，總會多多少少夾雜自己本土方言區語音上的特色。當這些人在制定韻書的時候，一方面又要以當時通行的"雅音"爲標準，另一方面，又不得不參考並兼顧當時南北兩大方言區及其它小方言區的語音特點。因爲當時的"雅音"已經不再是一種"純正"的可以凌駕南北的標準音，而是西晉以前洛陽舊音與金陵讀書音混和的南朝"共同語"。事實上，當時的北朝洛陽音也並非昔日之"洛生詠"，它也發生了變化，所謂"南染吳越，北雜夷虜"，說的正是這種情況。

二、《切韻》兼顧南北並摻雜了若干方言土音

上文說過，《切韻》音系以洛陽金陵書面語音爲基礎，並兼顧了南北方音和摻雜了若干方言土音。何以見得？

當時參加討論《切韻》寫作大綱的八位文人學士中或南人或北人，顏之推和蕭該都世居金陵，而當時發言最多的又是他們。陸法言在最後完成《切韻》寫作時，參考了魏晉以來的各家韻書，雖說是"捃選精切，除削疏緩"，倒不如說是同異中而取折衷。而這些韻書的性質誠如顏之推所云："各有土風，遞相非笑，指馬之喻，未知孰是"，① 又，它們"共以帝王都邑，參校方俗，考覈古今，爲之折衷，權而量之，獨金陵與洛下耳"（見圖1）。②

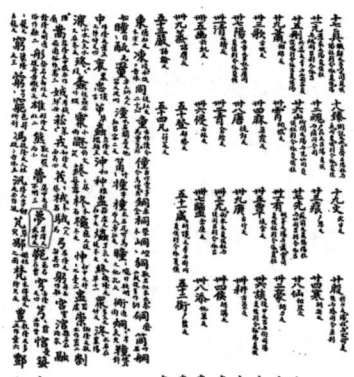

圖1　宋跋本王仁昫《刊謬補缺切韻》平聲韻目部分，龍宇純摹寫本③

蓋韻書之作，北人多以洛陽音爲主，南人則多以金陵音爲主，並多少間雜方言土音，而這些人的韻書也就難免"各有乖互"，所謂"江東取韻，與河北復殊"。於是陸法言他們"因論南北是非，古今通塞"，要做到這一點，就必須存"是"棄"非"。南是則存南，北是則存北。

《切韻》（王韻本）韻目小注中有大量的"今依××"和"××別"的形式，如韻目"冬"下小注："陽與鐘江同韻，呂、夏侯與之微大亂雜，陽、李、杜別，今依陽、李、杜。""先"下小注："夏侯、陽、杜與仙同，呂別，今依呂。""尤"下注云："夏侯、杜與侯同，呂別，今依呂。"這種"××別"

---

① 見《顏氏家訓·音辭》。
② 見《顏氏家訓·音辭》。
③ 從中可以看到有些韻目下標注了《切韻》以前各家分韻立部異同情況。敦煌殘卷（王韻一）也有注釋。

和"今依××"的形式,其實就是所謂"南北是非"問題,也反映了陸氏分韻立目的一條原則:從分不從合,南是則存南,北是則存北。支脂洛陽不分,金陵能分則從金陵;脂之金陵不分,洛陽能分則依洛陽。南北是非,兼而顧之;江東河北之殊,別而存之,使"知音"者一目了然。

《切韻序》並沒有具體細緻地論述"南北是非"問題,只是略微講了支脂魚虞共爲一韻,先仙、尤侯俱論是切。陸氏批評了呂靜、夏侯詠、陽休之、李季節、杜臺卿等人的韻書"各有乖互","江東取韻,與河北復殊",然而他自已在"疑惑之所,質問無從"的情況下,也不得不"今依××",使得南北是非、江東河北復殊仍未得到圓滿徹底的解決。不得已,學者先賢只好將它們依類而坐,共聚一堂,讓知音者去鑒賞吧。蓋顏、蕭、陸等人初衷,是有感於數百年來南北對峙,來往阻隔,致使南北言語復殊,楚夏有異。今隋天下統一,也迫切需要一個文化上語言上的統一,於是陸氏等人"夜永酒闌,論及音韻",想以某種所謂活的方言(其實就是上文所論述的"共同語")作爲語音標準,來正天下之音,規範朝野之言語。但事情並非如此簡單,時移音遷,今日洛陽音並非昔日"洛下書生詠",今日金陵音也並非吳楚古聲。有些聲近或鄰韻同等之字在某些方言中已發生了歸併,而有的方言又能被區分;或者是一些字在絕大部分方言中渾然無別,而在文人學士師承口授的文言"雅音"中又迥別各異。因此,在這種情況下要搞正音規範,是很難的,於是陸氏只好放棄統一標準,兼顧南北古今,以賞知音。

對"南北是非"批評最多的是顏之推,他在《顏氏家訓·音辭》中說:

> 而南染吳越,北雜夷虜,皆有深弊,不可具論。其謬失輕微者,則南人以錢爲涎,以石爲射,以賤爲羨,以是爲舐;北人以庶爲戍,以如爲儒,以紫爲姊,以洽爲狎。如此之例,兩失甚多。

在顏氏看來,南人語音聲多不正,北人語音韻多不切。南人從邪不分(錢昨先反、仙韻從母,涎敘連反、仙韻邪母;賤才線反、線韻從母,羨似面反、線韻邪母),船禪不分(石常尺反、昔韻禪母,射食亦反、昔韻船母；是承紙反、紙韻禪母，舐食氏反，紙韻船母）；而北人魚虞不分（庶商署切、御韻審母，戍傷遇切、遇韻審母；如人諸切、魚韻日母，儒人朱切、虞韻日母），支脂不分（紫將此切、紙韻精母，姊將幾切、旨韻精母），洽狎不分（洽侯夾切、洽韻匣母，狎胡甲切、狎韻匣母）。大概顏氏憑南是而覺北非，北人魚虞不分、支脂不分、洽狎不分，而南人能區別之，南是而北非；又憑北是而覺南非，南人從邪兩紐不分，禪船兩紐無別，而北人能區別之，北是而南非。顏氏認爲，這些聲韻不同的字在韻書中應當被分立韻目或重新切正。而《切韻》分韻立目基本上與顏之推的意見一致，或舍南而從北，或棄北而從南，如支脂分立，魚虞分立即是。

由此看來，《切韻序》所謂 "論南北是非" 實在是南北兼顧，從 "是" 而棄 "非"。而這一精神始終貫串在《切韻》之中。

《切韻》摻雜了某些方音成分表現在以下兩方面：

1、《切韻》收錄了大量的方言俗語字。

無疑，對這些韻字聲韻調的確立，切語的選擇，陸氏必然參考了其方言土音，或是根據某字在某方言土語中的音讀而歸之於某韻目之下，或是參照某字的諧聲傍而歸之於與之相同的諧聲偏旁字的韻部中。如下面一些方言字；

秅，禾四把，長沙云。息遺反。（脂韻）

澋，荆人呼渡津舫爲澋。胡盲反。（庚韻）

鏵，犁鐵，吳人云。鋤衡反。（衡韻）

豨，楚人呼豬。希豈反。（尾韻）

㜷，楚人呼母。乃禮反。（薺韻）

䁎，吳人呼苦苣。莫解反。（蟹韻）

些，楚音，語已詞。蘇計反。（霽韻）

以上韻字及其注釋儘管均見於王仁昫《刊謬補缺切韻》中，當時《切韻》也應當大致如此。

另外，《切韻》按等呼洪細分韻立目達193韻之多，這裡面不能不含有某些方音的因素。儘管金陵洛陽爲當時南北兩大方言區，但其下屬方言區還是很多。即使在同一個方言區內，某些字的聲韻調，其等呼洪細也會有所不同。正如《切韻序》所云：

> 以古今聲調既自有別，諸家取捨亦復不同。吳楚則時傷輕淺，燕趙則多涉重濁；秦隴則去聲爲入，梁益則平聲似去。

因此，可以想像，如果大多數方言區對某些韻類的字，其洪細等呼都有分別，陸氏則分韻立目；反之，如果大多數方言區對某些韻類的字，其洪細等呼都無區別，陸氏又"質問無從"，那就只好將它們混作一目。如東韻一等三等、歌韻一等三等就分別混爲一目。麻韻二等三等、庚韻二等三等分別合爲一韻。這樣又使得《切韻》按字音的洪細等呼分韻立目的精神不能貫徹。但是在更多的情況下，儘管大多數方言區對某些韻類的字，其洪細等呼都無區別，陸氏也會從雅音出發，權而量之，與之吻合者則別爲一目，因爲要"剖析豪釐，分別黍累"。或是某些韻類的字古音能分而今音（哪怕南北絕大部分地區）開別，則從古不依今。

南北兼顧，方音並存，酌古沿今，並非"妄別聲律"，[①]而是留待"知音"。李涪哪知陸生苦衷！

三、《切韻》是一個文白相雜的語音系統：酌古沿今，古今並存

可以說，《切韻》在很大程度上落後於當時實際語音的發展，因爲當時不管哪一個方言區的語音都不可能有193韻之多。究其原因，除了上文所說的南北兼顧和方音並存外，它還含有古音、今音，既有讀書音、又有白話音。

[①] 見唐李涪《刊誤》。李涪從唐代的洛陽音出發，詆斥《切韻》分韻不當，其云："何須東冬中終，妄別聲律。"

爲什麼這樣說呢？

首先，我們從"廣文路"和"賞知音"談起。

"廣文路"和"賞知音"是陸法言編纂《切韻》的宗旨和韻書的功效所在。《切韻序》云：

> 欲廣文路，自可清濁皆通；若賞知音，即須輕重有異。

大概製作韻書和寫詩作賦是另外一回事。韻書是"賞知音"，故須"輕重有異"，爲此就得"剖析毫氂，分別黍累"。因此，某韻類字的洪細等呼在南北方國古音中有別，則從其分，爲之立韻立目。若某韻在南音中有而在北音中無，在韻書中當存之爲好，以示區別，若與另一類韻混雜，必爲操南音者所譏，謂不懂音韻，孤陋寡聞云云。何況其中許多字音尚有古書爲證。反之，某韻在方音中有，而南音無，也同樣存之以示區別。或是某類韻與某類韻在今音南北中已相混無異，而在古音或在某方音中尚能區分，也悉從其分，標立韻目。故韻書可酌古沿今，兼顧南北方音，而不管實際語音變化如何。

而寫詩作賦不同，它必須從實際語音出發，而不管某類字在韻書中的洪細等呼即音韻地位如何，只求和諧，不問聲類。它要"欲廣文路"，在符合平仄格律基礎上，做到句韻和諧，朗朗上口，易於吟誦。而要做到這一點，就必須用當時所通行的、且絕大部分方言區的人都易懂易聽的語音系統中的字做韻腳。假如當時還有人用"之哉台謀友期"等上古之部字作詩賦韻腳字，必被人嗤爲"怪異"，何爲詩歌？和諧何有！而"知音"者必非泥古不化，作詩給孔夫子聽甚或是周文王聽云云。

由此可知，"廣文路"實際上是要求人們寫詩作文應當從實際語音出發，而不受官韻的限制。"賞知音"則是告訴人們，韻書是正音審音，只要輕重有別就須分韻立目，而不管其是南音還是北音、是方音還是古音。

把這樣兩種看似對立實則統一的東西擺在一起，似乎有些矛盾，可知《切韻》是個龐雜的語音系統。從審音上說，它是合理的；從正音上說，它又是落後的。

實際上，《切韻》中的同等重韻字（如支脂、魚虞）和鄰韻異等字（如先仙，宵蕭）在北方絕大部分地區已混而不分。而《切韻》卻把它們一一分開。支脂之三分在先秦以前界線分明，而到了魏晉南北朝時，其在很多地域已渾然無別了。與陸法言同時代的陸德明，他的《經典釋文》比《切韻》早十八年，① 然而在他書中，支脂混切、脂之混切，魚虞混切，先仙混切等則比比皆是。② 這並非陸德明審音不精，乃是實際語音所致。而《切韻》把它們一一分開則是落後於實際的。

再則，從當時參加《切韻》寫作大綱討論的幾個人的詩賦用韻看，先仙不分，脂之不分，尤侯不分的情況很多。如顏之推《觀我生賦》諧"鳶天年旋廛懸煙焉弦連虔宣"，仙先同韻。盧思道《孤鴻賦》諧"羨賤戰薦膳見澱眄"，仙韻去聲線韻（羨賤戰膳）和先韻去聲霰韻（薦見澱眄）通用。在本賦中又脂之同用："時湄夷遲"。又盧思道《日出東南隅行》以"鉤樓羞眸愁留頭"爲韻，是尤侯不分。另一首《河曲遊》也是如此，韻"流游洲稠樓猶謳溝憂"，其中"樓謳溝鉤頭"皆侯韻字，餘皆尤韻字。或曰此盧思道仿樂府詩，非也。其他詩也如此。如王褒《遊俠篇》韻"謳游侯楸留"，③《和庾司水修渭橋》韻"牛舟流侯洲鉤謳"，皆尤侯合韻。《奉和趙王途中五韻》押韻"旗師眉絲時"，脂之通用，其中"旗絲時"之韻，"師眉"脂韻，④ 而在韻書中流攝尤侯幽不同韻，止攝知脂之不同部，這就很好地說明了陸法言編撰《切韻》的原則，所謂"賞知音"和"廣文路"。侯韻尤韻，一是洪音，一是細音，但分韻立部必須分開，此爲"賞知音"，但詩賦押韻，韻窄不足以成篇章，故須"廣文路"。

寫作詩賦用實際音，而分韻立目卻古音方音悉從其分，似乎是很矛盾的做法，但這樣做是不得已的。正因爲《切韻》落後於當時的實際語音發展，

---

① 據考證，《經典釋文》書成于陳後主至德元年癸卯（583），《切韻》成書于隋文帝仁壽元年（601），兩書相距十八年。
② 王力《經典釋文反切考》參看王力.王力文集·第十八卷［M］.濟南：山東教育出版社，1991:93-198.
③ 王褒詩《文苑英華》題做《俠客行》（卷一百九十六）。
④ 以上盧思道和王褒詩歌均載於明張溥編《漢魏六朝百三家集》。其中盧思道《孤鴻賦》等《百三家集》卷一百一十五，王褒詩見載於《百三家集》卷一百一十三。

科舉詩賦中唐初便有默認的所謂同用、獨用的功令產生，也就是說，場屋下舉人可以在鄰韻中取韻，"奏合而用之"。唐人封演《封氏聞見記》卷二《聲韻》中記載說：

> 隋陸法言與顏魏諸公定南北音，撰爲《切韻》，凡一萬二千一百五十八字，以爲文楷式；而先仙刪山之類分爲別韻，屬文之士共苦其苛細。國初，許敬宗等詳議，以其韻窄，奏合而用之。法言所謂"欲廣文路，自可清濁皆通"者也。

從隋初到唐初，在短短幾十年時間裡，其語音變化不可能有如此之大。實際上"同用""獨用"相對來講還是保守的，而口語音發展得比這還要快，這從漢魏以來民歌用韻中即可看出。所以顧炎武《音論》說："所謂一東二冬三鐘者，乃隋唐以前相傳之譜，而小字注云獨用、同用，則唐人功令也。"又說："唐人同用、獨用之例，不過行之於場屋，而著作之文，自不拘也。"①

《切韻》之所以與實際語音不符，乃在於它酌古沿今，包含了從先秦兩漢到魏晉而降之語音。這主要體現在陸法言寫《切韻》時參考了魏晉以來的各家韻書，主要是呂靜，陽休之夏侯詠、李季節、杜臺卿等人的韻書。《切韻》小注中"××別"和"今依××"亦可爲證。陸法言自己也說："屏居山野，交遊阻絕，疑惑之所，質問無從。亡者則生死路殊，空懷可作之歎；存者則貴賤禮隔，以報絕交之旨。遂取諸家音韻、古今字書，定之爲《切韻》五卷。"很顯然，作者在"疑惑之所，質問無從"的情況下，必然參考了諸家音韻和古今字書，這樣就使《切韻》免不了帶有"酌古沿今"的色彩。作者又說此書"非是小子專輒，乃述群賢遺意"。這句話意思很明顯：《切韻》非陸氏一家私言，乃是群賢之遺意。

"群賢"既指諸家韻書及古今字書之作者，又指當年"夜永酒闌，論及

---

① 唐人科舉考試，是否有宋人場屋功令"同用""獨用"之類，目前還沒有看到唐五代韻書有標記。對此，學界還存爭議，存疑於此。

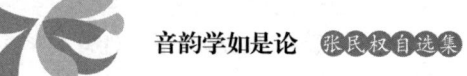

音韻"的顏之推、蕭該等人。除顏之推外，蕭該等七人的遺意我們無法得知，而顏之推的"遺意"我們還是知道一點，因爲他留下了一個《顏氏家訓·音辭篇》可供我們參考。

在《音辭》篇裡，顏氏在批評"南北是非"和"古今通塞"時，多以古音審之。他在教育自己小孩時，也總是以所謂"雅音"督正之，"云爲品物，未考書記者，不敢輒名，汝曹所知也"。他在批評北人之音魚虞兩韻字不分時，是這樣說的：

  北人之音，多以舉、莒爲矩，唯李季節云："齊桓公與管仲於臺上謀伐莒，東郭牙望見桓公口開而不閉，故知所言者莒也。然則莒、矩必不同呼。"此爲知音矣。

按，舉、莒《廣韻》皆居許切，上聲八語韻見母；矩，《廣韻》俱雨韻，見母麌韻。一爲開口，一爲合口，因爲李季節已證。還有，顏氏認爲，某類音古音和南音都能分，而北音不能分，則從古不從今；反之，北音與古音符合，而南音與古音不合，也從古不從今。顏之推舉例曰，如焉字，葛洪《要用字苑》按其義訓分爲兩音，若訓何訓安，當音於愆反；若送句及助詞，當音矣愆反。顏氏云："江南至今行此分別，昭然易曉；而河北混同一音，雖依古讀，不可行於今也。"按，"焉"在《廣韻》仙韻，一音於乾切，一音有乾切，王仁昫《刊謬補缺切韻》於乾反又矣乾反，正與顏氏意見一致（有、矣均爲云母，於，影母）。

由此看來，《切韻》"述群賢遺意"，其存古守舊或可見一斑矣。

四、結語

前面我們從三個主要方面論述了《切韻》的性質，所論之中仍有不到之處。就整個《切韻》體系來說，儘管它是個非常龐雜的系統，南北兼顧，方音古音並存，酌古沿今，但它並不是對各語音一個簡單的拼湊，它畢竟經過了編者的一番梳理，經過了"捃選"和"除削"，在反切審音上，在分韻立目上，其精細之處超過了以前任何一部韻書。正因如此，《切韻》出，諸家韻書沒。所以王仁昫評價說"時俗共重，以爲典範"。長孫訥言也說："陸生此制，酌古沿今，無以加矣。"後代的韻書如孫愐《唐韻》、李舟《切韻》，以至後來的《廣韻》都只是在原書基礎上增加新字，除個別地方刊正及其韻目次序少數更動外，其字類歸韻一從《切韻》。

這裡需要說明的是李舟《切韻》，其書不存，但其分部框架保留在徐鍇《說文解字篆韻譜》中，分韻立部多與孫愐《唐韻》同，只是有些部目名稱不一樣，有205部（見圖2）。比孫愐《唐韻》多分出宣部，但平聲嚴凡合併等。其書開始以其他《切韻》類韻書譜定，後採用李舟《切韻》按韻編次。徐鉉後序曰："初，韻譜既成，廣求餘本，孜孜讎校，頗有刊正。今復承詔校定《說文》，更與諸儒精加研覈。又得李舟所著《切韻》，殊有補益。其間有《說文》不載而見於序例注義者，必知脫漏，並從編錄。疑者則以李氏《切韻》爲正，殆無遺矣。"

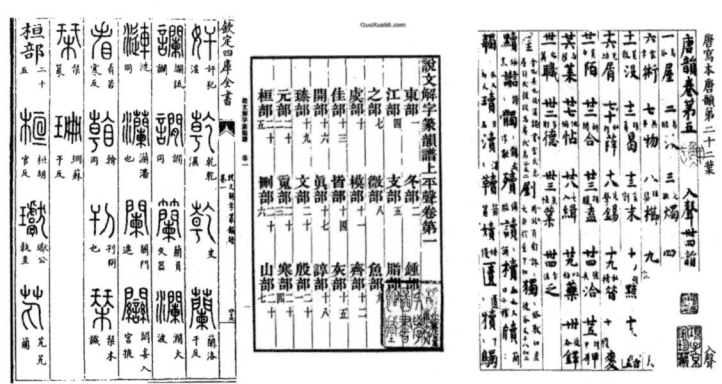

圖2 徐鍇《篆韻譜》所載李舟《切韻》平聲韻目和孫愐《唐韻》入聲目錄①

總的說來，《切韻》編撰最大的成功之處在於它既可"廣文路"，又可"賞知音"。它南北音兼顧，古音方音並存，且分韻精切，條分縷析，因此，

---

① 從目錄中可看出，孫愐《唐韻》和李舟《切韻》真諄韻系寒桓韻系都已經分韻，目錄中入聲六術韻和十三末韻即從諄韻和桓韻之入聲。

我們利用它來研究現代方音具有重要的歷史價值。《切韻》不愧爲一篇劃時代的歷史巨著，它在漢語音史上有著重要的歷史地位。我們既要看到它們的不足（非一時一地之音），更要看到它在漢語史上的貢獻。

宋代韻書中的俗字標識與文字觀念研究*

一、唐宋韻書俗字概說

自 20 世紀 90 年代以後，漢語的俗字研究成爲漢字學中一個新的研究領域，所謂漢語俗字學。然而，就其研究範圍來看，大多集中在對敦煌出土文獻、漢魏六朝至唐宋碑刻文字的俗字研究，而于唐宋以來韻書文獻中的俗字問題關注不夠，在我們見到的一些研究俗字學及漢字簡化史的著述中，很少用到韻書中的俗字。實際上，在唐代寫本韻書中就有大量的俗寫字，除韻頭字外，更多的是注釋中的俗字。除此之外，還有一些以附注形式出現的俗字。這些是我們研究唐代漢字學的重要歷史文獻。傳世的王仁昫《刊謬補缺切韻》和蔣斧本《唐韻》以及唐五代刻本韻書殘卷等，都對俗字有不同程度的使用。這些韻書均見於周祖謨先生編寫的《唐五代韻書集存》中。此舉項跋本《王韻》東韻䗥小韻俗字例子可見一斑①。

鬆：髮乱。䥽：釜属。䴤：案爾疋鳥飛䳘廻上下。蝑：案蛤属甲上有三角刺。

---

* 本文原載於《南昌大學學報》2013 年第 3 期，收入本書時，略有刪改。
① 王仁昫《刊謬補缺切韻》今存有數種，敦煌殘卷學術界一般簡稱"王一"，項元汴跋本簡稱"王二"，宋濂跋本簡稱"王三"。本文中例稱"項跋本""宋跋本"等。

按引文盡可能保持原文的繁體書寫狀態（下同）。上述文字中"髮"寫作"鬆"，"亂"作"乱"，"屬"作"属"，"爾雅"作"尔疋"，"刺"作"刾"，均爲當時俗寫字。

宋人矯枉過正，對前代韻書中的俗字持排斥態度，韻書中不再使用俗字，而僅將其作爲注釋性的標記，在俗字的範圍及界定上都有一定的規範標準。文字觀念的轉變集中表現在《廣韻》等韻書的編纂上，其注釋文字中一般不會直接使用簡俗字"乱""属""刾"之類。其俗字編排僅以兩種情況出現，或在正字下別出而注明"俗"，如"怨"下別出"忿"字，"刺"下別出"刾"字，"屬"下別出"属"字，均在其下注明"俗"；或在正字的注釋中明確注明"俗作某"，如"然"字注曰"俗作燃"，"繩"字注曰"俗作繩"，"亂"字注曰"俗作乱"，"斷"下明確注明"俗作断"之類。我們可以稱這種以附注形式出現的俗字爲"俗字標識"。唐代韻書中也有這種"俗字標識"，但在編排上並不規範。例如項跋本《王韻》去聲翰韻"亂"下雖注明"俗乱"，但在注釋文字中卻大量地使用"乱"字，"鍛都乱反""喚呼乱反"等；蔣斧本《唐韻》也如此，而"斷"字就直接使用俗體"断"作韻頭字。

宋代韻書均爲官方組織編寫，主要有《廣韻》《集韻》和《禮部韻略》，具有一定的權威性。儘管如此，然而由於編寫時間和使用目的不同，它們在俗字記載及其文字觀念上都有所不同。《禮部韻略》爲科舉用書，原則上排斥俗字。《廣韻》《集韻》具有辭書的性質，它們都附注了很多俗字，尤其是《集韻》，這些俗字上承隋唐，下啟金元，且數量之多足以我們考察中古時期漢字形體的演變。因此，宋代韻書不僅是音韻學的重要文獻，也是研究文字學史的豐富寶藏。本文研究時盡可能使用宋刻本或後來的仿宋刻本。

選擇韻書中的俗字進行研究，意義重大。因爲對社會而言，音韻文字具有一定的規範性和指導作用，尤其是宋代韻書皆爲政府所爲，所以，研究這些韻書的文字編排，可以考知當時社會的文字觀念，探尋漢字發展變化的一些基本規律。尤其是對於我們今天的漢字簡化史研究，具有重要的學術意義。由於宋代韻書中標記的俗字數量眾多，其歷史來源也複雜多樣，因此，本文僅就韻書中俗字的標記體例、唐宋人俗字觀念的異同以及社會用字等做一些探討性研究，至於每個俗字的源流變化則難以一一具述。

就文字學來說，俗字是一個非常複雜的社會歷史現象。從某種意義上來說，俗字是漢語書寫的歷史沉澱，它與社會生活和社會文化有著非常密切的聯繫。本文的研究是期望在當代漢語俗字學領域，建立"韻書俗字學"分支學科，拋磚引玉，有望於來者。相信今後更多的年輕學者能在這方面有所拓展，而本文研究僅是一個開始。

二、俗字歷史發展觀與唐宋文字觀念的嬗變

作爲漢語的書寫形式，俗字與正字是一個相對的文字學歷史概念，具有很強的時代性和地域性。某個漢字在唐代是正字，但在宋代可能就被視爲俗字，例如"叜"字及從叜得聲的"叜溲廋"等在唐代韻書中爲俗字，但在宋代卻是正字。其正體一般爲"叜浚廋"，宋代韻書"叜"聲字與從叜得聲的字共存。又"忩"得聲的"楤熜縂摠偬"等字在唐代韻書中是正體，而在宋代卻爲俗體，韻書中明確注明"忩"爲"怱"的俗字。這些可以在王仁昫《刊謬補缺切韻》與《廣韻》的比較中看得清清楚楚。"匆忙"之"匆"，《說文》爲"悤"，從心囪囪亦聲，唐韻爲"忩"，宋韻則把"怱"看成正體。

俗字與正字相隨而生乃至相互轉化。當俗字成爲正體以後，原有的正字則成爲古體或異體。自金文、小篆以來，就有異體和俗字的存在，《說文解字》中的"或從""俗從"是對此類文字現象的記載。經過隸書和草書楷化，俗簡字更多。俗字是相對正字而言不爲當時社會普遍接受的一種文字書寫形式，只有被廣泛接受以後它才會成爲正字。所謂正字，一般是由政府機構提倡的正式書寫文字。就其標準而言，一是歷史經典相承而形成的正規書寫文字，唐人《五經文字》《九經字樣》之類是這種文字觀念最經典的表現；二是傳統字書韻書所載本字，一般情況下以此爲正體，它們作爲"字頭"出現，如有異體、俗體等則附於其後或在釋文中說明。俗字趨簡從便，在民間慣用既久，並在社會上廣泛使用而後進入小學家編纂的韻書字書中。其特徵是點畫隨意，筆劃就簡，以形體簡化爲主要趨勢。其範圍包括古字和後起異寫、

簡寫或意義類化的繁化字等，還包括那些使用範圍極窄的方言俗字。只要社會存在和發展，漢語中的俗字就會不斷產生。

由於傳統"六書"觀念的影響，尤其是《說文解字》在傳統文字學的地位和作用，一個俗字要轉化為"正字"，一般要經過漫長曲折的歷程，甚至被反轉化。以"輩"字為例，《說文》從車非聲，是為正體，而至唐時則產生從車北聲的"軰"。《五經文字》卷下車部："軰，補妹反，從非，作軰訛。"使用者眾，則漸漸成為正體。《干祿字書》"軰輩"二字注曰"上通下正"，宋跋本《王韻》去聲隊韻亦以"輩"為正體，注曰"俗作軰"。然而項跋本則以"軰"作正字，注曰："俗作輩"。可見，在同一個時代，人們對俗字正字的認可標準也有異同。至宋人編纂《廣韻》時，又恢復了"輩"的正體地位，注曰"俗作軰"，《集韻》"或作軰"。但《禮部韻略》只承認其正體地位，排斥其俗體、異體的存在，"輩"字下沒有注明"或作""俗作"。於是，作為俗字的"軰"自宋以後始終沒有獲得"正體"的地位。

異體字是一個比較特殊的概念，它們是否被包含在俗字範圍中，需要進行認真的討論。有時候兩者是一對很難辨析清楚的概念，或互為包容，或互相區別對待。有時，一個俗字就有很多異體。按照宋人的文字觀念，異體字與俗字是有區別的，且在使用範圍上有所不同，這些在《廣韻》與《集韻》的編排上體現得清清楚楚。凡是異體字必注明"亦作""或作"，如果是別出，則注明"上同"；而俗字一定會注明"俗作"，如果是別出，則注明"俗"。但是，在不同的時代或不同的人群中，人們對待"俗字"的認知範圍又有所不同，在很大程度上取決於該時代的社會治亂、社會思想和文化政策，以及個人的文化修養。一個朝代的社會文化越是發達，人們對俗字的接受程度就越低，如唐宋社會；反之，人們對待俗字就會很寬容，甚至將俗字看作正體，如金元時期。社會是不斷發展的，人們的文字觀念也是不斷發展的。

顏元孫的《干祿字書》有"俗""正""通"三體，反映了唐人的文字觀念，其序曰："所謂俗者，例皆淺近，唯籍帳、文案、券契、藥方，非涉雅言，用亦無爽，儻能改革，善不可加。所謂通者，相承久遠，可以施表奏、箋啟、尺牘、判狀，固免詆訶。所謂正者，並有憑據，可以施著述文章、對策、碑碣,將爲允當。"但顔元孫一再強調使用正體的重要性,其注曰:"若須作文,言及選曹銓試,兼擇正體,用之尤佳";"進士考試,理宜必遵正體;明經對策,貴合經注本文"。顔元孫對"俗""正""通"三體的界說,成爲後代文字使用的一個基本規範原則。

但是,人們有從俗趨便的心理習慣,很難遵從《干祿字書》的規範原則。文字與社會發展的關係,使得漢字始終處於雅俗兩種社會力量的制約之中,漢字的"俗""正""通"的身份標誌也會隨著實際情況而變化,宋人編寫的韻書就是如此。

宋朝是一個文化高度發達的歷史時代,從宋太宗開始,許多歷史文化典籍得到整理編纂,諸如《文苑英華》《冊府元龜》《太平廣記》等,一些小學書籍也得到整理,如《說文解字》《玉篇》和《切韻》等。科舉制度的實行更是推進了文化事業的發展。在這種文化背景下,宋人對文字的"俗""正"觀念還是比較明確的,這集中表現在三部韻書——《廣韻》《集韻》和《禮部韻略》的編排上。但是,這三部韻書由於編纂目的和使用範圍不同,對於文字的俗體、異體和正體的界別標準也就有所不同。

在中國文字發展史上,《廣韻》一書的編纂實在有著極為重要的歷史意義。自六朝隋唐以來,漢字在民間的使用並不規範統一,特別是漢魏之後草書和楷書的興盛,文字的書寫漸漸脫離《說文》六書本體,苟簡訛寫現象特別嚴重,顔之推的《顔氏家訓》已深有痛感。即使是文字學家顧野王也不能免俗,在今日影印出版的日本藏《玉篇》寫本殘卷中,訛俗字滿篇。王仁昫的《刊謬補缺切韻》亦見批評文字,如支韻"趍"字下注曰:

《說文》趍,趙夊。《玉篇》爲趨字,失。後人行之,大謬。不考趍從多音夊聲,趨從芻聲。(宋跋本、敦煌殘卷本)

王仁昫之批評可以在今日的《玉篇》殘卷中得到印證,如該書糸部"総"字注釋:

総，子孔反。（礼記）喪事欲其総総尒，鄭玄曰：総総，趋事皀。

今本《禮記·檀弓上》原文："喪事欲其縱縱爾。"鄭注："趨事貌，縱讀如揔領之揔。"（阮元《十三經注疏》本）在《玉篇》短短一個注釋裡就有五個俗字：総（總）、礼（禮）、尒（爾）、趋（趨）、皀（皃的俗寫，貌）。按趨字，蓋因草書"匆"而形似"多"，從而訛變成"趋"。金張天錫的《草書韻會》等均有此類字體。另據李樂毅的《簡化字源》，漢代張芝已有此手跡。不過，"総"和"趋"（趨）的俗寫早見於漢碑文字，在宋劉球《隸韻》、元無名氏《漢隸分韻》和清顧藹吉《隸辨》相關韻部中均可考見。

爲匡謬正俗，《廣韻》對前代韻書中的俗字和異體進行了規範和整理，諸如"総聡""経頚"等均被剔除（有的只是作爲俗字標記出現），一些常用的古體字如"礼""皃""尒"等也被加以規範，寫成繁體"禮""皃""爾"，一些在舊韻書中被作爲正字使用的俗簡字如"窓"（窗）"彌""軄"（職）等，被明確標注爲"俗"字；一些"亦作"的異體字也被淘汰，如宋跋本《王韻》平聲虞韻"驅""郛"均有異體——"驅，亦作駈"，"郛，亦作垺"，而《廣韻》無此"亦作"，去之以免滋生疑惑。

此外，《廣韻》修纂有一個很強的實用目的，即宋真宗敕牒所言："設教崇文，懸科取士，考核程准，茲實用焉。"（《廣韻》所附）因此，《廣韻》兼有音韻文字的文獻查證功能和考核程准的實用功能，對於文字的正體、異體和俗字必須有一個嚴格的把握標準。書中凡異體或俗字都會一一注明，以便人們擇用。異體字一般注明"亦作""或作"字樣，如在正體後別出，則注明"上同"。俗體字亦如此處理。一般情況下，異體字可與正體字互用，但不能重復押韻。如"嵩"，《廣韻》注明"或作崧"，"嵩""崧"可以互用，但不能在同一首詞賦中同時出現或押韻，除非它們之間意義有別①。俗字可以在民間使用，但不能在正式場合使用，如科舉考試。所以，考生必須明瞭韻書中哪

---

① "嵩崧"二字，《廣韻》視爲異體，兼有山名和山高兩個義項，而《集韻》和《禮部韻略》把兩個義項分開，視之爲兩個詞，可以重韻。宋人考試用字以《禮部韻略》爲准，文中有敘。

些是正體、異體，哪些是俗字，否則，就會在科舉考試中給自己帶來麻煩。

在編纂《廣韻》的同時，禮部還制定了《禮部韻略》，規定了科舉考試的規範用字和用韻標準。不久，朝廷又命陳彭年等人對顧野王的《玉篇》進行修訂（宋祥符六年，1013 年），訂正其訛俗文字，節刪其冗長訓釋，所謂"訛謬者悉加刊定，敷淺者仍事討論"（宋真宗敕牒）。其俗簡字的定性與《廣韻》基本上一致，今本《大廣益會玉篇》即是（有中華書局 1986 年影印的清影刻宋本）。其文字的規範性完全可以通過與《原本玉篇殘卷》的比照體現。從此，《廣韻》《禮部韻略》和宋本《玉篇》三位一體，爲有宋一代漢字規範化奠定了良好的基礎，並對後來社會用字產生了積極的歷史作用。

三、《廣韻》《集韻》在俗字界別上的差異性

這裡討論的是韻書中附注性的俗字標識問題。俗字在《廣韻》中一般會注明"俗作某"，如果別出，則單注一"俗"字。下面是去聲和入聲中的"俗作某"的例子：

〔霽韻〕繼，俗作継，〔隊韻〕輩，俗作軰。〔問韻〕蘊，俗作蕰。〔換韻〕舘，俗作館。亂，俗作乱。斷，俗作断。〔線韻〕面，俗作面。〔號韻〕耗，俗作耗。〔徑韻〕佞，俗作佞。〔證韻〕稱，俗作秤。〔宥韻〕臭，俗作臰。皺，俗作皱。〔候韻〕句，俗作勾。〔質韻〕密，俗作宻。〔櫛韻〕蝨，俗作虱。〔屑韻〕決，俗作决。閉，俗作閇。〔薛韻〕紲，俗作靾。鼈，俗作鱉螫。〔麥韻〕麥，俗作麦。檗，俗作蘗。〔業韻〕業，俗作牒。

以上爲了行文簡略，省去了其他注釋文字。韻部後爲韻頭字，是爲正體，俗作某字爲注釋文字（以下行文體例相同）。以上俗字的成分雖然有點複雜，但不難看出其中特點及其產生的原因。

（1）以上俗字以形體簡化爲主，如"乱""断""虱""麦""皱"等，這些簡化字在現代漢字中則成爲正體。有的雖然是替換構型部件，如"鼈俗作鱉螫"，但實際上也是形體簡化，很顯然，從魚從虫的兩個俗體字比正體字書寫方便多了。（2）有的是詞義發生了變化而另造新字，如"臭俗作息"，屍體腐爛而發出臭味，故從自從死。（3）有的或因行草書寫或歷史碑刻而後楷化成俗體，如"密俗作宻"，《溫彦博碑》《堯廟碑》等即如此書寫，清人顧藹吉《隸辨》卷五入聲質韻以及現代辭書《正草隸篆四體大字典》等均可見載。按"密宻"二字，在《干祿字書》中爲"上通下正"。誠如是，檢索唐宋文獻，二字互用，不分伯仲。（4）有的俗字爲形旁意義類化而形成的，如"櫱俗作蘖"和"業俗作牒"之類。（5）有的俗字是因爲語音的變化而產生的，如"輩俗作軰"，因重唇輕唇音的分化而替換聲符。由於"軰"字出現于唐代韻書文獻中，所以可以說明輕唇音分化至少在唐中葉就已經開始。（6）有的俗字是詞義發生分化而增生，如"稱俗作秤"。因爲"稱"（今簡化作"称"）有稱頌、稱揚之義，故別出平衡、稱量義而另造一新字"秤"。但"秤"字在宋代一直沒有得到承認，王觀國的《學林》還專門討論此俗字（見卷五"稱秤"條）。此二字並用押韻見於杜甫詩《寄劉峽州伯華使君四十韻》，詩前半部分有"時論以儒稱"韻句，後半段有"丹砂冷舊秤"韻句①。顯然，詩韻中"稱秤"的意義並不一樣。

以上俗字僅是《廣韻》中的一部分。全書以"俗作"等標記的俗字大致爲170個。它們在後代漢字使用過程中，有的被沿用下來而成爲正體，有的則被社會淘汰了。需要說明的是，俗字在《廣韻》中只是一個注釋上的"標記"，並未被直接使用，更未被作為字頭"本字"（有時俗字別出，但非本字），這是《廣韻》有別于唐代韻書的一個重要地方。

---

① 《干祿字書》："秤稱，上俗下正。"可見，"秤"字在唐代還沒有被社會廣泛接受。

《廣韻》中記錄的俗字很多是歷史的積澱，如"継""乱""断"等已見於《玉篇》殘卷及唐韻殘卷中。如果我們有興趣將上述"俗作"字與唐代韻書作個對比，就會發現唐宋人的正俗觀念有很大的出入。以宋跋本《王韻》爲例：

（1）《廣韻》注明俗字的卻爲正體，如［隊韻］輩、［問韻］蘊、［換韻］館、［線韻］面。（2）有的沒有俗字記錄，如［號韻］耗、［徑韻］佞、［證韻］稱、［櫛韻］蝨、［屑韻］決等，這些韻字的俗體或當時還沒有產生，或還沒有在社會上被廣泛使用。（3）有的把正字當作異體，如［麥韻］"麥，亦作麦"。書中以"麥"作聲旁的字，有時也往往被寫成"麦"，如入聲屋韻"麹"，依照《廣韻》當爲"麴"。

考唐代韻書之編寫，作者似乎有意于大眾化傾向，從俗趨簡，因時而變。有些韻字雖然採用的是俗字，卻在注釋中寫明"正作某"，如上述王韻（宋跋本）東韻"忩"注曰："倉紅反，正作怱。"江韻"窓"字注曰："楚江反。向。正作窗，亦作牕。"魚韻"猪"字注曰："陟魚反。豕。正作豬。畜生。"此類注釋甚多。

下面是《廣韻》將俗字別出而附於正字後的例子（異體俗體別出者以雙分隔號‖隔開表示，括弧內爲注釋文字）。

［東韻］叢，聚也。‖藂（俗）。
［東韻］怱，速也。‖忩（俗）。
［江韻］窗，説文作窓，通孔也。‖牕（上同）。‖窓（俗）。
［支韻］隓，毀也。‖墮（上同）。‖隳（俗）。
［之韻］貍，野貓。‖狸（俗）。
［魚韻］胆，蟲在肉中。‖蛆（俗）。
［魚韻］豬，爾雅曰豕子豬。‖䐗（上同）。‖猪（俗）。

此類別出的俗字在《廣韻》共有165個左右。這些俗字別出，深究其原因，可能有下列幾點：第一，有的大概與社會用字的頻率有關，反映了人們對這些俗字接受認可的態度，《廣韻》編纂者將此類字別出表示矯枉過正；第二，也是更重要的一點，這些別出的俗字往往是前代韻書中作爲本字而出現的韻頭字，《廣韻》編纂者爲了凸顯自己正確的文字觀念，有意將這些俗字別出並加以注明，以示強調，如上述韻字在宋跋本王韻中，除"蒃狸"二字外，其他字都是直接用作字頭；第三，有些俗字在社會上影響很大，別出後起到匡謬正俗的強調作用。如：

[虞韻]趨，走也。七逾切。‖ 趍（俗。本音池）。
[尤韻]搊，手搊。楚鳩切。‖ 㧖（俗。餘倣此）。

編纂者有時會說明此類俗字的訛誤性質及其範圍。"趍本音池"意在說明其訛誤性質，"餘倣此"表示所有類似"㧖"的字都是俗字，不可取。上述"趨搊"二字均以"芻"爲聲旁，但由於草書關係而產生多種俗字變體，在社會上影響很大，《廣韻》將此類俗字別出且加以注明，目的是匡謬正俗，向世人宣示要正確規範地使用漢字。

《集韻》對待俗字的態度與《廣韻》略有差異，其列寫韻字時，正體異體俗體往往並列在一起，有時明確注明其中某某字爲"或體"，有時作出"俗作某，非是"的判斷。如東韻"叢""忽"二字注釋：

叢，徂聰切。《説文》聚也。俗作藂，非是。
忽忽，龎叢切。《説文》多遽忽忽也。古作恖，俗作念，非是。

但是，《集韻》在俗字、異體問題的處理方式上往往與《廣韻》不一致，有時不辯證其中是非否。《廣韻》認爲是俗字的，《集韻》卻把它看作異體字，如"狸""豬""蛆"三字。

狸狸狨狨，《説文》伏獸似貙，或作狸狨狨。

豬豬腒，《説文》豕而三毛叢居者。或從犬從肉。

胆蛆膽，《説文》蠅乳肉中也。或從虫，亦作蠦。

這樣的例子很多，《集韻》比《廣韻》晚出，且二書有兩套編輯人員，容有不同。正好可以說明俗字觀念因時因人而改變。《廣韻》爲宋真宗時陳彭年、丘雍等人編定，具有"懸科取士，考核程准"之功能，所以必須嚴格區分俗字。《集韻》爲宋仁宗時丁度、王洙、宋祁等人修纂，爲修訂《廣韻》不足而作，故在編纂上刻意求新，文字上凡古今篆籀俗字，皆在搜羅之列，所謂"今所撰集，務從該廣"。在韻字編排上，其《韻例》稱："凡舊韻字有別體，悉入子注，使奇文異畫，湮晦難尋。今先標本字，餘皆並出，啟卷求義，爛然易曉。"此言將《廣韻》釋文中的異體字（包括一些俗體）摘錄出來，次列於本字之後，如"豬豬腒"等。其對於俗字的看法是："凡流俗用字，附意生文，既無可取，徒亂真偽。今于正文之左，直釋曰俗作某，非是。"

但是，《集韻》在正字、異體和俗字問題上往往混淆不清，在本字後"並出"的韻字群列中，往往包含異體字、俗字乃至假借古體字等，給社會用字帶來極大的混亂，擇焉不精，有失典範，不如《廣韻》典雅。如在上例"狸狸狨狨"一組韻字中，"狨狨"爲狐狸的別名，狨爲狢之異體，《廣韻》咍韻落哀切。《方言》卷八云："貔，陳楚江淮之間謂之狨，北燕朝鮮之間謂之貊。關西謂之狸。"又《急就篇》卷四云："狸兔飛鼯狼麋麇。"顏師古注："狸，一名豾，亦謂之貔，江淮陳楚謂之爲狨。"很顯然，《集韻》編者把事物的概念名稱與文字異體弄混淆了。有些並出的韻字明顯是"正字"與"俗字"的關係，如"憐"字，《廣韻》注"俗作怜"，而《集韻》將此二字看作異體關係："憐怜，《説文》哀也，或作怜。"按《干祿字書》怜憐二字，"上俗下正"。又如入聲職韻"職職"二字、"飾餙"二字，後一字皆爲"或作"，有失典雅。此類甚多，不勝枚舉。蓋《集韻》編修者對《廣韻》編纂及其文字觀念頗有不滿，遂有意復古，標新立異，反而弄得不倫不類。故《集韻》編成之後，在社會流行不廣，遠不及《廣韻》在後代的流傳。

在文字編排上，《集韻》最大的歷史功績是保留了有史以來的俗字異體乃至假借字等，是其得亦爲其失，這對社會用字與漢字規範化反而起到了一定的消極作用。故宋人孫奕引《字譜》有云："況《廣韻》雖分明注爲俗字，而《集韻》所載，則真俗相亂耳，學者可不審諸？"清人《四庫全書總目提要》批評《集韻》編排體例曰："又韻主審音，不主辨體，乃篆籀兼登，雅俗並列，重文復見，有類字書，亦爲繁所不當繁。"可以說，"真俗相亂""雅俗並列"是《集韻》文字編排的一個基本特點，也是《集韻》的失敗之處。與《集韻》相輔施行的還有《類篇》，其俗字、異體與正體的關係亦如《集韻》。

四、《禮部韻略》的文字編排與俗字的社會使用問題

《禮部韻略》是宋人懸科取士的官韻書，在文字異體俗體的抉擇上非常嚴格，對《廣韻》《集韻》所標記的俗字基本上持排斥態度，在注文中只說明異體（亦作、或作）而不說明俗體。如上例東韻"怱""叢"二字："怱，倉紅切，遽也。""叢，祖紅切，聚也。"均不注明俗作某。亦作某、或作某的例子如東韻："風，方中切。亦作飌。"鍾韻："胷，許容切，或作匈。""雍，亦作雝。"此日本真福寺藏《禮部韻略》北宋刊本。

但《禮部韻略》對少數俗字的社會功能略有調整。如支韻"隳"字，《廣韻》《集韻》都視之爲正字："隳，翾規切。亦作墮。"線韻"面"字，《廣韻》《集韻》均視之爲俗字（正字爲靣），但《韻略》卻視之爲"靣"的俗字，而《韻略》更之爲正體。久而久之，"靣"字反而成爲俗體，如《古今韻會舉要》"面"字就注曰："俗作靣非。"又如麻韻"茶"字，《廣韻》視之爲檟（宅加切）的俗字，《集韻》則以"茶"爲本字，"檟荼"爲或體，而《韻略》以之爲正字："茶，亦作檟。"按茗茶字出現很早，顏師古《匡謬正俗》卷八"苦菜"條引梁陶宏景《本草注》即提及茗茶字，項跋本王韻麻韻"檟"下注"亦作茶"，此爲"茶"字進入唐代韻書的正式記載。又宋跋本王韻"檟"下注曰："春藏草，可爲飲用。"是爲"茶"的功用在韻書中的正式記載。蓋唐宋時期，飲茶成爲一種時尚，而由"荼""檟"字轉化而來的"茶"則獲得一個

合法的地位，漸漸爲社會所接受。舌頭音與舌上音的分化是促成"茶"字產生和被廣泛接受的重要原因。又如"剩"字，《集韻》視之爲"賸"之俗字，而《韻略》視之爲正字："剩，益也。亦作賸。"如此看來，在文字觀念上，《禮部韻略》在堅守正統觀念的同時，體現了"因時而變"的文字發展觀。

韻書中注明異體和俗字非常重要。因爲在科舉考試中，舉子答卷書寫必須用正體，也就是《干祿字書》所強調的："進士考試，理宜必遵正體。"如一時倉促，可用異體，但必須是監韻中注明的"亦作""或作"之字，否則就要被黜落。此類事情屢見於宋人文獻記載中。另外，注明異體俗體字在詞賦創作中發揮了一定作用。詞賦中不能重押韻，因爲無論是正體還是異體或某個語俗字，在音上都是同一個字，如果在上下句中作者同時用了正體或異體字押韻，那就可能犯忌了。《紹興重修通用貢舉式例》中有《試卷犯不考》之規定，其中即有"詩賦重疊用韻"一條。如宋孝宗乾道八年（1172）四川省試，有用"歧"字押韻而以爲與"岐山"相同者，"考官疑惑，將押歧字韻賦不敢取放，暗行黜落"。因爲監韻只有"岐"而無"歧"字，所以考官判其爲誤。再舉一例，可見當時宋人對待異體俗字的嚴肅態度。孫奕《示兒編》卷九《聲畫押韻貴乎審》條記載文場事頗詳，曰：

初，誠齋先生楊公考校湖南漕試，同僚有取易義爲魁，先生見卷子上書盡字作尽，必欲擯斥。考官乃上庠人，力爭不可。先生云："明日揭牓，有喧傳以爲場屋取得箇尺二秀才，則吾輩將胡顔！"竟黜之。廬陵出《聖武爲天下君賦》，小賦押君字者，隔句皆押能羣韻，而多寫作群。當時有數人作者，賦甚工，意必前列，而竟不掛名。後主文出院，與勸駕言及此，甚嗟惜之。且云："二十文韻中無群字，凡如此寫者，皆不敢取。"……臨江軍出《順天爲日新之教賦》，教字韻效倣二字寫出効倣，不從文而從力者並不取，所謂顔魯公有《干祿》字，即此可知。後之人凡書者，不可不辨其畫，押者不可不審其聲。

以上文字所記皆爲舉子用異體俗字而不錄取者。凡四字：盡之俗體"尽"，楊萬里所言"尺二秀才"者即爲此字。羣之異體"群"，效之異體"効"，倣之異體"傚"。

考宋代韻書，"尽"字《廣韻》《集韻》諸書不載，僅見于金人韓道昭的《五音集韻》。該書上聲軫韻"盡"字下別出一簡體"尽"字，注曰："與盡義同，俗用。"①羣字，《廣韻》於釋文中注明"亦作群"，《集韻》注"或書作群"，可見它是一個異體字，但《禮部韻略》未注明"亦作""或作"，所以科舉考試中不能使用它。"效""効"在《廣韻》中是兩個意義有別的字，"効"字別出於"效"字後，注明"俗"字，而"傚"字未見。《集韻》在此出入較大，"效傚効効效"五字並出，似乎可以互用，其釋文曰："後教切。《說文》象也，一曰功也。或從人從力，亦作効，通作詨。"②然而，《禮部韻略》僅注明"傚"字爲"亦作"，故將其寫成"効傚"者均在黜退之列。歐陽德隆的《增修校正押韻釋疑》對此亦有記載，如卷四效韻"效"字注曰："效，亦作傚，胡教切。釋：象也，切也。效力效驗字從攵，建府解試《聖人久于道化成賦》，韻腳其效如此，試人寫作効字從力並黜。宜戒。"

由以上材料可知，宋人對異體字和俗字的使用非常嚴格，尤其是懸科取士場屋之下的文字書寫，不可苟且。從文字的編排體例來看，宋代《禮部韻略》與《集韻》對待異體俗字的觀念迥異。也由此可知，《禮部韻略》與《集韻》的編寫是兩個文字系統，並非學界所認爲的《禮部韻略》是《集韻》的簡縮本③。

其實，從宋代文獻記載來看，俗字在民間的使用還是非常普遍的，茲引宋人孫奕《示兒編》的一段言論可見一斑。其曰：

---

① 張天錫《草書韻會》引錄王羲之草書"尽"字，可知此俗字產生甚早。
② 通作詨，疑《集韻》注釋有誤，按《集韻》諸書"詨"字無有作效仿義者，且與韻頭五字不符。
③ 甯繼福先生力主此論，詳見其《古今韻會舉要及相關韻書》等著述。我們的觀點恰好相反，認為《集韻》是在《禮部韻略》的語音框架下編成的。筆者《〈禮部韻略〉與〈集韻〉關係之辯證》一文詳見四川大學漢語史研究所，四川大學中國俗文化研究所. 漢語史研究集刊第11輯［M］. 成都：巴蜀書社，2008.《宋代韻書史及相關歷史問題考論》一文詳見中國語言學會《中國语言学报》編委會. 中國語言學報第 15 期［M］. 北京：商務印書館，2012.

《字譜》總論訛字云：久矣俗書字體，分毫點劃訛失，後學相承，遂成即真。今攷訂其訛謬，疏於後。……如顧之顧，霸之覇，喬之乔，獻之献，國之国，廟之庿，亂之乱，殺之煞，趨之趍，虧之虧，齊之斉，齋之斋，學之斈，臺之薹，寶之宝，驅之駈，棲之栖，甕之瓮，兔之兎，遲之迟，著之着，槀之栗，繩之縄，飯之飰，備之俻，豬之猪，鄒之邹，若之若，肅之肃，襄之襄，繼之継，斷之断，嬾之妳，獮之狝，診之訡，珍之珎，參之叅，泰之泰，恭之恭，醉之醉，凡此皆俗書也。①

以上俗字絕大部分爲簡化字，這些簡化字在元代韻書中已得到充分的應用，少數字則被淘汰了，如趨之趍之類。當然，作者是站在保守的立場上看待這些俗字的，例如恭之恭，後來此字文獻中基本上簡化爲"恭"。

五、結語

以上，我們就宋代三部韻書中的俗字及相關問題作了一個概要性的論述，從中可以看見俗字在不同韻書中的處置情況。由於韻書的編纂目的不一樣，其於俗字的界別標準也就不一樣，從一個側面反映了宋代社會用字與文字觀念的發展變化。

從韻書的文字編排來看，宋代人與唐代人的文字"正""俗"觀念並不一樣。唐人雖提倡"正字"，但能夠因時而變，與時俱進，對於社會上的俗字能採取寬容和接受的態度，乃至在韻書中很少見到"俗作某"的標記。唐代韻書皆為私家撰述，但受社會正統文字觀念影響很深，所以韻書作者大多能自覺遵守社會正字觀念，而不苟作。相對而言，宋人比較固守傳統，排斥和抵制社會俗字，以強弩硬弓的形式糾正前代訛俗字，在文字發展史上有著極爲

---

① 王觀國《學林》卷 10 "繼疊"條也有此段文字內容，可參考。按《字譜》爲宋秦昌朝撰，全名《韻略分毫補注字譜》，今佚。陳振孫《直齋書錄解題》卷三著錄此書。

重要的歷史意義。借助官方力量和刻板印刷的便利條件，宋人通過韻書字書的編纂使正字觀念得以推廣實行。

正俗觀念的轉變從《廣韻》編纂開始。《廣韻》中描述的俗字是歷史的沉積，隨著時代的發展和社會文字觀念的轉變，《集韻》存錄的正俗字觀念發生了變化，因爲它把《廣韻》的一部分俗字轉爲或體，使俗字的身份有所改變。然而，《廣韻》和《集韻》都編纂於北宋時期，至南宋以後，社會對於俗字的態度變得逐漸寬容，對俗字的使用也變得很普遍。這些體現在宋人文獻的討論中，王觀國的《學林》、趙與時的《賓退錄》、孫奕的《示兒編》等都有大量對訛俗字的討論。宋代《禮部韻略》不錄俗字，對異體的使用也非常嚴格，對當時社會用字起到了規範作用，因此，舉子於場屋之下斤斤於禮韻而不敢越雷池一步。這對於漢字系統的歷史傳承及其規範化有著積極的意義。

金元時期是漢字發展史上的另一個重要階段，此間的韻書如韓道昭的《五音集韻》和王文郁的《新刊韻略》以及元代無名氏的《文場備用排字禮部韻略》等，都保留了宋代韻書中的俗字和異體字的注釋標記，並在釋文中大量使用了俗簡字，元朝尤甚，並在科舉韻書《文場備用排字禮部韻略》注釋文字中大量使用俗簡字。如果進一步考察，在元人劉仁初編輯的元朝舉人科舉考試的試卷裡，簡俗字也是相當普遍的，不敍。① 此時，漢字已悄悄發生蛻變，進入了一個新的發展時期。

---

① 劉仁初編輯的元代科舉卷子有《新刊類編歷舉三場文選》《皇元大科三場文選》等，其中包含了各種經義策論文賦等，這些文獻大都藏在日本。待今後進一步研究。